城投转型向何处去

基于财政可持续和
国资国企高质量发展的视角

严亦斌　罗志恒　著

人民出版社

序

改革开放以来，中国经济持续高速发展，当前增速在全球仍处于较高水平，在世界经济发展史上创造了奇迹，这离不开中央政府的简政放权、地方政府的积极作为和市场主体的活力迸发。其中，地方政府既连接中央政府，又直接为居民提供公共服务、为企业创造营商环境，发挥了至关重要的作用，成为中国经济奇迹的重要密码。因此，理解地方政府的角色、职能和运行模式极为关键。

中国地方政府积极作为的动力源自中央政绩考核下的政治晋升激励和既定财税制度下的财政资源激励。地方政府凭借其掌控的财政、金融、土地、国企等资源，通过"以地引资""招商引资""招商引智"等推动了经济发展。如果地方政府按部就班地按照"有多少资源办多少事"的原则履行职责，地方经济可能在高速发展大潮中落后，谋求晋升的地方党政干部就难以在激烈的竞争中取胜。于是，城投公司作为当地发展经济的重要支柱和依靠力量便应运而生。自诞生以来，城投公司在公共服务、招商引资、产业投资、基础建设、风险化解等方面发挥着公益性和市场性的双重属性，逐步成为地方政府推动经济发展和社会事业的重要载体和有力抓手。城投公司依托地方政府注入的资本金和土地实物等资产，推动了土地财政、城市建设投融资的发展，实现了资本的快速积累，有力地支持了基础设施建设、加速了城镇化进程、提高了民生福利水平。

但是，随着中国经济进入高质量发展阶段，以城投公司拉动投资、以投资驱动增长的发展模式难以持续，不再适应新时代的发展需要。这集中体现在城投公司过度举债、低效投资等问题日益凸显，并有逐步演化为财政风险和金融风险的趋势。其一，城投公司作为地方政府职能的延伸，举债融资缺乏预算约束，由此滋生的地方政府隐性债务规模逐步攀升，还本付息压力传导至财政，不利于财政可持续。其二，当前房地产市场仍处于调整期，城投公司高负债、低流动性、弱盈利的特征日益凸显，依托土地等资产融资的模式逐渐缺乏基础。其三，中小银行等金融机构经营风险加大，部分城商行、农商行持有大量的城投债，城投债风险可能传导至金融部门。由此，城投公司转型是大势所趋，这既是监管收紧背景下的政策倒逼，也是城投公司谋求可持续发展的主动抉择；既是防范化解地方政府债务风险、增强财政可持续性的要求，又是推动国资国企高质量发展的题中之义。

每个时代有每个时代的主题，一代人有一代人的使命。城投公司过去的发展与高速增长的时代是契合的，不能以当下视角否定其历史贡献；城投公司的出现于过去是创新，城投公司的转型于现在和未来也是创新，要在创新发展中解决问题。城投问题的根源不在于城投本身，而在于政府与市场的关系不清、地方政府与城投公司的关系不清以及由此衍生的城投公司融资职能——以市场化主体的身份去举借事实上的政府债务。由此可知，城投的产生、作用的发挥、风险的滋生、风险的处置背后都是财政，城投问题归根到底是财政问题。因此，问题的解决思路决不能就城投论城投、就转型谈转型，必须深入到政府与市场的关系、中央与地方的关系，才能理顺地方与城投的关系。综上，城投公司转型的实质是理顺政府与市场的关系，财政归财政、城投归城投；城投公司转型的核心是剥离城投公司的政府融资职能和平台属性、打破市场对于城投公司由地方政府提供隐性信用担保和兜底的预期。

城投转型是一项系统、长期的工程，需要中央政府、地方政府、城投公司和金融市场等多方面主体协同推进。转型成功与否取决于多种因素，以至于在探索城投问题解决的过程中，部分中西部省份的城投、部分区县级城投认为"城投转型是伪命题"。我认为，上述认知的不同源于所处环境的内外部资源不同，城投转型不存在一套放之四海而皆准的标准和一成不变的结论，因地制宜、因时而动才是适应百年未有之变局的核心。具体而言，城投转型确实需要具备一定的内外部条件，若不具备一定条件则难以转型，转型就只是一句空话。转型至少包括三个方面的条件：一是地方政府放弃对原城投公司的过度干预，让城投公司回归市场化主体身份，地方政府在与城投公司的关系中只应具有股东与公共秩序提供者两个身份，即地方政府以股东身份参与城投的公司治理、地方政府为城投公司这一市场主体提供良好的营商环境和市场环境。但这一转变仅靠地方政府的自觉是不太现实的，还要靠系统的体制机制改革。二是当地的资源禀赋能够支持城投转型，例如当地有可供投资的产业以形成产业投资公司、当地财政能够兑付对公用事业运营主体的应付账款以形成城市综合运营服务商等。三是原城投公司自身的公司治理、激励机制、风险管理等能够重建并有效运行，历史债务包袱能够得到有效解决。舍此，转型亦是奢谈。

发现问题只是第一步，我们的目标终究是去建设的，是先立后破的，是立足中国土地去解决问题的。城投公司转型的总体思路是坚持循序渐进原则、分类处置原则，还要匹配好机制保障。

其一是坚持循序渐进，转型的前提是解决好城投公司的存量债务问题，避免流动性风险。城投问题的产生和积累不是一朝一夕的，问题的解决也不可能在短期内完成，毕其功于一役式的解决方式难以奏效。对于部分城投公司债务规模较大、部分债务举借成本较高等问题以至于影响到当地财政运行的情况，可通过财政、金融协同实现降息展期，加大资产资源盘活力度；对于财政形势严峻、金融机构缺乏协同动力等情况严重的省份，可由中央政府发行国债转贷地方政府，解决短期的流动性风险。

其二是坚持分类处置，根据城投的市场化程度及区域资源禀赋分类实施注销、整合和转型。城投转型剥离的是平台属性和融资职能，城市建设、运营和更新等职能依然很重要，只是要以市场化的方式存在。可由省级政府统筹，在摸清地区城投公司经营现状的情况下，结合地区经济发展水平、区域资源、公共服务需求情况，确定地区内需要的省级、市级和区县城投数量。一是注销，对于主要承担公益性项目融资功能、没有实质性经营活动的城投公司，在妥善处置存量债务、资产和人员的基础上依法清理注销。二是重组整合，对于兼有政府融资和公益性项目建设运营职能的城投公司，剥离其政府融资功能后，通过兼并重组等方式整合同类业务。三是转型，对于上述整合后的城投公司，可以转型为公益性事业领域市场化运作的国有企业，承接政府委托实施的基础设施、公用事业、土地开发等公益性项目建设；对于具有相关专业资质、市场竞争力较强、规模较大、管理规范的城投公司，剥离其政府融资功能后，在妥善处置存量债务的基础上，转型为一般经营性国有企业。

其三是实施联动改革，要从财政体制、考核机制等确保地方政府不再赋予国有企业融资职能，从体制机制上实现地方政府与城投公司职能分离和互补。财政体制方面，要上收事权和支出责任，明确地方政府职能和支出责任；上级部门出台政策前要经同级财政部门会商并评估是否会造成下级政府财政压力，避免地方政府支出责任不断扩张并逼近无限责任；通过转移支付以及给予地方政府更大额度的政府债券来解决收支矛盾。考核机制方面，在地方政府事权和支出责任履行有充分财政资金保障的情况下，通过上级部门审计、考核约束等方式抑制地方政府通过其他渠道融资增加隐性债务的冲动，避免国有企业再度成为新的融资平台，巩固压降城投平台数量的成果。

在采取上述一系列系统化的举措后，未来转型后的城投公司大致可分为公益性国有企业(城市综合运营服务商为代表)、国有资本投资(运营)

公司（产业投资公司为代表）、一般经营性国有企业三大类。第一类是聚焦城市服务且市场化运作的公益性国有企业，比如城市综合运营服务商，负责水电燃气供应、路桥建设维护等，以省或者地市为单位整合成公用事业集团、交通运输集团，既可以发挥规模经济优势，同时又能避免财政投融资权限过于下沉导致区县城投遍地开花以及债务不断积累的问题；第二类是国有资产投资、运营公司，不直接参与经营性业务，而是通过投资实现控股或者参股，服务实体经济的同时实现国有资本保值增值；第三类是做强实业的商业类国有企业，直接参与到经营性业务，但从长期国有经济与民营经济的关系看，该类企业将主要集中在关系国计民生的关键领域。

　　作为地方国资国企，城投公司有必要借国资国企改革之势实现发展方式、业务模式与内部控制的升级，为转型发展奠定坚实的基础。一是做强做优，加快发掘新的增长引擎，更好助力现代化产业体系建设，大力发展新质生产力，强化国有经济战略使命。二是更高质量、更有效率地突出价值创造，转变企业发展方式，聚焦主责主业，提高经营业绩的真实性和含金量。三是注重可持续和安全发展。壮大耐心资本，行稳致远，做难而长远有价值的事，成为经济发展的压舱石和稳定器。特别是要守牢底线，切实防范化解重大风险。

　　从目前各地城投转型的实践看，各类都有典型代表。近年来在城投向产投（即产业投资平台）的转型中涌现出越来越多的成功案例，本书重点分析的深投控、苏州元禾、合肥建投都是优秀典范，是未来城投转型的可能选择方向。广州开发区控股集团（简称"广开控股"）实际上走的也是一条从城投到产投的路径，以金融赋能科创实业，以价值园区沃植企业生态。作为从城投到产投转型的亲历者和见证者，我非常乐意也非常荣幸跟大家分享我们走过的平凡成长之路。作为一家基层国企，广开控股的前身凯得控股就是政策性融资平台，立足、依托、服务广州开发区，并逐步肩负起了招商引资和基础设施建设运营等任务。今年恰逢广州开发区成立 40 周年，广州"实体经济主战场、科技创新主引擎、改革开放主阵地"是我们的区域特征，"敢为人先、务实进取"是我们的立区精神，"一切为了企业，一切为了投资者"是我们的服务信条。近年来，广开控股逐步摸索出了科技金融服务、科技战略投资、科技园区运营三大业务板块协同发展的"金科园"模式，成为一家将科技、产业与金融高度融合的市场化经营国有企业。截至 2024 年 3 月，广开控股已控股 14 家企业，参股超 110 家企业，主要聚焦双碳智造、生物医药、新能源汽车和光电显示等战略性新兴产业投资。

从我粗浅的经历来看，构建业务板块间协同模式以形成市场核心竞争力、聚焦有把握的赛道开展新兴产业投资、提升园区运营能力以及推动国企改革提升治理能力可能是推动转型成功的关键因素。科技投资要结合所在区域的资源禀赋，需要深耕赛道，顺应产业导向和发展趋势，不可盲目扩张和铺摊子，做减法和聚焦就是做加法和乘法；对于国有企业而言，持续推动国资国企改革，提升治理能力、坚持市场化经营理念和实践市场化激励约束制度更是重中之重。

时代是出卷人，身处其中的每个人都是答卷人，我们能做的是交好我们这一代人所能做到最好的答卷。事物的发展是曲折前进的，当下我们可以从财政的视角剖析城投，从增强财政可持续性和推动国资国企改革的角度去推动城投转型，往后还有更多更新的问题等待我们去解决，我们能做的是始终永葆"闯"的精神、"创"的劲头、"干"的作风，不辜负时代，不辜负韶华。

本书是我长期结合工作经历的一些思考，更是集体智慧的结晶，尤其要感谢广开控股集团内晁云霞、牛琴、徐凯舟、王逸珊、余波、袁洁莹、孟之绪、安福绪、杨腾飞、孙文婷等同志的支持。他们兢兢业业，不仅推动了业务发展，而且为本书的诞生提供了诸多洞见。在本书写作过程中，我们还得到了潍坊市财政局等诸多地方财政部门和相关同志的支持和帮助，他们不仅有长期丰富的实践经验，更有立足国情深入思考的家国情怀，在此一并表示真诚感谢。本书的出版还要感谢人民出版社的老师及相关工作人员，没有你们的认真工作，本书也难以呈现在读者面前。本书尝试去剖析和解决城投问题，但限于工作经历和认知的局限性，错漏在所难免，敬请各位师友不吝赐教。

2024 年 6 月 1 日

目　录

回　溯　篇

转 型 篇

案 例 篇

回 溯 篇

第一章
初识城投：发展历程、核心特征与融资方式

　　城投公司自诞生之日起就与中国经济发展和城镇化进程有着千丝万缕的联系，其历史重要作用不容否认。但是，随着时间推移和经济发展阶段变化，城投公司过度举债、低效投资等问题日益凸显，并成为需要防范化解的重大风险之一，化解隐性债务风险和城投公司转型成为各方关切和讨论的焦点。何谓城投公司？各方莫衷一是，城投公司是市场和社会对"城市建设投融资公司"的简称，"地方政府融资平台""融资平台公司"才是官方正式的概念。为了简便起见，本书统称"城投公司"。按照实质重于形式原则，本书基于股权结构、公司业务类型以及营业收入、现金流、应收账款等财务信息，对城投公司进行甄别，并给出以下定义：城投公司是由地方政府及其所属部门或机构出资，具备一定的公益性或准公益性项目投融资功能，且公司营业收入、现金流、应收账款等主要来自地方政府的企业法人实体。本章从城投公司发展历程、核心特征、融资方式等方面来介绍城投公司。

第一节　城投公司发展的历程

　　20 世纪 90 年代初期以来，城投公司在基础设施投融资领域占据举足

轻重的地位，深度参与并推动了我国城镇化发展进程，与地区经济发展有着密切的联系。回顾城投公司的发展历程，有助于深刻理解中国经济的变迁，也有助于回答城投公司未来向何处去的问题。总体来看，城投公司30多年的发展历程可以划分为萌芽期、成长期、爆发期、规范期、调整期和转型期六个阶段（见图1-1）。

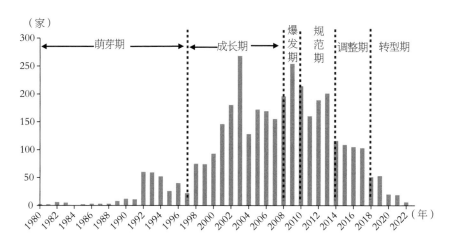

图1-1　1980—2023年新成立城投公司数量变化情况

资料来源：Wind、粤开证券研究院。

一、萌芽期（1997年之前）

20世纪80年代，在改革开放的大背景下，我国经济进入快速发展期，城镇化率大幅提高。但与之相对的是，当时的城市基础设施配套较为落后，亟须筹措资金进行城市建设。在改革开放初期，城市建设的资金来源主要是中央和地方财政资金，量入为出。随着城市建设任务的加重，资金缺口不断扩大。

作为改革开放的排头兵，上海市同样存在城市功能老化、基础设施落后、工业设备陈旧等困境，这严重制约了上海经济社会的发展。为了振兴上海市的经济，1986年8月5日国务院印发《关于上海市扩大利用外资规模的批复》（国函〔1986〕94 号），也被称为"94 专项"。国函〔1986〕94 号文批准上海市扩大利用外资规模，以加强城市基础设施建设，加快工业技术改造，增加出口创汇能力，发展第三产业和旅游业。其中，第一批利用外资总规模为 32 亿美元，初步规划 14 亿美元用于地下铁道、市区污水合流治理、黄浦江大桥、虹桥机场、市内电话扩容等五个城市基础设施项目，13 亿美元用于工业技术改造，5 亿美元用于发展第三产业和旅游业。为了确保项目顺利运行，1987 年经上海市人民政府批准，上海久事公司成立，取名为"94"的谐音，对项目进行统一的资金筹措、调剂和管理。"94 专项"为上海市解决城市建设资金短缺问题找到了一条可行之路，久事公司也成为地方政府投融资改革的先锋，标志着城投公司的萌芽。

久事公司在成立初期是以承担项目贷款为主要职能的主体，不直接参与项目的投资和建设，在运作过程中积累了沉重的债务。为防范债务风险，同时持续筹集城市基础设施建设所需的资金，更好地服务上海市城市建设和发展，1992 年 7 月，上海市城市建设投资开发总公司（简称"上海城投"）正式成立。上海城投是全国第一家专业从事城市基础设施建设的综合性地方政府投融资平台公司，是行业公认的城投公司鼻祖。相较于久事公司，上海城投的运作理念更为先进，集合融资、投资、建设和运营功能于一体。上海城投成立后，通过财政资金、土地收入、银行贷款、债券和股票等多种方式筹集建设资金，先后建设了杨浦大桥、徐浦大桥、内环线高架、南北高架道路和延安路西段等标志性建筑，以及东海天然气供气、焦化总厂三联供、吴淞煤气厂等一批重点工程，推动上海市基础设施建设日新月异。

上海城投的成功实践为其他城市筹集城市基础设施建设资金提供了借鉴，随后，天津、武汉、镇江、济南、广州、南通、北京、长沙等地纷纷成立了地方政府投融资平台公司，成为我国第一批城投公司。

二、成长期（1998—2007 年）

1998 年受亚洲金融危机的影响，我国经济面临极其复杂的内外部环境。外贸出口增速下降，国内市场需求不足，居民储蓄倾向增强，已经出现某些通货紧缩的迹象。同时进入 1998 年汛期，长江中下游地区和嫩江、松花江流域又遭受了极为严重的洪涝灾害。1998 年上半年 GDP 同比增长 7.1%，全年实现 8% 的经济增长目标难度较大。在此背景下，中央政府审时度势，及时果断地调整了宏观政策基调，将适度从紧的财政货币政策调整为稳健的货币政策、积极的财政政策。在积极的财政政策指引下，政府支出压力倍增。中央政府层面，由财政部向国有商业银行发行 1000 亿元国债，作为国家预算内基础设施建设专项投资，定向用于防洪、治涝、农田灌溉、铁路公路、重点空港等建设性支出。地方政府层面，为了筹集建设资金，推动基础设施建设、拉动区域经济增长，各地纷纷成立地方政府融资平台公司筹集建设资金。

1998 年 2 月，芜湖市政府为了加快芜湖城市基础设施建设，在国家开发银行的建议下组建了芜湖市建设投资有限公司（简称"芜湖建投"）。芜湖建投成立后，芜湖市政府向芜湖建投注入储备土地、高速公路等大量优质资产。随后，芜湖建投以这些资产作为抵押品，向国家开发银行申请贷款。这种模式下，贷款承接主体为芜湖建投，芜湖市政府无需提供担保，合理避开了 1994 年颁布的《中华人民共和国预算法》（简称"1994 年《预算法》"）和 1995 年《中华人民共和国担保法》（简称《担保法》）的要求。同时芜湖建投将财务质量差的项目与质量好的项目捆绑在一起，打包向国家开发银行申请贷款，组合还本付息，从而解决财务质量较差项目无法融资的问题，被称为"打捆贷款"模式，即"芜湖模式 1.0 版本"。在此基础上，国家开发银行又推出了土地收益权质押品模式，2002 年芜湖市政府授权芜湖建投"以土地出让收益质押作为主要还款保证"向国家开发银行申请贷款，被称为"先贷款后开发"模式，即"芜湖模式 2.0 版本"。在这种模式下，城投公司的投融资方式改变，地方政府借助土地形成"高负债、高投资、高增长"的发展模式。芜湖模式一经推出，被各地政府纷纷效仿，迅速在全国各地推广开来，极大地推动了城投公司的普及与我国城镇化的进程。

但在这种模式下，地方政府违规举债的乱象开始显现，监管部门决定对银行各类打捆贷款进行整顿和规范。2006 年 4 月，国家发展和改革委员会、财政部、建设部、中国人民银行、中国银行业监督管理委员会五部门联合下发《关于加强宏观调控整顿和规范各类打捆贷款的通知》（银监发〔2006〕27 号），要求各级地方政府和政府部门禁止违规担保，银行停止与各级地方政府和政府部门签订新的各类打捆贷款协议或授信合作协议。

三、爆发期（2008—2009 年）

2008 年下半年，受到国际金融危机的冲击，我国经济面临硬着陆风险。为了进一步扩大内需促进经济平稳较快增长，2008 年 11 月，时任国务院总理温家宝主持召开国务院常务会议[1]，会议确定要施行积极的财政政策和适度宽松的货币政策，出台扩大国内需求的 10 条措施：一是加快建设保障性安居工程；二是加快农村基础设施建设；三是加快铁路、公路和机场等重大基础设施建设；四是加快医疗卫生、文化教育事业发展；五是加强生态环境建设；六是加快自主创新和结构调整；七是加快地震灾区灾后重建各项工作；八是提高城乡居民收入；九是全面

---

[1] 《温家宝主持召开国务院常务会议　研究部署进一步扩大内需　促进经济平稳较快增长的 10 项措施》，2008 年 11 月 10 日，见 https://china.cnr.cn/news/200811/t20081110_505146694.shtml。

实施增值税转型改革，鼓励企业技术改造，减轻企业负担；十是加大金融对经济增长的支持力度，共计投资 4 万亿元。根据国家发展改革委 2009 年 5 月披露的数据，"四万亿"新增投资中，中央财政负担约 1.2 万亿元，主要来自中央预算内投资、中央政府性基金、中央财政其他公共投资，以及中央财政灾后恢复重建基金等；其余 2.8 万亿元来自地方财政预算、中央财政代发地方政府债券、政策性贷款、企业（公司）债券和中期票据、银行贷款以及吸引民间投资等。[①] 在此背景下，地方政府的融资需求急剧扩张，2009 年 3 月，中国人民银行和银监会联合发布《关于进一步加强信贷结构调整促进国民经济平稳较快发展的指导意见》（银发〔2009〕92 号），提出支持有条件的地方政府组建投融资平台，发行企业债、中期票据等融资工具，拓宽中央政府投资项目的配套资金融资渠道。同年 10 月，财政部发布《关于加快落实中央扩大内需投资项目地方配套资金等有关问题的通知》（财建〔2009〕631 号，2016 年 8 月 18 日废止），也明确地方政府配套资金可由政府融资平台通过市场机制筹措。

在一系列政策文件的支持下，城投公司作为地方政府投资基础设施建设的主体以及债务扩张的载体，其数量呈现出爆发的态势，带动地方政府债务走向扩张之路。审计署 2011 年 6 月公布的《全国地方政府性债务审计结果》[②] 显示，1997 年至 2010 年，我国地方政府性债务规模随着经济社会发展逐年增加，2009 年债务余额较上一年增长 61.9%。截至 2010 年年底，全国地方政府性债务余额为 10.7 万亿元，仅有 54 个县级政府没有举借政府性债务。其中，融资平台公司、政府部门和机构分别举借 5.0 万

---

① 《发改委：4 万亿新增中央投资有四大来源》，2009 年 5 月 22 日，见 https://www.chinanews.com.cn/cj/cj-gncj/news/2009/05-22/1702856.shtml。

② 审计署审计结果 2011 年第 35 号公告，见 https://www.gov.cn/zwgk/2011-06/27/content_1893782.htm。

亿元和 2.5 万亿元，占比分别为 46.4% 和 23.3%，共计 69.7%。

四、规范期（2010—2014 年）

城投公司通过举债融资，为地方经济和社会发展筹集资金，在加强基础设施建设以及应对国际金融危机冲击中发挥了积极作用。但与此同时，也积累了一些风险，主要表现在城投公司债务规模迅速膨胀，债务风险不断累积；地方政府违规或变相提供担保，偿债风险日益加大；部分银行业金融机构风险意识薄弱，对融资平台公司信贷管理缺失等。

在此背景下，国务院及各部委出台了一系列政策文件对城投公司及其债务进行约束和规范。2010 年 6 月，国务院发布《关于加强地方政府融资平台公司管理有关问题的通知》（国发〔2010〕19 号），要求地方各级政府对融资平台公司债务进行一次全面清理，并对融资平台公司及其债务进行分类监管。清理核实后的债务被分为三类：第一类是融资平台公司因承担公益性项目建设举借、主要依靠财政性资金偿还的债务；第二类是融资平台公司因承担公益性项目建设举借、项目本身有稳定经营性收入并主要依靠自身收益偿还的债务；第三类是融资平台公司因承担非公益性项目建设举借的债务。其中，第一类债务不得继续通过融资平台公司举借。融资平台公司也分类进行清理规范：一是仅承担公益性项目融资任务且主要依靠财政性资金偿还债务的融资平台公司，今后不得再承担融资任务；二是承担公益性项目融资任务，同时还承担公益性项目建设、运营任务的融资平台公司，剥离融资业务后不再保留融资平台职能；三是对承担有稳定经营性收入的公益性项目融资任务并主要依靠自身收益偿还债务的融资平台公司，以及承担非公益性项目融资任务的融资平台公司，通过充实公司资本金，完善治理结构，实现商业运作，同时借助引进民间投资等市场化途径，促进投资主体多元化，改善融资平台公司的股权结构。

同年 7 月，财政部、国家发展改革委、中国人民银行、银监会四部门联合发布《关于贯彻国务院〈关于加强地方政府融资平台公司管理有关问题的通知〉相关事项的通知》（财预〔2010〕412 号，2016 年 8 月18 日废止），对国发〔2010〕19 号文中的相关事项作了进一步的阐释。随后，银监会按照"逐包打开、逐笔核对、重新评估、整改保全"的要求开启融资平台贷款清查工作，并发文要求审慎发放和管理融资平台贷款；国家发展改革委开始对平台公司发债进行约束，要求发债公司偿债资金来源 70% 以上（含 70%）必须来自公司自身收益，公益类项目收入占比超过 30% 的投融资平台公司须提供本级政府债务余额和综合财力完整信息表。为了规范融资平台公司举债融资行为，2012 年 12 月，财政部、国家发展改革委、中国人民银行、银监会四部门联合发布《关于制止地方政府违法违规融资行为的通知》（财预〔2012〕463 号，2016年 8 月 18 日废止），要求地方政府不得以回购（BT）方式举借政府性债务，不得以公益性资产或储备土地注资融资平台公司，不得进行违规担保承诺。

这一时期，中央认识到城投公司的债务风险在不断累积，并试图通过政策文件进行规范，但以城投公司为主要载体的地方政府性债务余额仍然处于快速攀升阶段。2013 年 12 月审计署公布的《全国政府性债务审计结果》[①] 显示，截至 2013 年 6 月底，全国地方政府性债务余额达到 17.9 万亿元，其中负有偿还责任的债务为 10.9 万亿元，负有担保责任的债务为2.7 万亿元，可能承担一定救助责任的债务为 4.3 万亿元。从举借主体来看，融资平台公司、政府部门和机构是地方政府性债务的主要举借主体，

---

① 审计署审计结果 2013 年第 32 号公告，见 https://www.audit.gov.cn/n5/n25/c63642/content.html。

分别举借债务 7.0 万亿元和 4.1 万亿元，占比分别为 39.0% 和 22.7%，合计占比达到 61.7%（见图 1-2）。

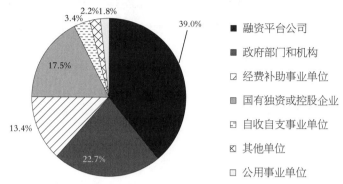

图 1-2 2013 年 6 月末地方政府性债务余额举借主体情况

资料来源：审计署、粤开证券研究院。

五、调整期（2014—2018 年）

受 1994 年《预算法》的约束，地方政府不允许举债融资，成立城投公司筹集资金成为各地普遍做法，地方政府性债务规模不断扩张。在此背景下，建立规范的地方政府举债融资制度，成为解决地方政府债务问题的关键。2014 年 5 月，国务院批转国家发展改革委《关于 2014 年深化经济体制改革重点任务意见的通知》（国发〔2014〕18 号），要求规范地方政府举债融资制度，建立以政府债券为主体的地方政府举债融资机制，剥离融资平台公司政府融资职能。同年 8 月，修正后的《中华人民共和国预算法》（简称"2014 年《预算法》"）颁布，从法律层面允许地方政府"通过发行地方政府债券举借债务"，打开地方政府融资的"前门"。2014 年 10 月，国务院印发《关于加强地方政府性债务管理的意见》（国发〔2014〕43 号），要求修明渠、堵暗道，赋予地方政府依法适度举债融资的权限，加快建立规范的地方政府举债融资机制。同时，坚决制止地方政府违法违规举债，剥离融资平台公司的政府融资职能，融资平台公司不得新增政府债务。国发〔2014〕43 号文发布后，城投公司获得的地方政府支持不再是直接的，而是间接的，主要体现在政府与社会资本合作、项目采购、融资协调等方面，国发〔2014〕43 号文也成为地方政府债务管理的顶层文件。同时，从法理角度来说，融资平台公司的政府融资职能被剥离后，融资平台公司举借的债务与地方政府无关。

国发〔2014〕43 号文下发后，中央及相关部委对城投公司的监管随着经济形势的变化而相机抉择，经历了先紧后松再紧的过程。文件下发后不少地方项目被迫停滞，经济发展也受到影响。为了确保在建项目的有序推进，2015 年 5 月，国务院办公厅转发财政部、中国人民银行和银监会《关于妥善解决地方政府融资平台公司在建项目后续融资问题意见的通知》（国办发〔2015〕40 号），要求地方各级政府和银行业金融机构要妥善处理融资平台公司在建项目后续融资问题，区分存量和增量实施分类管理，依法合规融资，切实满足促进经济发展和防范财政金融风险的需要。但政策放松的尺度并未超越国发〔2014〕43 号文的底线，仍然需要遵守依法合规、有效防范风险的大前提。

自 2016 年四季度起，在经济形势走势相对平稳、融资平台公司流动性相对良好、隐性融资再度扩张的背景下，监管部门重新强调划清政府和企业的边界，加强融资平台公司债务管理。2017 年 5 月，财政部、国家发展改革委、司法部、中国人民银行、银监会、证监会六部门联合发布《关于进一步规范地方政府举债融资行为的通知》（财预〔2017〕50 号），要求进一步规范地方政府举债融资行为，具体包括：全面组织开展地方政府融资担保清理整改工作；切实加强融资平台公司融资管理；规范政府与社会资本方的合作行为；进一步健全规范的地方政府举债融资机制；等等。2017 年 7 月，财政部发布《关于坚决制止地方以政府购买服务名义违法违规融资的通知》（财预〔2017〕87 号），要求地方政府及其部门不得利用或虚构政府购买服务合同为建设工程变向举债，堵住地方政府利用政府购买合同帮助融资平台公司融资的漏洞。

不断扩张的地方政府债务风险受到了中央的高度重视。2017 年 7 月 14 日至 15 日，习近平总书记在全国金融工作会议上强调，"各级地方党委和政府要树立正确政绩观，严控地方政府债务增量，终身问责，倒查责任"[①]。7 月 24 日，中共中央政治局会议再次强调，"要积极稳妥化解累积的地方政府债务风险，有效规范地方政府举债融资，坚决遏制隐性债务增量"[②]，这也是官方首次提到"隐性债务"。10 月 18 日，党的十九大报告将"防范化解重大风险"列入三大攻坚战之首。[③]

2018 年 8 月，中央连续下发《中共中央　国务院关于防范化解地方政府隐性债务风险的意见》（中发〔2018〕27 号）、《中共中央办公厅　国务院办公厅关于印发〈地方政府隐性债务问责办法〉的通知》（中办发〔2018〕46 号），强调对地方政府债务"终身问责、倒查责任"，开展新一轮隐性债务化解工作。随后财政部下发《地方政府隐性债务统计监测工作指引》《财政部地方全口径债务清查统计填报说明》《政府隐性债务认定细则》，要求各地政府依规将截至 2018 年 8 月 31 日的隐性债务余额、资产等相关数据，填报至财政部设立的地方全口径债务监测平台。至此，从政策纲领到问责办法、再到化债指引，一套自上而下的化解隐性债务的制度规范形成。此后，有关城投公司的融资政策一直处于趋严态势，"遏制增量、化解存量"成为隐性债务监管的主要思路。

---

① 《习近平在全国金融工作会议上强调　服务实体经济防控金融风险　深化金融改革　促进经济和金融良性循环健康发展》，《人民日报》2017 年 7 月 16 日。

② 《中共中央政治局召开会议分析研究当前经济形势和经济工作》，2017 年 7 月 24 日，见 https://www.gov.cn/xinwen/2017-07/24/content_5213043.htm。

③ 参见《习近平著作选读》第二卷，人民出版社 2023 年版，第 23 页。

六、转型期（2019 年至今）

2018 年以后，隐性债务进入高压监管阶段。新冠疫情期间，针对地方政府举债融资行为和融资平台公司规范发展方面的政策有所减少，但并未放松隐性债务监管的底线，防范化解重大风险依然是三大攻坚战之首。2021 年 8 月，银保监会出台《银行保险机构进一步做好地方政府隐性债务风险防范化解工作的指导意见》（银保监发〔2021〕15 号），要求银行保险机构严格执行地方政府融资相关政策的要求，打消财政兜底幻觉，强化合规管理、尽职调查，严禁新增或虚假化解地方政府隐性债务，切实把控好金融闸门。同时要求，对涉及地方政府隐性债务的城投公司，银行保险机构还应遵守以下要求：一是不得新提供流动资金贷款或流动资金贷款性质的融资；二是不得为其参与地方政府专项债券项目提供配套融资。银保监发〔2021〕15 号文对于城投公司融资的约束较大，在城投公司监管史上影响较为深远。

2023 年 7 月 24 日，中共中央政治局会议提出"要有效防范化解地方债务风险，制定实施一揽子化债方案"[①] 后，各地积极通过财政化债和金融化债等方式推动区域内隐性债务化解。2023 年 10 月以来，城投公司融资端政策持续收紧。通过地方调研发现，地方国有企业被分为三类：一是地方政府融资平台，只能借新还旧且不包括利息，不能新增融资；二是参照地方政府平台管理的国有企业，实施差异化限制，12 个债务风险较高的省份[②] 只能借新还旧，其他省份在省级政府出具同意文件的情况下，可以新增融资；三是普通国有企业，可以新增融资，但是债

[①] 《中共中央政治局召开会议 分析研究当前经济形势和经济工作 中共中央总书记习近平主持会议》，《人民日报》2023 年 7 月 25 日。

[②] 12 个债务风险较高的省（自治区、直辖市）包括：天津、内蒙古、辽宁、吉林、黑龙江、广西、重庆、贵州、云南、甘肃、青海、宁夏。

务自己负责偿还。12 个债务风险较高的省份被要求全力化解地方政府债务风险，在地方政府债务风险降至中低水平之前，严控新建政府投资项目，提高政府投资效率，严格清理规范在建政府投资项目，遏制地方政府融资需求。中国银行间市场交易商协会（简称"交易商协会"）和交易所（包括上海证券交易所和深圳证券交易所，下同）也进一步收紧城投公司融资政策。调研中还发现，部分城投类主体只能借新还旧，严控新增债务。

在防范化解地方政府债务风险的同时，我国国资国企改革迎来了纵深推进的关键时期。城投公司作为一种特殊目的的地方国有企业，也乘着国资国企改革的机遇，开启转型新时代，进入高质量发展阶段。2019年 12 月，中央经济工作会议明确提出："制定实施国企改革三年行动方案，提升国资国企改革综合成效。"①2020 年 6 月，中央全面深化改革委员会第十四次会议审议通过《国企改革三年行动方案（2020—2022 年）》，到 2022 年年底，国企改革三年行动圆满收官。在三年行动实施推进过程中，城投公司从完善法人治理、建立现代企业制度、加强党的建设、推进混合所有制改革等方面积极推进改革，不断提升管理水平。2023 年 2 月，国务院国资委明确新一轮国有企业改革深化提升行动将主要抓好三个方面的工作：一是加快优化国有经济布局结构，增强服务国家战略的功能作用；二是加快完善中国特色国有企业现代公司治理，真正按市场化机制运营；三是加快健全有利于国有企业科技创新的体制机制，加快打造创新型国有企业等。2023 年下半年以来，国有企业改革深化提升行动全面展开，将推动城投公司市场化转型取得积极进展，更好地服务经济社会高质量发展。

---

① 《中央经济工作会议在北京举行　习近平李克强作重要讲话》，《人民日报》2019 年 12 月 13 日。

第二节　城投公司的界定与甄别

市场和社会对城投公司有诸多的讨论，但是不同话语体系下城投公司的概念和界定有所不同。什么是城投公司？如何准确界定城投公司？城投公司与产业类国有企业有何区别？准确回答以上问题是深入开展城投公司转型研究的基础。

一、不同口径下城投公司的界定与比较

2010 年 6 月，国发〔2010〕19 号文首次正式定义城投公司："由地方政府及其部门和机构等通过财政拨款或注入土地、股权等资产设立，承担政府投资项目融资功能，并拥有独立法人资格的经济实体。"同年 7 月，财预〔2010〕412 号文将城投公司的定义为"由地方政府及其部门和机构、所属事业单位等通过财政拨款或注入土地、股权等资产设立，具有政府公益性项目投融资功能，并拥有独立企业法人资格的经济实体"。两者主要的区别在于，财预〔2010〕412 号文在"政府投资项目"前加了定语"公益性"，以强调项目的公益属性，也使得城投公司与普通国有企业区分开来。

2011 年 6 月，银监会在廊坊召开的地方政府融资平台贷款监管工作会议上，研究确定了《关于地方政府融资平台贷款监管有关问题的说明》（银监办发〔2011〕191 号），明确地方政府融资平台是由地方政府出资设立并承担连带还款责任的机关、事业、企业三类法人。与财政部口径相比，银监会更加侧重"连带偿还责任"这一实质。自 2010 年三季度以来，银监会对城投公司实行"名单制"管理，该名单每季度更新，是监管的重要参考，影响到城投公司银行贷款、公开发行债券等融资行为。2019 年

银保监会暂停统计该名单。截至 2018 年年底，名单中共有 11737 家融资平台，其中 2710 家已被标记调出，剩余 9027 家。

此外，审计署分别公布了 2010 年年底、2013 年 6 月底和 2018 年年底地方政府债务审计情况，其中 2018 年年底是与财政部协同审计，但具体的城投公司名单均未公布。根据 2013 年年底公布的《全国政府性债务审计结果》，审计署按照"见人、见账、见物，逐笔、逐项审核"的原则，全面核算地方政府负有偿还责任、负有担保责任以及可能承担一定救助责任的债务，共涉及城投公司 7170 家。银（保）监会和审计署统计的城投公司公开名单更新频率较低，并且不包括新成立的城投公司或实际承担了融资平台功能但并未纳入监管名单的城投公司。

2015 年 1 月，证监会发布《公司债券发行与交易管理办法》，明确了公司债的发行人不包括地方政府融资平台公司。交易所按照"双 50％"甄别城投公司是否能够发行公司债券。所谓"双 50％"，即最近三年（非公开发行的为最近两年）来自所属地方政府的现金流与发行人经营活动现金流占比平均超过 50％，且最近三年（非公开发行的为最近两年）来自所属地方政府的收入与营业收入占比平均超过 50％。由于现金流指标容易在财务上被操纵，2016 年 9 月，甄别标准调整为"单 50％"，即来自所属地方政府的收入占比超过 50％，收紧公司债的发行。该办法主要用来规范城投公司债券发行，具体的城投公司名单并未公布。

除政府机构外，还有许多市场机构对城投公司进行过甄别，包括中央国债登记结算有限责任公司、Wind 数据库以及部分证券公司研究团队等。其中，Wind 统计口径由于数据获取方便，被市场广泛采用。2022 年 2 月 18 日 Wind 调整了城投公司统计口径，调整后的城投公司共有 3731 家。但 Wind 统计口径存在部分误差：一方面，Wind 统计口径包含了部分"假"城投公司：根据申万一级行业分类，Wind 统计口径下城投公司名单包含电气设备、化工、传媒、电子、纺织服装、有色金属等明显不属于城投业务的企业；另一方面，Wind 统计口径遗漏了部分"真"城投公司，仅包含公开发行过债券的城投公司，未纳入仅以私募方式发行债券或仅依靠银行贷款的城投公司。经济落后、债务负担较重的区域由于难以发行债券，其债务更多以非标准化融资形式存在，这进一步加大了识别和化解隐性债务风险的难度。

表 1-1　各机构对城投公司的界定

机构	文件或说明	定义	相关说明
国务院	《国务院关于加强地方政府融资平台公司管理有关问题的通知》（国发〔2010〕19 号）	由地方政府及其部门和机构等通过财政拨款或注入土地、股权等资产设立，承担政府投资项目融资功能，并拥有独立法人资格的经济实体	官方首次定义，但未统计相关名单
财政部等四部委	《关于贯彻国务院〈关于加强地方政府融资平台公司管理有关问题的通知〉相关事项的通知》（财预〔2010〕412 号，2016 年 8 月 18 日废止）	由地方政府及其部门和机构、所属事业单位等通过财政拨款或注入土地、股权等资产设立，具有政府公益性项目投融资功能，并拥有独立企业法人资格的经济实体	财政部分别于 2014 年年底和 2018 年对全国城投公司进行甄别汇总，但未公布名单
银监会办公厅	《关于地方政府融资平台贷款监管有关问题的说明》（银监办发〔2011〕191 号）	地方政府融资平台是由地方政府出资设立并承担连带还款责任的机关、事业、企业三类法人	名单由银监会监管的金融机构掌握，最新名单停留在 2018 年年底，2019 年银保监会暂停统计该名单
审计署	《全国政府性债务审计结果》（审计署审计结果公告 2011 年第 35 号）	按照"见人、见账、见物，逐笔逐项审核"的原则，全面核算地方政府负有偿还责任、负有担保责任以及可能承担一定救助责任的债务	分别在 2010 年年底、2013 年 6 月底、2018 年年底对全国政府性债务进行审计，但具体的城投名单均未公布

续表

机构	文件或说明	定义	相关说明
证监会	《公司债券发行与交易管理办法》（2021年2月26日废止）	交易所按照"双50%"甄别城投公司（不得发行公司债）：最近三年（非公开发行的为最近两年）来自所属地方政府的现金流与发行人经营活动现金流占比平均超过50%，且最近三年（非公开发行的为最近两年）来自所属地方政府的收入与营业收入占比平均超过50%（2016年9月，甄别标准调整为"单50%"，即来自所属地方政府的收入占比超过50%）	办法主要目的是禁止城投公司发行公司债，城投名单并未公布
中央国债登记结算有限责任公司	中债城投债收益率曲线	中债城投债收益率曲线的样本公司即中债口径的融资平台公司	融资平台公司名单不全，存在一定遗漏

资料来源：根据公开资料整理，粤开证券研究院。

二、城投公司的核心要素与特征

总体来看，各机构判别城投公司的标准基本一致，主要围绕企业是否承担地方政府城市基础设施融资、建设及运营等方面的职能。鉴于城投公司这一概念没有统一的定义，可以从政府文件对"融资平台公司"的提法，来提炼城投公司的核心要素和特征。

一是股权结构。城投公司是典型的地方国有企业，实控人往往是地方国有资产监督管理部门（简称"地方国资委"）、地方财政厅（局）、地方人民政府或开发区管委会等，且持股比例较高，股权结构相对单一。例如，上海城投（集团）有限公司由上海市国资委100%控股，合肥市建设投资控股（集团）有限公司由合肥市国资委100%控股，深圳市地铁集团有限公司由深圳市国资委 100% 控股。

二是公司业务。城投公司的核心业务主要是基础设施建设、土地开发整理、棚户区改造、保障房建设等，承担了地方政府公益性或准公益性项目的投融资功能。通过查阅公司主营业务范围、评级报告、募集说明书中业务类别，可以确定相当一部分典型的城投公司。但随着城投公司转型的开展，越来越多的城投公司开始进行多元化经营，通过主营业务甄别城投公司的难度越来越大。

三是营业收入、现金流、应收账款等财务信息。根据股权结构和公司业务还不能甄别是否为城投公司的情况下，应该结合公司财务信息进行综合研判，重要财务信息包括营业收入、现金流、应收账款等。若主营收入、现金流来自所属地方政府的占比较高（超过 50%）、应收账款主要来源于地方政府（查阅前五大应收账款的欠款方）、大量资产由地方政府注入等，基本可以甄别为城投公司。

三、区分城投公司和产业类国有企业

城投公司和产业类国有企业均是地方政府实际控制的具备国有资产经营功能的独立法人主体。由于政策形势的变化和地方政府需要的调整，城投公司职能也更加丰富，单纯从注册资本、企业名称、工商登记经营范围等判定某家国有企业是否为城投公司，容易产生混淆和误判。相比产业类国有企业，城投公司具备三大典型特征。

（一）城投公司盈利能力较弱

城投公司主要承接地方公益性或有一定经营性收入的准公益性项目建设，此类项目通常具备公共物品属性，即初始投资金额较大、行业盈利性较差、资金回收期长、杠杆率较高，导致城投公司先天造血能力不足，对地方政府财政补贴的依赖度较高。相比之下，产业类国有企业按照市场化原则运营，以增强国有经济活力、放大国有资本功能、实现国有资产保值增值为目标，主营业务变现和盈利能力更强。

以高速公路建设为例，由于地质、地形、拆迁等因素，高速公路每公里造价在几千万元到几亿元不等。高速公路前期投资数额巨大，后期主要收入是通行收费，回收周期漫长。过去十年，我国收费公路项目面临较大的收支缺口，2021年全国收费公路车辆通行费总收入6630.5亿元，支出总额12909.3亿元①，收支缺口为6278.8亿元（见图1-3）。由于高速公路修建带来的投资便利、资源开发等附加收益，高速公路行业具备一定的公益性，因此参与高速公路修建的主要是政府部门和城投公司。

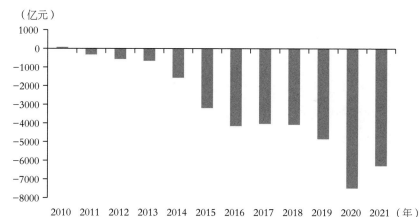

图 1-3　2010—2021 年中国收费公路收支差额

资料来源：交通运输部、粤开证券研究院。

---

① 全国收费公路支出总额包括：偿还债务本金7164.8亿元，偿还债务利息3426.8亿元，养护支出739.1亿元，公路及附属设施改扩建工程支出307.3亿元，运营管理支出838.8亿元，税费支出432.5亿元，占比分别为55.5%、26.5%、5.7%、2.4%、6.5%和3.4%。

（二）城投公司依赖地方政府，难以独立运营

理论上，即使经营业务盈利性较差，项目运营和资金管理能力较强的企业也能维持项目的长期运营。但现实情况是，地方政府和城投公司定位模糊不清，城投公司过度依赖地方政府，不具备独立生存能力，尤其在公司治理、项目运营、融资管理等方面明显落后于产业类国有企业，主要原因有以下三个方面。

其一，地方政府在城投公司治理上处于绝对主导和控制地位。城投公司成立、人员班底组建、投融资决策、项目资金使用等全流程较大程度上受到地方政府的干预。为了完成地方政府的考核目标，城投公司以政府性思维而非市场化原则运营，对项目投资回报率的关注度低，企业行政色彩较强。

其二，地方政府财政风险容易传导至城投公司。以往城投公司的主要业务是替地方政府进行投资建设，向社会提供非经营性公共基础设施，再由地方财政对城投公司进行输血，这种模式称为"城投代建"。代建合同仅对项目回款作出形式上的要求，由于区域财政统筹问题，常出现资金结算不及时或者实际不结算的情况。截至 2023 年年底，企业预警通[①] 口径下的 3952 家城投公司应收类款项占流动资产的比重平均达 31.8%，其中超 700 家城投公司的应收类款项占流动资产一半以上（见图 1-4）。项目回款是现金流入的最主要来源，一旦回款受阻，城投公司正常的经营运转难以维持。因此，相比产业类国有企业，城投公司更易受到地方财政形势的影响。

其三，城投公司在融资上有地方政府显性注资或隐性担保等支持。一方面，城投公司自诞生起便与地方政府有着千丝万缕的关系，

---

① 上海大智慧财汇数据科技有限公司打造的企业风险智能监控工具。

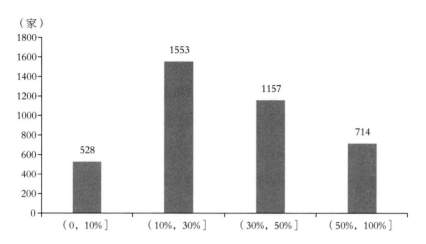

图 1-4　2023 年年末城投公司应收类款项占流动资产比例的数量分布情况

资料来源：企业预警通、粤开证券研究院。

导致城投公司成为典型的预算软约束主体，在地方政府隐性支持下举借资金，对成本控制和现金流管理认识不足，通过不断地借新还旧，债务规模持续扩张。尽管从法律上讲地方政府对城投公司没有刚兑义务，但从过往情况来看，当城投公司面临市场的信任危机时，相关部门大多表态支持。截至 2024 年 3 月底，产业类国企债券违约已发生 43 起，部分城投公司曾出现技术性违约，但尚未发生实质性违约。[①]另一方面，有些地方政府会通过对融资平台注资的方式，快速扩大其总资产、净资产等财务指标，从而提升城投公司的融资能力，同时有助于城投公司获得更高的外部信用评级，以降低融资成本。[②]地方政府对城投公司的主要注资方式包括土地注入、国有股权划转、增加政府补贴金额等。

---

① 数据来自企业预警通。

② 张路：《地方债务扩张的政府策略——来自融资平台"城投债"发行的证据》，《中国工业经济》2020 年第 2 期。

第三节　城投公司的融资方式

作为承担地方政府投融资职能的主要载体，城投公司在一定程度上是地方政府进行逆周期调节的重要工具，在我国经济发展和城镇化进程中发挥了举足轻重的作用。20世纪90年代中期以后，我国城镇化建设进程加快，城镇化并非简单地调整人口、产业布局，还需要匹配城市交通、建筑、能源等基础设施建设。但这些公益性或准公益性领域项目由于收益低，社会资本缺乏参与积极性，在GDP考核机制和1994年《预算法》的约束下，地方政府面临巨大的财政资金缺口。在此背景下，各地方政府陆续成立城投公司，承担地方政府基础设施融资职能。本节结合近年来城投公司在金融市场融资的实践，简要介绍城投公司常用的融资方式。

一、主要融资方式

（一）银行贷款

银行贷款是国有企业的最重要融资手段之一，自城投公司诞生之日起，一直伴随城投行业的发展。在房地产市场的带动下，不断增值的土地作为优质的抵押物，成为城投公司获取银行贷款的重要资产。相对于其他融资方式，银行贷款手续流程简单，且资金规模较大，成本较低，长期以来是城投公司最主要的资金来源。主要有两方面的原因：其一，在长期服务城投公司的过程中，银行尤其是地方城市商业银行、农村商业银行积累了大量城投公司信息；其二，地方政府为了当地经济社会发展会干预地方金融机构的融资行为。但某些贷款资金用途规定较为严格，须专款专用。

（二）债券市场融资

债券融资是城投公司重要的融资渠道。根据 Wind 的数据，截至 2023 年年底，城投公司债券余额约为 11.7 万亿元，存续 17540 只债券①（见图 1-5）。城投公司发行债券类型主要包括公司债券、企业债券、非金融企业债务融资工具等。

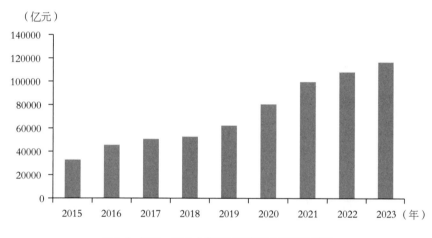

（亿元）

图 1-5　2015—2023 年期间城投债券余额变化情况

资料来源：Wind、粤开证券研究院。

公司债券分公开和非公开两种发行方式，其中公开发行公司债券须经证监会注册完成方可发行，非公开发行公司债券由交易所审核通过即可发行。除一般公司债券品种，还包括短期公司债券、可续期公司债券、绿色公司债券、乡村振兴公司债券等特定品种。公司债由证监会或交易所监管，发行期限为一年期及以上，债券资金用途较为广泛，灵活性较高。根据 Wind 的数据，截至 2023 年年底，我国城投公司存续公司债券规模约为 5.4 万亿元。

---

① 此处不包括城投公司境外债。

企业债券诞生较早，最早的法律法规为 1993 年国务院颁布实施的《企业债券管理条例》，发行主体以地方政府融资平台为主。企业债券原由国家发展改革委审批，目前已转由证监会管理。企业债券除一般品种外，还包括城市地下综合管廊建设专项债券、战略性新兴产业专项债券、养老产业专项债券、城市停车场建设专项债券等多个专项债券品种。根据 Wind 的数据，截至 2023 年年底，我国城投公司存续企业债券规模约为 1.4 万亿元。

非金融企业债务融资工具是交易商协会监管的产品，包括超短期融资券（SCP）、短期融资券（CP）、中期票据（MTN）、定向债务融资工具（PPN）、资产支持票据（ABN）等多个常见品种，以及绿色债务融资工具、扶贫票据等专项债券品种，期限从三个月到中长期不等，募集资金可以补充流动资金、偿还借款及项目建设等，相对较为灵活。

二、其他融资方式

（一）与社会资本合作

政府投资项目资金需求大，仅靠预算资金难以支撑，对于具有一定经营收益的准公益性项目，积极引入社会资本有利于拓宽政府投融资渠道。国发〔2014〕43 号文明确提出"推广使用政府与社会资本合作模式，鼓励社会资本参与城市基础设施等公益性事业投资和运营"。城投公司可以作为政府出资方代表[①]，与社会资本合作融资。

---

① 根据《国务院关于投资体制改革的决定》（国发〔2004〕20 号），"政府投资资金按项目安排，根据资金来源、项目性质和调控需要，可分别采取直接投资、资本金注入、投资补助、转贷和贷款贴息等方式。以资本金注入方式投入的，要确定出资人代表"。因此，在政府方以资本金注入方式参与的项目中需要确定政府出资方代表。

政府和社会资本合作（PPP）模式，即政府采取竞争性方式择优选择具有投资、运营管理能力的社会资本，双方按照平等协商原则订立合同，明确责权利关系，由社会资本提供公共服务，政府依据公共服务绩效评价结果向社会资本支付相应对价，保证社会资本获得合理收益。[①]PPP 模式的典型做法是，由城投公司作为政府出资方代表，与社会资本方共同成立项目公司（或特殊目的公司），政府将特许经营权等经营性资产注入项目公司，再由项目公司展开对政府投资项目的管理、建设、运营等，这也是财政部和国家发展改革委推荐的形式（又称为"狭义 PPP 模式"）。通过PPP 模式既有利于解决政府职能错位、越位和缺位的问题，又有利于打破行业准入限制，给予民营经济发展空间。但是，PPP 在实际运行中也存在政府和社会资本双方信息不对称、项目风险评估难度大、可能存在政府隐性担保等问题。PPP 模式根据项目具体约定和执行方式又可以分为多种类型。

1. BOT（建设—经营—移交）模式

政府部门就某个基础设施项目与社会资本或项目公司签订特许经营权协议，由项目公司承担约定项目的投资、建设与维护职责，在协议规定的特许期限内，项目公司可通过向用户收取费用弥补前期投资，在特许期结束后，项目公司将基础设施无偿或有偿移交给政府部门。

2. TOT（转让—运营—移交）模式

政府部门或国有企业将存量资产一定期限的使用权有偿转让给社会资本或项目公司；在规定的期限内，项目公司通过项目经营获得回报；当双方合约到期后，投资运营方再将该项目交还给政府部门或者国有企业。不同于 BOT 模式，TOT 项目方式仅涉及经营权转让，不存在产权之争，

---

① 参见《国务院办公厅转发财政部、发展改革委、人民银行关于在公共服务领域推广政府和社会资本合作模式指导意见的通知》（国办发〔2015〕42 号）。

回避了国有资产流失等敏感问题。

3. BOOT（建设—拥有—运营—移交）模式

BOOT 模式与 BOT 模式的不同在于：在移交给政府之前，项目公司不仅拥有基础设施项目的特许经营权，还拥有该项目的所有权。

4. BOOST（建设—拥有—运营—补贴—移交）模式

BOOST 与 BOOT 模式的区别在于：特许期间项目的经营收益无法覆盖前期的投入成本，所以政府会出资对私人部门或项目公司进行补贴。

5. BOO（建设—拥有—运营）模式

BOO 模式与 BOT 模式的区别在于：BOO 模式中项目公司或私人资本拥有项目生命周期内的永久经营权。这种形式有利于社会资本从项目全周期角度展开项目管理，降低项目整体成本。

6. ROT（改扩建—运营—移交）模式

ROT 模式与 BOT 模式的不同在于：ROT 是将已有存量资产的使用权有偿转让给私人部门或项目公司，之后由私人部门或项目公司进行改扩建。

（二）资产证券化

资产证券化是以基础资产未来所产生的现金流为偿付支持，通过结构化设计进行信用增级，在此基础上发行资产支持证券（包括证监会主管的 ABS、交易商协会主管的 ABN 等）的过程。资产证券化可以将分散的、流动性较差的非标准化资产打包转化为标准化资产，是城投公司盘活存量资产的重要手段。从实践来看，城投公司参与资产证券化的基础资产主要有两类：一种是债权类资产，如应收账款债权；另一种是收益权类资产，如自来水、燃气等公共事业收入等。

（三）非标准化融资

非标准化融资是指不符合《标准化债权类资产认定规则》的融资产

品，形式较多，包括但不限于信托融资、融资租赁、定向融资计划、商业汇票、信用证等。从严格意义上来讲，银行贷款也属于非标准化融资。

1. 信托融资

由信托公司发行信托计划，城投公司作为融资主体，募集资金参与城市基础设施建设、公共事业项目等。信托融资流程相对简单，资金用途限制较少，成为受城投公司欢迎的非标准化融资方式之一。

2. 融资租赁

城投公司和融资租赁公司的合作模式主要是售后回租，即城投公司将资产出售给融资租赁公司，再租回并支付租金，融资期限一般为3—5年。这种融资方式优点在于灵活、操作简单，缺点是需要价值较高的固定资产作为抵押物。

3. 定向融资计划

定向融资计划是指城投公司在地方产权交易所通过非公开方式，向特定投资者发行，约定在一定期限内还本付息的投融资工具。定向融资计划期限短、门槛低、成本高，在城投公司融资环境收紧时，可缓解短期现金流压力。因此，发行定融产品的城投公司多数以普通区县级城投公司为主。

（四）政府引导基金

城投公司与城市发展同频共振，在城市产业布局与结构优化中担当重要角色。为推动区域产业发展规划落地，成为地区产业和经济发展的"领头羊"，城投公司通常围绕省、市产业规划以及着力推进的产业方向，通过政府引导基金的形式，发挥资金引导作用，撬动社会资本，推动区域和城市产业资源向重点产业链集聚，促进区域产业发展和区域社会、经济发展规划落地，投资收益也为城投公司带来经营性收入。其中，产业引导基金是政府引导基金的主要形式，一般指由政府或国有企业出资，投向特定产业的基金。

（五）基础设施 REITs

公募基础设施领域不动产投资信托基金（简称"基础设施 REITs"）是指在证券交易所公开发行交易，通过证券化方式将具有持续、稳定收益的基础设施资产或权益，转化为流动性较强的、可上市交易的标准化、权益型金融产品，其实质是成熟基础设施项目的上市。①基础设施 REITs 中80%以上的基金资产投资于基础设施资产支持证券，以基础设施项目为底层资产，通过资产证券化的方式可将存量资产转化为流动性较好的证券，促使城投公司从重建设向重运营转变，也是城投公司市场化转型的重要推动力，客观上有利于化解地方政府债务风险。

（六）市场化债转股

市场化债转股，即债转股实施机构通过市场化方式募集资金，以股权投资方式向城投公司提供资金偿还债务，待其经营状况改善再实现退出。市场化债转股可为城投公司偿还债务提供较长的缓冲期，促使其改善经营状况。

（七）信用保障基金

信用保障基金，是指由政府、实体企业或金融机构出资成立，以向企业提供信用担保、短期资金周转等信用保障服务为目的的资金池。在地方政府授权下，由当地国有资产运营类公司或新设专业机构组建并运营，资金主要来源于地方财政、国有企业及金融机构，用于化解债务风险和增信。在运作方式上，信用保障基金主要通过短期贷款给予流动性支持，部

---

① 《"十四五"规划〈纲要〉名词解释之791 基础设施领域不动产投资信托基金（REITs）》，2021 年 12 月 24 日，见 https://www.ndrc.gov.cn/fggz/fzzlgh/gjfzgh/202112/t20211224_1309334.html。

分信用保障基金也可以在企业发行债券时提供信用增进服务，协助债券成功发行和降低融资成本。

（八）上市

资本市场具有的流动性高、市场化强的特点，上市可以帮助城投公司打开股权融资通道，连接内部资金和外部社会资本，降低资金成本，快速满足融资需求，提升市场化水平。城投公司登陆资本市场的路径较多，包括内部孵化、市场化收购、分拆上市和换股增发等。

（九）混合所有制改革

城投公司剥离政府融资职能后向市场化经营主体转型，为推动混合所有制改革创造了条件。随着政企关系逐步理顺，部分城投公司在企业管理、业务经营等方面已具备与战略投资者合作的基础。城投公司通过混合所有制改革引入战略投资者，可以更好地发挥混合所有制经济的作用，促进城投公司市场化转型，推动城投公司高质量、可持续发展。

第二章
城投公司产生的原因：
制度背景、客观需要、催化因素和制度根源

城投公司的产生和发展是我国经济发展及体制变革过程中多种因素交织的结果。各种因素之中，既有经济发展水平因素，也有制度因素，但何为主、何为次，各方缺乏共识，不同归因将导致对城投公司是否有必要转型、如何转型乃至对如何认识分税制等问题产生截然不同的看法。本章认为，分税制与1994年《预算法》是城投公司产生的重要制度背景，城镇化快速推进产生了对资金的客观需求，地方官员考核制度所形成的竞争压力和晋升激励产生了投资拉动经济增长的额外资金需求，房地产市场高歌猛进和土地公有制创造了土地财政并催化了城投公司的快速发展。

第一节　制度背景：分税制与1994年《预算法》

1994年分税制改革初步理顺了我国中央与地方间的财政关系，奠定了社会主义市场经济条件下财政管理体制的重要基础，有力地推动了中国经济持续高速增长。但是受限于当时的客观条件，以及为了顺利推行改革，分税制改革主要集中在中央与地方收入划分，而对事权和支出责任的

划分未做大的调整，省以下财政体制未做明确规范，税收返还和转移支付制度也需要进一步建立和完善。分税制改革后，中央收入占比大幅提高、地方收入占比大幅下降，但地方实际支出责任仍较重，因此关于"分税制导致了土地财政、地方政府债务和城投公司的产生"的言论甚为流行。本章认为，分税制是城投公司产生和发展过程中非常重要的制度背景，但不是根本原因，要全面、客观认识分税制的重要意义，进一步探索完善分税制的方向。①

一、1994 年分税制改革奠定了我国财税管理体制基础

自 20 世纪 80 年代初至分税制改革之前，我国实行包干制财政管理体制，即"财政包干制"。在财政包干制下，各省（自治区、直辖市）按照与中央约定的形式上解部分财政收入，剩余的财政收入全部归地方所有；中央与各省（自治区、直辖市）的包干形式多种多样，但整体上中央在财政收入分配关系中处于弱势地位，中央财政收入难以得到充分保障。这导致中央财政屡次陷入困境，即使中央不断调整地方财政收入的上解比例，仍难以彻底改变中央财政的窘境，且央地博弈导致整体财政收入占 GDP 的比重不断下滑，各地财力差距不断扩大。1993 年，全国一般公共预算收入占 GDP 的比重下降到 12.2%，中央一般公共预算收入占全国一般公共预算收入的比重下降至 22.0%。②彼时，中央的宏观调控能力空前下降，中央财政已经到了濒临崩溃的边缘，财政包干制不得不改。"两个比重"（即财政收入占 GDP 的比重、中央财政收入占总财政收入的比重）的持续下降是 1994 年分税制改革的直

---

① 罗志恒、晁云霞：《分税制改革 30 年：评述、问题与未来改革方向》，《地方财政研究》2024 年第 1 期。

② 根据《中国统计年鉴（2023）》数据计算。

接诱因。

（一）分税制改革的核心内容是中央与地方财政收入的划分

1993 年 11 月党的十四届三中全会通过的《中共中央关于建立社会主义市场经济体制若干问题的决定》（简称"十四届三中全会《决定》"）提出三项财政体制改革重点任务，其中之一就是"把现行地方财政包干制改为在合理划分中央与地方事权基础上的分税制，建立中央税收和地方税收体系"。1993 年 12 月 15 日，国务院出台《关于实行分税制财政管理体制的决定》（国发〔1993〕85 号），确定从 1994 年 1 月 1 日起在全国实行分税制财政管理体制。总体而言，分税制改革的内容可以分为核心改革措施与配套改革措施[①]；核心改革措施中，分税（即中央与地方收入的划分）是重中之重。具体改革内容见表 2-1。

表 2-1　1994 年分税制改革的主要内容

类别	文件依据	改革领域	主要内容
核心改革措施	《国务院关于实行分税制财政管理体制的决定》	划分中央与地方事权与支出责任	中央财政主要承担国家安全、外交和中央国家机关运转所需经费，调整国民经济结构、协调地区发展、实施宏观调控所必需的支出以及由中央直接管理的事业发展支出； 地方财政主要承担本地区政权机关运转所需支出以及本地区经济、事业发展所需支出

---

① 张德勇、孙琳：《新中国财政体制 70 年》，中国财政经济出版社 2020 年版，第 153 页。

续表

类别	文件依据	改革领域	主要内容
核心改革措施	《国务院关于实行分税制财政管理体制的决定》	划分中央与地方收入	根据事权与财权相结合的原则，按税种划分中央与地方的收入； 将维护国家权益、实施宏观调控所必需的税种划为中央税，主要有消费税、关税、部分央企所得税等； 将同经济发展直接相关的主要税种划为中央与地方共享税，主要包增值税、资源税、证券交易印花税； 将适合地方征管的税种划为地方税，并充实地方税税种，增加地方税收入，主要包括：营业税、地方企业所得税、个人所得税等
		建立税收返还机制	1993 年中央净上划收入，全额返还地方，保证地方既得财力，并以此作为以后中央对地方税收返还基数； 1994 年以后，税收返还额在 1993 年基数上逐年递增，递增率按全国增值税和消费税的平均增长率的 1∶0.3 系数确定
配套改革措施	《国务院关于实行分税制财政管理体制的决定》	分设国税和地税机构	从 1994 年 1 月 1 日起，在原有税务机构基础上，分设中央税务机构和地方税务机构，属于中央的税收收入由中央税务机构直接征收
	《过渡期转移支付办法（1995）》	过渡期转移支付制度	首先按影响财政支出的因素，核定各地的标准支出数额，凡地方财力能够满足标准支出需要的，中央不再转移支付； 对地方财力不能满足支出需要的，凡财政收入达到全国平均水平或通过增收仍不能解决其支出需要的，其财力缺口作为计算转移支付的依据； 中央根据转移支付资金的总额和各地的财力缺口按照公式计算分配转移支付资金

续表

类别	文件依据	改革领域	主要内容
配套改革措施	《工商税制改革实施方案》	工商税制改革	按照"统一税法、公平税负、简化税制和合理分权"的原则，统一内资企业所得税、建立统一的个人所得税制、扩大增值税和资源税的征收范围、开征土地增值税，取消一些不适应经济发展的税种，简化税制，建立以增值税为主体，消费税、营业税为辅助的税收体系
	《国务院关于实行分税制财政管理体制的决定》	改进预算编制办法	改变中央代编地方预算的做法，每年由国务院提前向地方提出编制预算的要求；地方编制预算后，报财政部汇总成国家预算
		改革国有企业利润分配制度	停征能源交通基金和预算调节基金，取消大中型国有企业调节税；降低国有企业所得税率，统一征收33%的企业所得税；统一企业所得税前列支项目和标准；逐步建立国有资产投资收益按股分红、按资分利或税后利润上交的分配制度
		其他措施	原体制的分配格局暂时不变、建立并规范国债市场、妥善处理原由省级政府批准的减免税政策问题等

资料来源：根据公开资料整理，粤开证券研究院。

（二）分税制改革取得了积极的成效

通过上述系统化的措施，分税制改革取得了积极的成效，主要体现在以下四个方面。

其一，"两个比重"稳中有升，中央宏观调控能力明显提高。分税制改革的直接目标是扭转"两个比重"持续下降的局面。分税制改革后，中央政府通过财力集中和转移支付制度形成了对地方政府的有效控制，分配格局上体现为"先中央后地方"，彻底扭转了过去"先地方后中央"的局面，重新树立了中央政府权威。① 一般公共预算收入占 GDP 的比重自 1995 年起由降转升，一直到 2015 年达到 GDP 的 22.1%。其后受持续大规模减税降费政策的影响，一般公共预算收入的 GDP 占比进入下行通道，2022 年下降至 16.9%，2023 年小幅提高至 17.2%（见图 2-1）。中央一般公共预算收入占全国一般公共预算收入的比重从 1993 年的 22.0%跃升至 1994 年的 55.7%，其后一直到 2023 年，中央政府一般公共预算收入占比一直稳定在 50%左右。随着中央财政收入不断增加，中央政府的宏观调控能力日益增强，有利于经济社会稳定发展和国家的长治久安。

图 2-1　1978—2023 年"两个比重"变化情况

资料来源：《中国统计年鉴（2023）》、财政部、国家统计局、粤开证券研究院。

其二，规范了中央与地方政府之间的财政关系。理顺中央与地方政府间财政关系是分税制改革的核心目标。分税制改革之前，各地实施的财政包干制形式多样，差异较大；且中央为了获取足够收入不断地调整地方上解比例，造成了制度的不稳定和地方政府变相隐匿收入。1994 年分税

① 马海涛、李升：《对分税制改革的再认识》，《税务研究》2014 年第 1 期。

制改革结束了各种各样的财政包干制，建立了全国统一的、稳定的财政管理体制框架，在国家与企业、中央与地方之间建立起规范的分配关系，形成了合理预期，调动了地方的积极性。

其三，初步理顺了政府与市场的关系。分税制改革在新的企业财务制度的基础上，进行工商税制改革和国有企业利润分配制度改革，形成了以增值税、消费税和营业税等流转税为主的税收体系，建立了与社会主义市场经济基本相适应的税收制度框架。在旧的"分级包干"财政管理体制下，企业的行政隶属关系决定了税收收入在政府间的划分，助长了地方保护主义。分税制改革破除了此前由企业行政归属决定地方税收的制度弊端，引导地方政府发展本地经济、改善投资环境和公共服务，在实现财政增收的同时兼顾市场公平与企业长久发展，理顺并规范了政府与市场的分配关系，抑制了地方保护主义，减少了地区间恶性竞争，促进了全国统一市场形成。

其四，缓解了地区间财力不平衡。在财政包干制下，各地包干形式、分成办法、分成比例等差异较大，导致各地上解中央收入和留成地方的收入差异也较大，地区间财力极度不平衡。分税制改革后，中央集中的收入比例大幅提高，再通过税收返还和转移支付对全国财政收入进行再分配，保护经济发达省份积极性的同时，转移支付向落后地区倾斜，缩小了地区间财力差距，有利于地区间均衡发展。

二、分税制改革后地方政府主要依赖转移支付（含税收返还）弥补收支缺口

关于"分税制引发财权和事权的背离"以及"分税制导致地方财政困难、土地财政、地方政府债务问题和催生城投"的声音不绝于耳，有必要全面、完整认识分税制，理性认识分税制在城投产生过程中的角色。

（一）改革前后央地财力格局无明显变化，分税制不是财力和支出责任背离的原因

从表面上看，分税制改革后中央收入占比大幅提高，地方收入占比大幅下降，而地方事权和支出责任总体格局未变。但是，还要看到分税制改革不仅仅是分税，还包括转移支付和税收返还。自 1995 年起我国开始建立税收返还和转移支付制度并逐步规范，用以解决地方政府纵向财政收支缺口并调节地区间横向财力差距，最初基本上弥补了地方财政收支缺口。实际上，考虑转移支付后中央和地方财力分配格局与分税制前并没有明显变化；分税制改革后地方政府实际可支配财力占全国财政收入的比重，相较于改革前不但没有下降，反而有所上升（见图 2-2）。伴随近年来中央持续加强对地方的财力保障，转移支付规模越来越大，转移支付后中央财力占比逐步下降。2023 年中央转移支付规模为 10.3 万亿元，甚至超过中央本级收入的 10.0 万亿元（见图 2-3），这意味着中央本级收入全部转移支付给了地方，而且还将自身发行国债等筹集的部分收入转移给了地方政府。

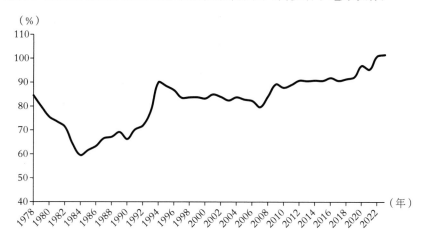

图 2-2　1978—2023 年考虑转移支付后地方可支配财力占全国一般公共预算收入的比重

注：此处计算公式为：（地方一般公共预算收入 + 中央对地方转移支付）／全国一般公共预算收入。

资料来源：《中国统计年鉴（2023）》、财政部、粤开证券研究院。

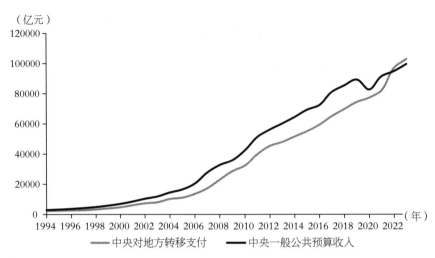

图 2-3　1994—2023 年中央对地方转移支付与中央一般公共预算收入规模变化情况

资料来源：历年《中国财政年鉴》、《中国统计年鉴（2023）》、财政部、粤开证券研究院。

（二）分税制改革不彻底导致地方财政自主权有所下降，一定程度上引发地方财政运行压力

既然考虑转移支付后，中央和地方财力分配格局与分税制改革前没有本质差异，事权和支出责任划分也没有本质差别，即财力和支出责任划分大体是匹配的，就不应该产生地方财政收支缺口以及地方财政运行压力。但是，实际上地方财政压力自分税制改革以来持续存在。分税制改革后，中央和地方财政收入初次分配产生的地方财政收支缺口问题理论上可以由两个方式解决。[①] 一种方式是建立中央与地方可预期、地方可自由支配的转移支付制度，中央主要起总揽全局的作用；另一种方式是与财权一道，上移部分事权和支出责任至中央，使中央与地方财权与事权、财力与支出责任相匹配。问题在于分税制改革不彻底，导致两种方式都未能完全解决初

---

① 假定政府事权和支出责任不变。政府事权和支出责任扩张引发的财政压力将在下文讨论。

次分配产生的缺口问题。中央和地方事权和支出责任划分、省以下事权和支出责任划分基本与分税制改革前一致，从而上移事权和支出责任的解决方案未能实施，初次分配引发的缺口是必然的，只能通过转移支付弥补；但转移支付结构不合理，大量专项转移支付导致地方不能完全自由支配。

一是分税制改革对事权与支出责任的划分仅作出了原则上的规定，并未进行实质性调整。中央与地方事权与支出责任划分基本延续了财政包干制时期的做法，即地方政府承担大部分与本地经济建设与发展相关的支出责任。地方政府一般公共预算支出占比自 2000 年起不断增加，2013 年达到 85.4%，较 1993 年上升了 13.7 个百分点（见图 2-4）。相应地，地方财政自给度（地方一般公共预算收入除以地方一般公共预算支出）在分税制改革后大幅下降，从之前的 100% 左右下降到 1994 年的 57.2%，此后受历次政府间收入划分调整（税收返还与转移支付制度调整、所得税收入分享改革等）的影响，短期存在波动，但长期呈现缓慢下降趋势（见图 2-5）。

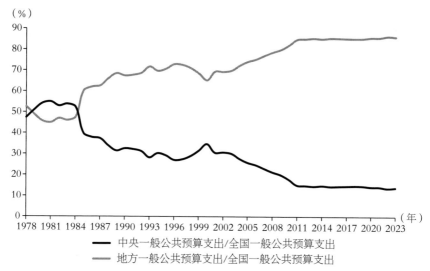

图 2-4　1978—2023 年中央与地方一般公共预算支出占比变化情况

资料来源：《中国统计年鉴（2023）》、财政部、粤开证券研究院。

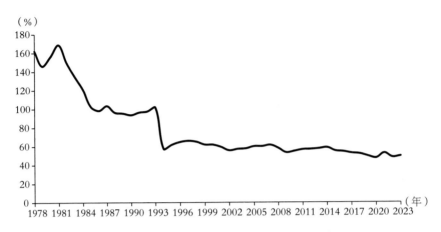

图 2-5　1978—2023 年地方一般公共预算自给度

资料来源：《中国统计年鉴（2023）》、财政部、粤开证券研究院。

二是 1994 年分税制改革并未触及省级以下的财政管理体制，各省（自治区、直辖市）在省级以下政府间的收入划分、事权与支出责任划分、转移支付等方面的具体执行方案差异较大。在五级行政级次的国家治理模式下，较高层级的地方政府（特别是省级政府）在地方财政利益分配中占优势地位，加上不清晰的政府间事权与支出责任划分，最终导致了事权与支出责任层层下移的现象。分税制改革后，省级政府的财政自给度（即省级一般公共预算收入除以省级一般公共预算支出）呈现长期上升趋势，从 1994 年的 41.3％上升到 1997 年的 54.2％，到 2007 年达 68.0％（见图 2-6）。由于地方政府整体的财政自给能力呈现下降趋势，省级政府财政自给能力上升，意味着省级以下地方政府（即市级、县级和乡镇级政府）整体的财政自给能力呈现下降趋势。这表明虽然分税制改革并没有明确省级以下财政管理体制模式，但却给各级政府间的财政利益分配及支出责任划分带来了深远的影响。

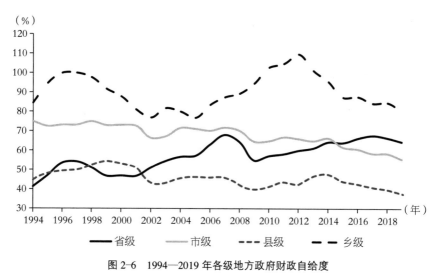

图 2-6 1994—2019 年各级地方政府财政自给度

资料来源：《省以下财政体制"特殊性"的事实、问题及其改进》①、粤开证券研究院。

三是转移支付制度的不完善一定程度上削弱了地方政府的财政自主权，使地方政府愈发不满足于主要靠转移支付解决资金缺口的状态。中央对地方转移支付往往规定了使用用途，且不少情况下需要地方政府筹集配套资金，限制了地方政府使用转移支付资金的自主权且增加了地方财政负担。分税制改革后，虽然中央对地方转移支付规模不断增加，但结构并不合理。其中，指定了具体用途并按照项目法分配的专项转移支付占全部转移支付资金的比重在 1994—2008 年总体上不断增加，到 2008 年达到了 43.3%，此后有所下降，但到 2018 年仍占 32.9%（见图 2-7）。在早期，不少专项转移支付项目需要地方政府提供配套资金，以此来达到吸纳地方财政资源投入符合中央政策目标领域的目的；地方政府如果筹集不到配套资金，就难以获批专项转移支付项目。配套资金要

---

① 王振宇等：《省以下财政体制"特殊性"的事实、问题及其改进》，《地方财政研究》2022 年第 9 期。

求对地方财力不足的欠发达地区而言是不小的负担，但如果没有中央的转移支付资金，地方政府的财政收支缺口则更加难以弥补。加上地方领导干部要考虑政绩和晋升等问题，不得不集中可用财力筹集中央要求的配套资金，甚至不惜造假或违规举债。[①] 以中央支农专项转移支付为例，据估算，1994—2004 年支农配套资金引起的乡村负债占当时乡村存量负债的比例为 15.2%—25.8%。[②] 这种为了争取转移支付资金而去额外举债的行为既不合理，也不可持续。

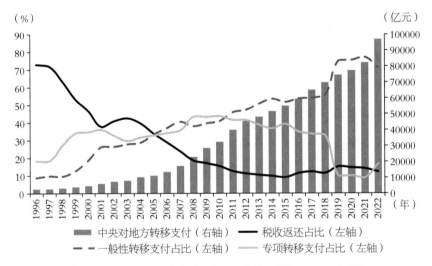

图 2-7　1996—2022 年中央对地方转移支付规模及其结构变化情况

注：2019 年转移支付科目发生了较大变化，税收返还并入一般性转移支付，一般性转移支付中新增了共同事权转移支付，与之前的数据不可比。

资料来源：历年《中国财政年鉴》，财政部《2005 年地方财政运行分析》《2007 年地方财政运行分析》，2008—2018 年《中央对地方税收返还和转移支付决算表》，2019—2022 年《中央对地方转移支付决算表》，粤开证券研究院。

---

① 刘圣中等：《"钓鱼"与"反钓鱼"——配套性转移支付过程中的博弈》，《新视野》2013 年第 1 期。

② 温铁军等：《中央支农资金配套制度对中国乡村负债的影响：一个初步估算——以中西部地区贫困县为例》，《中国农村经济》2009 年第 2 期。

（三）政府事权扩张和支出责任增加导致收支矛盾加剧，传统政府运行模式以及政绩考核机制等引发地方寻找新的财源

如前所述，假定政府事权和支出责任不变的情况下，分税制改革并未改变中央和地方可支配财力分配格局；分税制改革不彻底一定程度上引发了地方财政运行的压力，但并不足以引发土地财政、地方政府债务规模攀升的现象以及创设城投公司过度举债的问题。分税制改革与分税制改革不彻底是两回事，分税制改革并不是导致地方政府产生额外资金需求并通过成立城投公司举借隐性债务的根本原因。问题的关键在于地方政府事权和支出责任是持续扩张的，导致地方政府存在额外资金需求。其一，由于经济发展水平的提高和城镇化进程不断加快、国际金融危机的冲击等客观原因，政府承担的政府事务和支出责任越来越多。[1] 由于事权和支出责任划分改革迟迟没有实质性进展，而我国长期实施的是"中央决策、地方执行"的政府运行模式，这天然导致事权和支出责任下移到地方政府，地方政府承担的实际支出责任越来越重，资金需求越来越大。其二，以经济增长为核心的地方官员考核制度下地方政府难以抑制的投资冲动加剧了地方政府对资金的渴求，是导致地方财政资金缺口越来越大的根本原因。[2]

三、1994 年《预算法》等法律法规限制了地方政府融资渠道

分税制改革后，地方政府财政自主权有所降低，而事权与支出责任未减，甚至随着经济发展和城镇化进程不断推进而有所增加，导致地方政府不得不通过多种渠道筹集财政资金并履行政府职能。除了税收返还和转

---

[1]　本章第二节将详细探讨城投公司产生的客观原因。

[2]　本章第四节将详细探讨地方政府官员的考核制度。

移支付资金外，地方政府弥补收支缺口的可能途径还包括：预算外资金、往年结余资金、举债等。

在 2010 年以前尤其是 2000 年之前，预算外资金成为地方政府履行政府职能、完成地区经济建设和发展目标、弥补收支缺口的重要渠道。预算外资金主要是一些未纳入一般公共预算管理的非税形式的政府收入。分税制改革前后预算外资金的项目几经调整，不少项目逐步纳入一般公共预算管理。1998 年以后预算外资金收入项目主要包括：行政事业性收费、政府性基金收入、乡镇自筹统筹资金、国有企业和主管部门收入和其他收入。① 分税制改革后，地方预算外资金收入规模较 1993 年有所增加（见图 2-8），其中有口径调整的因素，但分税制实行后各地财政自给能力下降是重要的动因之一。到 2000 年，地方预算外资金收入与地方一般公共预算收入之比仍高达 55.9%，是名符其实的"第二财政"。在 2010 年之前，预算外资金虽然区别于预算内资金进行单独管理，但当预算内资金不足时，仍可以以"调入其他资金"或"调入资金"的形式补充地方一般公共预算，为预算内支出输血。由于预算外资金收入主要来自非税形式的政府收费，相较于预算内的收入透明度和规范程度较低，当地方政府资金不足时，很容易出现乱收费、乱罚款等预算外资金无序扩张的情况。

在考虑了中央对地方转移支付后的地方财政收支差② 在 1994 年之后整体呈现下降趋势，到 2009 年已接近 0，2010 年开始出现地方财政收小于支的情况（见图 2-9）。虽然一般公共预算与预算外资金并不能反映全部政府收支活动，也不能反映地方政府真正的资金缺口，但从地方财政收支盈余不断减少的事实来看，地方政府本级财政收入、转移支付和预算外资金收入逐渐难以满足地方政府的资金需求。

---

① 参见《中国统计年鉴（2023）》。
② 地方财政收支差 = 一般公共预算收入 + 预算外资金收入 + 中央对地方转移支付 - 一般公共预算支出 - 预算外资金支出。

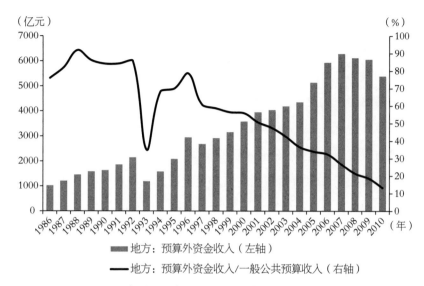

图 2-8 1986—2010 年地方预算外资金收入及其与预算内收入的比值变化情况

资料来源：《中国统计年鉴（2012）》、粤开证券研究院。

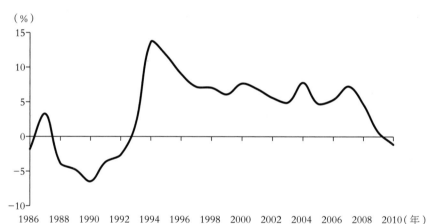

图 2-9 1986—2010 年考虑转移支付后地方财政收支差变化情况

注 1：地方财政收入 = 一般公共预算收入 + 预算外资金收入；地方财政支出 = 一般公共预算支出 + 预算外资金支出；地方财政收支差 = 地方财政收入 + 转移支付 − 地方财政支出。
注 2：此处计算公式为：（地方财政收入 + 转移支付 − 地方财政支出）／地方财政支出。
资料来源：《中国统计年鉴（2012）》、历年《中国财政年鉴》、粤开证券研究院。

随着财政管理体制的不断完善，预算外资金被逐步纳入全口径预算管理。2000年起，不少预算外资金逐渐纳入了一般公共预算管理，地方预算外资金收入与地方一般公共预算收入的比值不断下降（见图2-8）。根据《财政部关于将按预算外资金管理的收入纳入预算管理的通知》（财预〔2010〕88号）的要求，从2011年起，除教育收费纳入财政专户管理外，其他预算外资金全部纳入预算管理，在规范了政府收支管理的同时，也切断了地方政府通过预算外资金融资的渠道。

在转移支付和预算外资金不能满足支出需求的情况下，理论上地方政府还可以通过合理举债来为公共投资融资，但2014年之前实行的1994年《预算法》不允许地方财政出现赤字和发行地方政府债券，限制了地方政府直接举债融资的渠道。早在1985年，为遏制财政包干制下地方政府基本建设投资热情、降低通货膨胀风险，国务院办公厅发布了《关于暂不发行地方政府债券的通知》（国办发〔1985〕63号），明确"国务院要求各地方政府不要发行地方政府债券"。20世纪90年代初期我国经济过热，高投资、高贸易顺差、高增长、高通胀并发，中央先后出台了"一揽子"宏观调控措施，核心是采取适度从紧的财政政策和货币政策，控制地方政府债券发行、抑制地方政府过高的投资热情是措施之一。为抑制投资过热，同时防止地方政府过度利用债务融资，1994年3月全国人民代表大会通过的《预算法》禁止地方政府出现赤字并发行地方政府债券。1994年《预算法》第二十八条规定："地方各级预算按照量入为出、收支平衡的原则编制，不列赤字。除法律和国务院另有规定外，地方政府不得发行地方政府债券。"1994年《预算法》于1995年1月1日起生效，在此后的20年时间里，地方财政不能出现赤字，也不能以发行地方政府债券的方式进行融资。这从预算管理制度上堵塞了地方政府采用发行政府债券的方式从资本市场上进行融资的通道。

禁止地方财政出现赤字，导致2014年之前地方一般公共预算收支差额主要靠中央对地方转移支付来弥补，地方一般公共预算收入加上中央对

地方转移支付（含税收返还）几乎与地方一般公共预算支出相等（见图 2-
10）。仅少数年份还存在小幅缺口，可能由调入资金、历史结余资金和财
政部代发的地方政府债券① 等来弥补。特殊情况下超出上述 1994 年《预算
法》允许的常规方式之外的额外资金需求只能从其他渠道满足。2014 年《预
算法》实施后，允许地方政府发行政府债券弥补收支差额，地方一般公共
预算收入与中央对地方转移支付之和才与地方一般公共预算支出规模出现
了较大的偏离，偏离部分主要由地方政府债券净融资来填补。

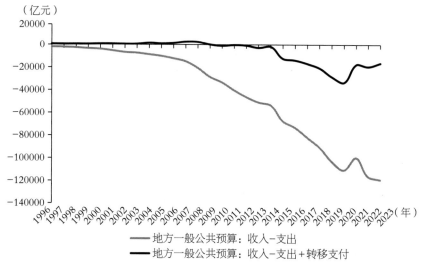

（亿元）

图 2-10 考虑中央对地方转移支付前后地方一般公共预算收支差额对比

资料来源：历年《中国财政年鉴》、粤开证券研究院。

---

① 为应对 2008 年国际金融危机，2009—2011 年财政部试点地方政府债券"代发代还"
模式，即由财政部以省、自治区、直辖市或计划单列市等地方政府的名义代理发行
地方政府债券并代办付息和支付发行费，地方政府与中央政府结算时偿还。2011—
2014 年试点"地方自发、中央代还"模式，允许上海、浙江、广东、深圳等地在国
务院批准的发债规模限额内自行发行本地债券，由财政部代为还本付息，地方政府
结算时偿还。2014 年财政部在上海、浙江、广东、深圳、江苏、山东、北京、江西、
宁夏、青岛等地试点地方政府债券"自发自还"模式，试点地区在国务院批准的发
债规模限额内，自行组织本地区政府债券发行、支付利息和偿还本金的机制，这也
是 2014 年《预算法》实施后的通用模式。

除了 1994 年《预算法》明文禁止地方政府举债之外，之后陆续出台的《担保法》《贷款通则》等金融领域的法律法规也将地方政府排除在保证人或借款人之外。1995 年 6 月全国人民代表大会常务委员会通过的《担保法》第八条规定："国家机关不得为保证人，但经国务院批准为使用外国政府或者国际经济组织贷款进行转贷的除外。"1996 年 6 月中国人民银行发布的《贷款通则》[①] 规定借款人"系指从经营贷款业务的中资金融机构取得贷款的法人、其他经济组织、个体工商户和自然人"，并不包括地方政府等国家机关。这些法律法规进一步限制了地方政府作为借款人直接或作为担保人间接从银行等渠道取得资金的可能性。

第二节　客观需要：城镇化进程加快及外部冲击

城镇化进程加快和金融危机等外部冲击产生了设立城投公司的客观需要。城镇化水平不断提高是世界上多数经济体发展的客观规律，改革开放尤其是 20 世纪 90 年代中期以来，我国的城镇化进程不断加快，催生了大量的城市基础设施建设和公共服务需求。这导致地方政府职能范围不断扩张，为城投公司蓬勃发展提供了重要的客观需求基础。城投公司作为政府职能的延伸，顺应了城镇化的时代浪潮，也满足了地方政府履行更多政府职责的需要。此外，在 1998 年亚洲金融危机和 2008 年国际金融危机两次金融危机的冲击下，地方政府存在短期的额外资金需求，直接导致了城投公司的产生与爆发式增长。

---

① 根据 2018 年 2 月中国人民银行令〔2018〕第 1 号，《贷款通则》已不在现行有效的规章目录中。

一、城镇化浪潮催生了大量城镇基础设施建设和公共服务需求

城镇化（又称"城市化"）是经济体中各种生产要素不断由农村向城镇聚集的过程，通常体现在城镇人口在总人口中的比重不断增加、城镇行政管理区域不断扩张等方面。20 世纪 90 年代中期后，我国的城镇化进程明显加快。城镇常住人口数量从 1995 年的 3.5 亿人迅速增加到 2003 年的 5.2 亿人，城镇化率也从 1995 年的 29.0％迅速提升至 2003 年的 40.5％，平均每年增加 1.4 个百分点（见图 2-11）。

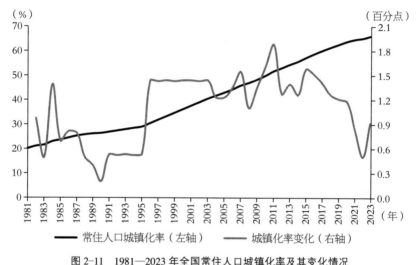

图 2-11 1981—2023 年全国常住人口城镇化率及其变化情况

资料来源：《中国统计年鉴（2023）》、国家统计局、粤开证券研究院。

这一时期我国城镇化进程明显加快主要有三个方面的原因：其一，社会主义市场经济体制改革目标的确立。1992 年 10 月党的十四大确立了我国社会主义市场经济体制改革的目标，1993 年 11 月党的十四届三中全会《决定》将党的十四大提出的经济体制改革的目标和原则具体化，明确了建立社会主义市场经济体制的基本任务和要求，勾画了其总体规划和基本框架。中国的市场化改革由此拉开序幕，市场在生产要素配置中的作用逐

步提升，并成为城镇化发展的主要驱动力。其二，改革开放的深化与国家城镇化战略的推动。邓小平南方谈话后我国持续深化改革开放，东部沿海地区经济快速发展，吸引了大批农村劳动力不断涌入东部沿海城镇。20世纪90年中期以前，我国城镇化的基本战略是控制大城市规模，更多鼓励发展中小城市和小城镇。后来，大城市的规模经济效应逐渐显现并得到重视。2002年党的十六大报告明确指出，要"坚持大中小城市和小城镇协调发展，走中国特色的城镇化道路"①，并将城镇化战略作为解决"三农"问题、破除制约全面建设小康社会目标实现的重要措施。在此推动下大量生产要素和资源向城市聚集，城市规模迅速扩张，我国工业化和城镇化水平快速提升。其三，乡镇企业的衰落。分税制改革后，中央与地方不再按照行政隶属关系划分税收收入，地方政府能够从乡镇企业中得到的财政收入大为减少，创办乡镇企业的热情迅速下降，大批乡镇企业私有化甚至倒闭②，更多的农村劳动力开始进城务工。加上1997年以来户籍管理制度的不断放松，更多的农业人口向城镇迁移。③截至2000年年末，全国进城务工人员数量已经高达7849万人，是1989年的2.6倍。④

加快的城镇化进程和不断提高的城镇化水平产生了大量城镇建设和公共服务需求，对地方政府的城镇建设和管理能力提出了更高的要求。城

---

① 《中国共产党第十六次全国代表大会文件汇编》，人民出版社2002年版，第22页。

② 周飞舟：《分税制十年：制度及其影响》，《中国社会科学》2006年第6期。

③ 1997年，《国务院批转公安部小城镇户籍管理制度改革试点方案和关于完善农村户籍管理制度意见的通知》（国发〔1997〕20号）允许已经在小城镇就业、居住并符合一定条件的乡村人口在小城镇办理城镇常住户口；同时继续严格控制大中城市人口数量的增长；1998年《国务院批转公安部关于解决当前户口管理工作中几个突出问题意见的通知》（国发〔1998〕24号）进一步放宽了农民进城条件；2001年3月《国务院批转公安部关于推进小城镇户籍管理制度改革意见的通知》（国发〔2001〕6号）继续深化了小城镇户籍制度改革。

④ 魏后凯、苏红键：《中国农业转移人口市民化进程研究》，《中国人口科学》2013年第5期。

镇化归根到底是人的城镇化，只有聚拢人气、吸引劳动力和建设者，才能不断进行城市建设和更新；只有不断提高经济发展水平，提供更好的居住环境、更好的公共服务才能吸引更多的人才和劳动力。一方面，经济发展水平和由此决定的工资水平是吸引农业人口迁入的决定因素，而良好的住房、交通、商业等基础配套设施是经济发展的基础条件。发展经济是城镇化过程中的首要任务。这就需要地方政府主导进行大规模的基础设施建设，不断完善道路交通、电力、供暖、供水等市政基础设施，同时还要推动住房改革、改善居住条件，妥善安置外来劳动力。另一方面，大量人口涌向城市，就业、城市治安、教育、医疗、社会保障等公共服务需求剧增。除了经济发展水平和工资水平外，城市公共服务水平也是吸引劳动力长期定居的重要因素。据中国流动人口动态监测调查（CMDS）数据，2017 年为了更好的公共服务而定居城市的进城务工人员占比达 33.8%，甚至超过了为了收入而定居城市的农民工比例（18.3%）。① 较高的公共服务水平一定程度上可以抵消大城市房价高、竞争激烈、工作压力大等负面因素，成为推动城镇化的重要驱动力。为了满足不断增加的公共服务需求和更好地推动城镇化，地方政府在紧抓经济建设的同时，还要不断拓宽政府职责范围，提高各类公共服务供给水平。

加速的城镇化使地方政府面临空前的考验，基础设施和公共服务的提供不仅需要足够的资金，还需足够的人力、物力和管理经验。叠加分税制改革后地方政府自主权有限、事权与支出责任繁重、融资渠道受限等现实，当地方政府可支配的财政资源不能满足地方经济建设与城镇化客观需求的时候，地方政府迫切需要一个载体。在客观需求的带动下，以基础设施建设为主要业务的城投公司快速发展，后来其业务范围逐渐扩展，深入

---

① 付明辉等：《基本公共服务如何影响农业转移人口定居意愿——基于城市劳动力需求冲击及房价异质性分析》，《农业技术经济》2013 年第 3 期。

城市建设和公共服务的各个领域。总之，城投公司兴起与快速发展顺应了城镇化浪潮并满足了地方政府履职的需要，在我国城镇化过程中作出了不可磨灭的重要贡献。

二、外部冲击下地方政府常规融资方式难以满足新增宏观调控需要

如果地方政府不存在超出常规合法手段可获取财政资源之外的额外资金需求，即使财政自主权较弱、财政支出责任较重，地方政府也没有必要冒着违法违规的风险进行非常规融资。如果地方政府能够按照量入为出、以收定支的原则，"有多少钱办多少事"，没有过多的额外资金需求，辅以适当的预算监督和管理，总体上不会出现太大的问题。

本章认为，城投公司的产生与发展是地方政府存在的额外资金需求所推动的。地方政府额外资金需求产生的原因有短期因素也有长期因素，外生冲击是地方政府短期额外资金需求产生的重要原因之一。当经济增长出现波动甚至下滑，中央逆周期调节的宏观经济政策要求地方以配套资金的形式保持较高的财政支出强度。同时，地方政府又面临财政收入增长下行、融资渠道受阻的困境，"巧妇难为无米之炊"，突发的额外资金需求迫使地方政府寻求其他融资方式。

中央调控政策与地方融资困境的矛盾在 1998 年亚洲金融危机和 2008 年国际金融危机期间表现得尤为突出，直接导致城投公司的加速发展与爆发式增长。1998 年，正值我国社会主义市场经济建设如火如荼的时候，亚洲金融危机爆发。中央及时调整了宏观经济调控政策，财政政策由之前的"适度从紧"调整为"积极"，货币政策则由之前的"适度从紧"调整为"稳健"。在积极财政政策的要求下，地方政府不得不积极拓宽融资渠道，以期通过更多的基础设施投资拉动经济增长，由地方政府与国家开

发银行共同创造的"芜湖模式"就是在这样的背景下产生的。"芜湖模式"表面上银行贷款的借款人是城投公司，不是地方政府，不纳入预算管理，形式上并没有违背1994年《预算法》的规定。在城投公司发展早期，"芜湖模式"为各地提供了参考，催生了一批以代替地方政府承接银行贷款为主要目的的城投公司。

类似的情况在2008年国际金融危机爆发后再次上演，而这次加上了相对宽松的货币政策和金融监管环境助力，以融资为主要目的城投公司呈现爆发式增长。2008年年末，为应对国际金融危机，中央出台了一系列扩大内需、促进经济平稳较快增长的措施，其中包括"四万亿"的公共投资计划。但实际上国际金融危机冲击下地方政府并没有足够财力提供公共投资配套资金，而1994年《预算法》等法律法规不允许地方政府出现财政赤字、发行地方政府债券或向银行贷款，地方政府又不能违背中央宏观调控政策的要求。在此形势下，地方政府选择了借用融资平台公司融资，这也是2008年之后城投公司呈现爆发式增长的主要原因。此外，为应对国际金融危机，2008年四季度起我国开始实行适度宽松的货币政策，这也使得金融监管和信贷管理有所放松。2009年先后发布的银发〔2009〕92号文、财建〔2009〕631号文均明确表明对地方政府设立政府融资平台而筹措资金的支持。在财政和货币"双松"的背景下，以地方政府投融资平台为主要形式的城投公司发展也进入了快车道。

第三节　催化因素：土地公有制与房地产繁荣

20世纪90年代后期，土地制度和住房制度改革等多种因素叠加导致住房市场和土地市场日益繁荣，房价节节攀升带动土地不断增值。对于可支配财力有限的地方政府而言，具有增值预期的土地是非常重要的资产，既能产生国有土地使用权出让收入及房地产相关税收，实现"土地财政"；又能作为抵押物，打开新的融资渠道，成为地方政府经由城投公司融资的重要抓手，实现"土地金融"。

一、土地制度与住房市场化改革开启了房地产市场的繁荣时代

1978 年改革开放到 20 世纪 90 年代初，在劳动力和土地资源充裕、资本稀缺的背景下，地方政府为发展工业，将招商引资作为重要任务，土地资源的价值被发现和重视。1994 年分税制改革后，企业不再按照行政隶属关系缴纳税收[①]，这极大地调动了地方政府招商引资的热情，很多地方政府用低廉的工业用地吸引资本，带动产业发展，吸收了就业，同时增加了地方财政收入。

我国的土地公有制和国有土地有偿使用制度决定了我国地方政府在土地一级市场的垄断地位。1986 年颁布实施的《中华人民共和国土地管理法》（简称《土地管理法》）第二条规定："中华人民共和国实行土地的社会主义公有制，即全民所有制和劳动群众集体所有制。"1988 年修订的《土地管理法》明确规定，"国有土地和集体所有的土地的使用权可以依法转让"，从此我国建立了国有土地有偿使用制度。1990 年颁布的《城镇国有土地使用权出让和转让暂行条例》规定市、县级政府有出让国有土地的权力。1999 年 1 月开始实施的第二次修订后的《土地管理法》进一步完

---

① 1994 年分税制改革时，为照顾地方利益和减少改革阻力，当时的个人所得税划分为地方税，企业所得税仍按照行政隶属关系在中央与地方之间划分收入。所得税收入仍然依据行政隶属关系划分不利于市场公平竞争和全国统一市场的形成。因此，我国在 2002 年 1 月 1 日进行了所得税分享改革。根据《国务院关于印发所得税收入分享改革方案的通知》（国发〔2001〕37 号），除少数特殊行业或企业外，对其他企业所得税和个人所得税收入实行中央与地方按比例分享。

善了国有土地使用权出让制度，明确规定农村集体所有的土地须经国家征用后才可以转让用于非农建设。但在 1998 年之前，地方政府的土地出让收入并不多。一方面，1994 年之前，土地出让收入在中央与地方之间的分享比例经常变动，地方政府留成的土地出让收入并不多；另一方面，1994 年分税制改革后，土地出让收入作为预算外资金收入虽然全部留给地方，但各地为招商引资通常低价转让土地（大多数为工业用地）。

　　土地管理制度不断完善的同时，住房市场化改革也在逐步推进，共同开启了我国房地产市场的繁荣时代。1988 年，深圳颁布《深圳经济特区住房制度改革方案》，在全国率先发起住房制度改革，提出"补贴提租、鼓励买房"，住房分配货币化进程由此开启。1994 年 7 月，伴随我国经济体制市场化改革浪潮，国务院发布了《关于深化城镇住房制度改革的决定》（国发〔1994〕43 号，2016 年 6 月 25 日废止），改革内容包括将住房实物福利分配方式改变为以按劳分配为主的货币工资分配方式、建立住房公积金制度等。1998 年 3 月，时任国务院总理朱镕基在答记者问时指出，"东南亚当前的金融危机使中国面临着严峻的挑战，我们必须确保今年中国经济发展速度达到 8%""住房的建设将要成为中国经济新的增长点，但是我们必须把现行的福利分房政策改为货币化、商品化的住房政策""我们准备今年下半年出台新的政策，停止福利分房，住房分配一律改为商品化"。[①]1998 年 7 月，国务院印发了《关于进一步深化城镇住房制度改革、加快住房建设的通知》（国发〔1998〕23 号），提出了包括提薪降息鼓励消费、完善住房供应体系、开展住房抵押贷款、放开住房二级市场、支持住房企业发展等各项政策，并明确指出在 1998 年下半年开始停止住房实物分配，逐步实行住房分配货币化，进一步推动了我国住房建设与分配的商品化与市场化。

---

① 《朱镕基答记者问》，人民出版社 2009 年版，第 3—5 页。

自此，我国房地产市场逐步兴起，并极大地带动了地区经济增长，推动了城镇化进程。1998 年新开工商品住宅面积达 1.7 亿平方米，比 1997 年增长了 51.3%，此后一直到 2007 年，以平均每年 19.8% 的速度增长；商品房住宅销售面积也大幅增长，1998—2007 年每年平均增速为 22.9%，而 1994—1997 年平均增速仅为 4.3%（见图 2-12）。房地产市场的兴起带动上下游产业的发展，解决了进城务工人员就业和安居问题，满足了城镇化过程中居民安居乐业的需求，逐渐成为地方经济的支柱产业。房地产开发带动城镇基础设施建设不断加快，城镇居民生活居住环境不断改善，进一步推动了城镇化进程。

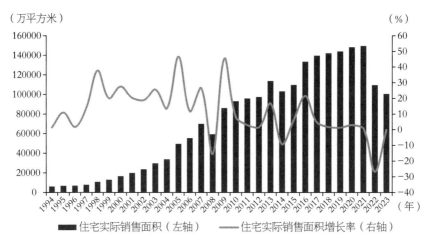

图 2-12　1994—2023 年商品房住宅实际销售面积及增长率变化情况

资料来源：历年《中国统计年鉴》、粤开证券研究院。

伴随房地产开发和销售高涨，土地供应面积不断增加，带动全国土地出让收入不断增长。1998—2007 年，全国土地出让面积整体呈现不断增加趋势，房地产市场的火热推动土地不断增值，全国土地出让收入快速增长。2007 年，全国土地出让收入达 1.2 万亿元，是 1998 年的 24 倍，是当年全国一般公共预算收入（5.1 万亿元）的 23.8%；到 2013 年，全国土地出让收入达 4.4 万亿元，与当年全国一般公共预算收入（12.9 万亿元）

之比上升到 **33.9%**（见图 2-13）。①

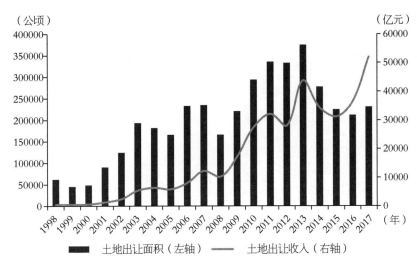

图 2-13 1998—2017 年全国土地出让面积及收入变化情况

资料来源：历年《中国国土资源年鉴》、粤开证券研究院。

二、不断增值的土地成为地方政府通过城投公司融资的抓手

随着住宅和商业用地价值日益攀升，房价地价相互促进，带动地区经济持续高增长，土地对于地方经济和财政收入增长的重要性愈加凸显。土地对于地方财政的重要性体现在四个方面（见图 2-14）：其一，与土地和房地产相关的税费收入成为地方政府的重要收入来源，甚至是支柱来源；其二，地方政府可以出让国有土地使用权和对外租赁直接获得土地出让收益和土地租金等非税收入，而这些收入在分税制改革后属于地方财政收入；其三，地方政府可以通过城投公司以地融资，即地方政府将土地等国有资产注入到城投公司，为城投公司增信，提高其融资能力，地方政

---

① 此处土地出让收入为《中国国土资源年鉴》统计口径，与全国政府性基金预算中的国有土地使用权出让收入不是同一概念。

府以此获得基础设施建设、土地开发整理等需要的资金，缓解财政支出压力；其四，地方政府以较低价格出让甚至无偿划拨工业用地，吸引企业来本地投资，以推动地区工业化和经济发展。其中，土地给地方政府带来的相关收入可认为是显性价值或直接价值，而以地融资和招商引资后带来的益处可认为是隐性价值或间接价值。无论是显性价值还是隐性价值，实现的基础均是由我国土地管理制度所决定的市、县级地方政府在土地一级市场的垄断地位。

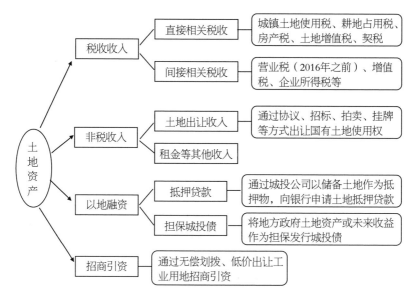

图 2-14　土地资产对地方政府的重要性

资料来源：粤开证券研究院。

　　正是由于地方政府对于土地供应的垄断及土地资产的潜在价值，为地方政府通过城投公司进行以地融资提供了可能性。以土地为核心，地方政府、城投公司、房地产与土地市场、地区经济发展之间形成了不断加强的利益联结和利益循环。在城投公司发展的早期，地方政府、土地与城投公司之间的关系体现在三个环节：其一，地方政府将土地等优质国有资产注入城投公司，以潜在的土地出让收入及增值收益作为还款保证，或者直接将土地作为抵押物，增强城投公司从债券市场和信贷市场获得资金的能力；其二，城投公司深度地参与土地的一级开发及配套的基础设施建设过程，直接或接受委托从事土地开发及储备工作，协助地方政府履行地方基础设施建设的职责，其中需要城投公司垫付部分甚至全部土地开发成本；其三，地方政府将开发好的土地收回向市场出让，获得土地出让收入，再以工程款或代建工程款等形式返还给城投公司，弥补城投公司前期土地一级开发和相关基础设施建设的成本，偿还前期相关债务。

在房地产市场不断上行的背景下，不断增值的土地成为地方政府向城投公司注资以快速增强其融资能力的主要方式。城投公司想要持续发展必须具备一定的融资能力，但由于城投公司最初的业务大部分是公益性的，除了财政补贴收入，几乎没有稳定业务收入和现金流，自身的盈利能力和融资能力都较差。为了满足城投公司和地方政府的融资需求，地方政府通常会采用向城投公司注入资产的方式改善城投公司的资产负债表，从而提高其融资能力。常见的注资方式包括：直接注入财政资金，注入土地资产，注入道路、公园等基础设施，注入公用事业类资产、特许经营权等经营性国有资产等。直接注入财政资金通常作为城投公司成立的启动资金，规模通常较小，远远不能满足基础设施建设的资金需求。而不断增值的土地是地方政府手中为数不多的优质资产，且由于早期土地等国有资产管理规范性不足，地方政府可以以多种方式向城投公司注入土地资产。常见的土地资产注入方式包括无偿划拨、低价协议出让等，城投公司能够以较低的成本获取具有使用权的土地资产。2002 年以后，我国推行了国有土地使用权出让市场化改革，城投公司可以通过"招、拍、挂"（即招标、拍卖、挂牌出让）的程序获得土地，但是需要缴纳土地出让金，地方政府收到缴纳土地出让金后再返还给城投公司进行增资，而城投公司获取土地后可以根据地方政府的需要适时地进行土地开发或者再转让给第三方，从而实现资产的增值收益。

由于在城投公司发展的初期，我国各方面管理体制尚不健全，地方政府在土地供给、抵押、承诺担保等方面受到的制度约束相对较小，使得城投公司在地方政府的支持下可以大规模地以地融资。城投公司以地融资主要有两个方式：一是直接以土地作为抵押物，向银行申请土地抵押贷款[①]；二是通过将地方政府土地资产或未来收益作为担保，发行城投债。其中，银行抵押贷款占比较大。虽然《担保法》规定，地方政府不能作为担保人，但实际操作中地方政府仍以显性或隐性形式为融资平台公司提供债务担保，包括为城投公司融资行为出具担保函；承诺在城投公司偿债出现困难时给予流动性支持，提供临时性偿债资金；承诺当城投公司不能偿付债务时承担部分偿债责任；承诺将城投公司的偿债资金安排纳入政府预算等。此外，为了使偿债来源看起来更加可靠，城投公司往往将公益性较强、未来几乎没有现金流的非经营项目，与未来现金流较好的准经营性建设项目打包在一起进行融资。作为地方国有企业，城投公司在地方信贷市场上本来就具有一定的融资优势，再加上优质国有资产的注入和地方政府的信用担保，城投公司逐渐成为银行等金融机构青睐的对象。根据历年《中国国土资源公报》的数据，2008—2011年，全国84个重点城市土地抵押贷款金额以平均每年37.8%的速度快速增长；到2015年年末，全国84个重点城市土地抵押贷款总金额达11.3万亿元，是2007年年末的8.5倍（见图2-15）。

---

① 理论上正在抵押的土地是无法向市场出让的，无法实现土地出让收入，地方政府也就无法进行土地出让返还或继续向城投公司注资。这个问题可以由两个方式解决：其一，地方政府最初可以将土地无偿划拨或低价协议转让的形式给城投公司注入初始资本，城投公司拥有该地块完整的使用权，城投公司再以此进行抵押贷款融资；城投公司取得融资后可以开发其他没有被抵押的土地，待开发完毕移交给地方政府，地方政府将熟地出让后获得土地出让收入，再返还给城投公司。其二，随着城投公司实力的不断增强，越来越多的金融资源向城投公司聚集，城投公司有能力继续提前垫付地方政府指定地块的一级开发成本。

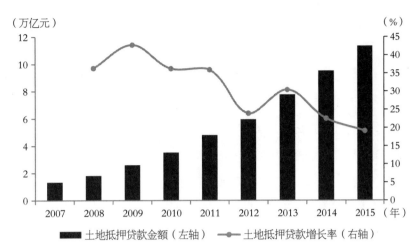

图 2-15　2007—2015 年全国 84 个重点城市土地抵押贷款金额及增长率变化情况

资料来源：历年《中国国土资源公报》、粤开证券研究院。

　　城投公司取得第一笔融资后，通过开展基础设施建设、土地开发与整理等业务，深度参与城市建设的各个环节，业务范围不断扩张，资产规模也越来越大。城投公司最初主要从事基础设施建设和土地开发整理业务，但随着城投公司数量的增加及其自身实力的增强，城投公司的业务类型也拓展到保障房建设、公用事业等各个民生领域，部分城投公司也有较大比例的经营性项目，如商品房开发、建筑施工、商业服务等。通过基础设施投融资、土地开发以及其他不断扩展的业务板块，城投公司对城市建设和地区经济的推动作用也越来越明显。地区经济增长进一步带动土地和房地产升值，增加了地方财政收入，地方财政再通过土地出让金返还、财政补贴、持续注资等方式给城投公司输血，城投公司再去进行新的土地开发和基础设施等公益性项目建设，开启新一轮"以地生财、以财养地"的循环。① 在不断循环的过程中，地方政府对城投公司

---

① 郑思齐等：《"以地生财，以财养地"——中国特色城市建设投融资模式研究》，《经济研究》2014 年第 8 期。

的依赖程度越来越大，城投公司存在的基础也更加牢靠，吸引了更多的金融资源并催生了更多的城投公司加入这个循环（见图2-16）。不仅如此，地方政府迫于经济增长压力还可能会干预地方金融资源的配置，为城投公司在申请银行贷款、发行城投债等方面提供便利。实证研究表明，银行在审批土地抵押贷款时，对城投公司的抵押率（即土地抵押贷款金额与土地评估价值的比值）要求比非城投公司宽松，而地方政府的经济增长压力越大，土地抵押率也越高。[①] 地方政府甚至在一些低效的城投公司经营和融资出现问题的情况下，协调地方金融资源为城投公司纾困，而地方国有金融机构迫于地方政府的压力不得不持续为城投公司输血，一定程度上导致了债务风险在城投公司、金融机构和地方政府之间不断积累。

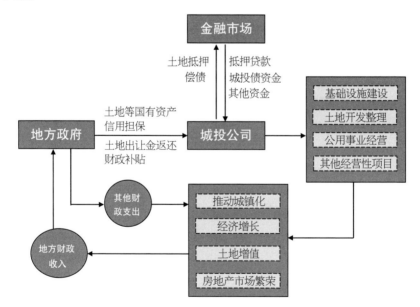

图2-16　地方政府、城投公司与地区经济的关系

资料来源：粤开证券研究院。

———————————

① 张莉等：《以地融资、地方债务与杠杆——地方融资平台的土地抵押分析》，《金融研究》2019年第3期。

　　土地的增值预期及其实现成为地方政府与城投公司之间的利益核心。土地增值预期及其实现是城投公司回收工程成本、偿还债务、继续融资、持续经营的关键。土地出让的动作只能由市级或县级政府完成，只有土地成功出让并取得土地出让收入，并且地方政府能够遵守承诺及时返还土地出让收入，城投公司才可以获得资金去弥补前期垫付的建设成本并偿还相关债务，而地方政府也才可以继续依靠城投公司进行新一轮的融资和基础设施建设。在不断上行的房地产市场行情下，土地是稀缺资源，地方政府在出让土地环节几乎没有压力，土地出让收入屡创新高。但这也意味着一旦房地产市场下跌，土地增值预期不再，地方政府土地出让收入下滑，同时其他与房地产相关的政府收入也会相应减少，地方政府财力紧张，可能无法实现之前的各类承诺，减少对城投公司的出让金返还及相关财政补贴，城投公司的债务风险会凸显出来，持续经营也将面临较大挑战。

　　由于蕴含一定的隐性债务风险，2012 年以后，政策开始禁止地方政府以向城投公司注入土地的方式变相融资的行为。2012 年 12 月发布的财预〔2012〕463 号文规定，"地方各级政府不得将储备土地作为资产注入融资平台公司，不得承诺将储备土地预期出让收入作为融资平台公司偿债资金来源""不得授权融资平台公司承担土地储备职能和进行土地储备融资，不得将土地储备贷款用于城市建设以及其他与土地储备业务无关的项目"。2014 年《预算法》实施后，地方政府不得通过融资平台公司举借新的政府性债务，地方政府及其所属部门不得为任何单位和个人的债务以任何方式提供担保。2016 年在地方政府违规融资有所抬头的情况下，财政部、国土资源部、中国人民银行、银监会等四部门发布了《关于规范土地储备和资金管理等相关问题的通知》（财综〔2016〕4 号），规定"各类城投公司等其他机构一律不得再从事新增土地储备工作"。尽管如此，城投公司仍然可以在地方政府的授意下通过"招、拍、挂"等市场化途径，合法合规地取得国有土地使用权，并通过前述运作实现土地的增值和资产的扩张。土地资产对于地方政府和城投公司的重要性的逻辑基础并没有发生根本性改变。

第四节　制度根源：地方领导干部的考核压力与晋升激励

分税制改革不彻底一定程度上造成了地方政府运行压力，城镇化进程加快催生了基础设施与公共服务的客观需求，地方政府对土地供应的垄断使得不断升值土地资产成为地方政府通过城投公司融资的主要抓手，但这些制度原因和客观条件并不是地方政府主动地、持续地支持城投公司发展并通过城投公司进行预算外投融资的充分条件。前有 1994 年《预算法》等法律法规的约束，后有 2014 年《预算法》和一系列中央文件的三令五申，如果地方政府不存在预算外违规融资的强烈、持久的主观动因，政府隐性债务就不会屡禁不止。即使手握土地资产这把钥匙，没有地方政府的主动发力，潘多拉魔盒也可能不会被打开。

本章认为，地方政府领导干部普遍面临的上级考核压力和晋升激励是地方政府持续地产生额外资金需求的最主要的主观原因。在过去以经济增长为核心的国家干部人事考核机制下，各级地方政府领导干部都迫切地想要尽快作出政绩，表现出对地区经济增长的极度渴求和难以压制的投资冲动。尽管本级财政收入、转移支付等合规融资渠道等已经解决了大部分财政收支缺口，但地方政府主观上不满足于现有财力支撑下的财政支出和地区经济发展现状，而是想方设法增加公共投资以拉动经济增长，从而迫切需要一个公共投资和融资载体。对地方政府而言，城投公司是既能解决地方政府经济建设资金饥渴又能承担城市建设任务的接近完美的解决方案。

一、"以经济建设为中心"决定了以经济增长为核心的地方官员考核机制

我国的干部人事考核制度是随着不同经济发展阶段核心任务的变化而不断改革创新建立起来的，从改革开放初期到 21 世纪初，以经济增长为核心的"工作实绩"考核在干部人事考核中一直占据主导地位。

1978 年十一届三中全会提出"以经济建设为中心""改革开放"的发展战略，全党工作重心从阶级斗争转向经济建设。一直到 21 世纪初，以经济建设推动社会发展、解决人民温饱问题成为我国经济发展的主旋律。"以经济建设为中心"的历史任务也决定了中央对地方干部的考核更加侧重于地区经济增长。虽然在早期的干部人事考核制度改革相关文件中并没有明确具体的考核指标，但是不可否认，地区经济发展成就是一任干部工作成绩的集中体现。1979 年中共中央组织部发布了《关于实行干部考核制度的意见》，规定了干部考核的标准和内容，从"德、能、勤、绩四个方面进行考核"，其中"绩"就是考核干部的工作成绩，"主要看对现代化建设直接或间接所作的贡献"，奠定了国家公务员干部考核制度的基础。为解决干部管理体制过分集中的问题，党中央于 1983 年决定改革干部管理体制，逐步下放了干部管理权限，开始实行"下管一级、分层管理、层层负责"的人事管理体制，确立了上级政府领导在人事管理方面的权威。1993 年国务院颁布了《国家公务员暂行条例》（2006 年 1 月 1 日《中华人民共和国公务员法》实施后废止），公务员制度在全国全面推行。1994 年人事部印发《国家公务员考核暂行规定》（2007 年 1 月 4 日《公务员考核规定（试行）》实施后废止），在全国正式推行公务员考核制度，并在实践中不断完善。1996 年中共中央组织部制定了《县（市）党委、政府领导班子工作实绩考核试行标准》，提出了对地方政府领导的工作实绩按照经济建设、社会发展和精神文明建设、党的建设等三大方面、16 个具体领

域的指标体系进行考核，其中经济建设方面的指标包括：经济总量、发展
速度和人均水平，国家税收与地方政府财力，城乡居民生活水平，农业生
产与农村经济发展，国有资产管理，企业经营与管理，基础设施建设等
七大领域，每个领域都有具体的定量指标相对应。2005 年《中华人民共
和国公务员法》颁布，进一步完善了考核规定，考核内容上增加了"廉"，
规定"全面考核公务员的德、能、勤、绩、廉"，继续强调"重点考核工
作实绩"。2009 年中共中央组织部发布的《地方党政领导班子和领导干部
综合考核评价办法（试行）》（中组发〔2009〕13 号）规定，"坚持德才兼备、
以德为先，把按照科学发展观要求领导和推动经济社会发展的实际成效作
为基本依据，综合运用民主推荐、民主测评、民意调查、个别谈话、实绩
分析、综合评价等方法，全面客观准确地考核评价地方党政领导班子和领
导干部"，其中工作实绩分析"主要依据有关方面提供的经济发展、社会
发展、可持续发展整体情况和民意调查结果"等统计数据和评价意见。

党的十八大以来，干部人事考核体系更加全面、多元化，着重纠正
过去单纯以经济增长评定政绩的倾向。2013 年 11 月，十八届三中全会通
过《中共中央关于全面深化改革若干重大问题的决定》（简称"十八届三
中全会《决定》"），指出"完善发展成果考核评价体系，纠正单纯以经济
增长速度评定政绩的偏向，加大资源消耗、环境损害、生态效益、产能过
剩、科技创新、安全生产、新增债务等指标的权重，更加重视劳动就业、
居民收入、社会保障、人民健康状况"。2013 年 12 月，中共中央组织部
发布了《关于改进地方党政领导班子和领导干部政绩考核工作的通知》，
强调"要看全面工作，看经济、政治、文化、社会、生态文明建设和党的
建设的实际成效""不能仅仅把地区生产总值及增长率作为考核评价政绩
的主要指标，不能搞地区生产总值及增长率排名""选人用人不能简单以
地区生产总值及增长率论英雄"。2019—2020 年，中共中央组织部先后印
发《党政领导干部考核工作条例》《关于改进推动高质量发展的政绩考核

的通知》等，引导各级领导干部树立正确政绩观，贯彻新发展理念，推动经济社会高质量发展。干部人事考核制度的变化体现了不同发展阶段对地方党政干部履职能力要求的变化，也激励了地方党政干部随着经济发展阶段而调整自身行为和转变地区经济发展方式，顺应了新时代高质量发展的需要。但多元考核体系下，目前一定程度上出现了地方政府要同时兼顾经济发展、乡村振兴、环境保护、化解风险等任务，否则面临被问责的风险，导致地方政府实际的支出责任范围扩大、刚性程度上升，地方政府的收支矛盾仍然突出。

　　激励机制决定行为，地方政府行为取决于考核机制。改革开放以来，在以经济增长为核心的干部人事考核制度下，地方党政干部逐渐形成了以 GDP 为核心的政绩观，不仅普遍存在自上而下的经济社会发展目标纵向考核压力，对于不少谋求晋升的公务员还存在横向锦标赛式标尺竞争压力。这种全方位的压力激发了地方政府开展经济建设的积极性。地方党政干部对各类生产要素展开激烈的竞争，是我国经济持续快速增长的重要推动力之一。①

　　在这种考核机制下，上级政府往往会通过制定详细的年度计划将考核目标逐级分解，层层下达至每个部门、每个人，全面动员至社会各个角落。②"下管一级"的干部人事制度下，上级政府决定了下级政府的人事任命、调动、考核、奖惩等，上级政府通过考核制度采用各类考核办法对下级政府干部进行逐级考核，并将考核成绩作为工资福利、奖惩、升迁等的依据，经济发展目标和压力也层层传递到具体执行责任人。这种"目标责任制"和"目标动员制"给地方党政干部带来了极大的政治约束和激励。

　　如果说通过考核、保住职位是地方政府工作人员普遍面临的压力，

---

① 　张军：《中国经济发展：为增长而竞争》，《世界经济文汇》2005 年第 Z1 期。

② 　吕冰洋：《央地关系：寓活力于秩序》，商务印书馆 2022 年版，第 194 页。

那么对于关心仕途、谋求晋升的干部来讲，压力和与之共生的激励则更大，于是便有了地方政府间的横向竞争。地方党政干部深知只有在众多候选人中脱颖而出，才有获得升迁的机会，升迁激励引发了地方党政干部展开锦标赛式的横向晋升竞争，这一现象被称为"晋升锦标赛"。①晋升锦标赛的特点是完成目标任务还不够，还要比其他地区完成得好，即重要的是相对政绩，而不是绝对政绩。以经济增长为核心的考核制度也决定了晋升锦标赛是围绕地区经济建设而展开。加上干部任期有限，地方党政干部上任后往往急于作出更快、更好的成绩，以谋求升迁。以经济增长表现为核心的干部晋升机制是激励地方党政干部努力发展地区经济的重要内在动力。

二、城投公司成为满足地方政府额外资金需求的重要工具

在长期以经济增长为核心的干部人事考核制度下，考核压力和晋升激励导致地方政府之间对各类生产要素展开了激烈的竞争，同时极有动力推动本地基础设施投资和建设。竞争是有成本的，也会带来一系列不良的后果。土地成为竞争的重要砝码，通过低价出让大量工业用地招商引资成为一种普遍方式。采用各类地方性税收优惠政策、财政补贴等方式吸引税源、制造税负洼地，也是常见的竞争方式。这导致地方政府对土地财政的依赖程度越来越高，地区间恶性竞争影响企业正常的生产经营决策，扭曲了资源配置，不利于构建全国统一大市场。基础设施等固定资产投资对地区经济增长的拉动效应极为明显，地方政府官员在考核压力和晋升激励下大力推动本地基础设施投资建设。而基础设施等公共投资需要大量的资金支持，经过程序审议通过的预算资金无法满足地方政府的资金渴求，地方

---

① 周黎安：《中国地方官员的晋升锦标赛模式研究》，《经济研究》2007 年第 7 期。

政府额外的资金需求由此产生。

不同于经济外生冲击下中央宏观调控产生的短期额外资金需求，这样的资金需求是长期存在的。即使没有分税制、1994 年《预算法》和城镇化，考核压力和晋升激励仍会导致地方政府的投资饥渴和资金饥渴。收支不足是相对的，不是绝对的，再多的收入在无限膨胀的支出需求前都是不足的，支出规模是由政府职能和地方政府的目标函数决定的，而这些取决于上级政府对下级政府的考核制度。

在这种情况下，城投公司一方面可以帮助地方政府完成基础设施建设，又可以作为直接借款人从金融市场获得资金，满足地方政府的额外资金需求但表面上又没有违背 1994 年《预算法》，看起来是一个接近完美的解决方案。地方政府发展经济的积极性有多大，其成立发展城投公司的主观愿望就有多强烈。加上地方政府手握土地这一重要的生产要素，不断增值的土地使地方政府具备了成立城投公司并推动城投公司不断向前发展的能力。制度约束、客观需求、地方政府自身能力及地方政府强烈的主观动机，共同催生了城投公司的黄金时代。在以过去经济建设为中心的年代，地方政府和城投公司充分利用了各类资源并发挥了积极的作用，但与此同时这一模式也蕴含着潜在风险和副作用，在经济下行期将越发明显。

转 型 篇

第三章
城投公司转型的外部环境：
财政经济形势与制度环境

　　城投公司所处的内外部环境决定了城投公司转型的必然性。本章主要从四个角度讨论外部环境的变化引发了城投公司转型的必要性，即高质量发展阶段下的财政经济形势及制度环境要求城投公司必须转型。第一，高质量发展要求经济发展方式从要素驱动转向创新驱动、从投资驱动转向消费驱动，要求推动以人为核心的新型城镇化，要求进一步理顺政府与市场的关系。城投公司作为曾经拉动地方公共投资和经济增长的主力也必须顺应经济转型的趋势，推动自身发展模式的转型从而实现高质量发展。第二，供需形势逆转导致房地产市场转型调整的背景下，土地财政难以为继，地方财政收支矛盾加剧，作为高度依赖房地产市场繁荣和地方政府财政支持的城投公司必须转型以谋求自身可持续发展。第三，政府投融资体制改革不断取得突破，地方政府隐性债务监管措施不断趋严，倒逼城投公司逐渐脱离地方政府信用背书。第四，国资国企改革浪潮下作为地方国有企业的城投公司应主动迎接机遇和挑战。其中，高质量发展的纵深推进是城投公司转型的经济基础，土地财政式微是城投公司面临的现实困境，政府投融资体制改革不断深化是城投公司转型的直接推手，而国资国企改革是城投公司转型的重要推动力量。

第一节 高质量发展要求城投公司转型

党的十九大以来，我国坚定不移地持续推动经济高质量发展。2019年《政府工作报告》对推动高质量发展提出了具体要求。2021年公布的《中华人民共和国国民经济和社会发展第十四个五年规划和2035年远景目标纲要》（简称"'十四五'规划"）提出我国"十四五"期间的"全员劳动生产率增长高于国内生产总值增长"的目标，预示我国宏观经济调控目标已经发生了重大转变，即以往以经济总量增速为核心的政策目标体系已逐渐向以经济高质量发展为核心的政策目标体系转变。党的二十大报告强调，"高质量发展是全面建设社会主义现代化国家的首要任务"①。2024年《政府工作报告》继续强调经济高质量发展是当前首要任务。经济高质量发展意味着经济增长方式的转变，特别是从以要素增长为主要驱动力的粗放型增长向以创新为主要驱动力的集约型增长的转变。我国经济高质量发展阶段面临四大形势：其一，经济增速换挡并寻找新的增长中枢平台；其二，人口老龄化程度快速上升；其三，城镇化水平明显提高，城镇化速度放缓；其四，创新成为经济发展的核心动力。近年来，在新冠疫情冲击、房地产市场持续低迷、全球地缘政治冲突不断升级等背景下，我国经济在高质量发展的道路上持续取得较大成绩，殊为不易。

城投公司需要主动适应高质量发展的要求。其一，高质量发展要求经济发展方式转型升级，过去以政府投资带动全社会固定资产投资增长从而推动经济增长的模式不符合高质量发展的要求。其二，在高质量发展阶

---

① 习近平：《高举中国特色社会主义伟大旗帜　为全面建设社会主义现代化国家而团结奋斗——在中国共产党第二十次全国代表大会上的报告》，人民出版社2022年版，第28页。

段，城镇化水平明显提高，城镇发展的需求从以大量基础设施建设为主转向以服务好城镇居民为主，不断推进以人为核心的新型城镇化。其三，高质量发展要求厘清政府与市场、政府与城投公司的边界，通过深化财税体制改革更好地发挥市场机制在资源配置中的决定性作用。

一、高质量发展要求经济发展方式从要素和投资驱动转向创新和消费驱动

2023 年以来我国经济总体处于疫后恢复期，新旧动能转换特征日益明显。2023 年中国经济波浪式发展、曲折式前进，GDP 全年增长 5.2%，实现了年初定下的"5% 左右"的增速目标（见图 3-1）。其中，房地产投资和出口自 2001 年以来首次同时出现年度负增长（分别为 -9.6% 和 -4.6%），但服务业生产指数和高技术制造业投资分别实现 8.1% 和 9.9% 的高增长，新旧动能持续转换。具体来看，2023 年装备制造业增加值增长 6.8%，比规模以上工业增长快 2.2 个百分点，太阳能电池、新能源汽车、发电机组（发电设备）产品产量分别增长 54.0%、30.3%、28.5%；高技术产业投资增长 10.3%，快于全部投资增长 7.3 个百分点，其中高技术制造业和高技术服务业投资分别增长 9.9% 和 11.4%。同时，服务业快速恢复，居民消费信心有所恢复。2023 年住宿和餐饮业，信息传输、软件和信息技术服务业，租赁和商务服务业，交通运输、仓储和邮政业，金融业，批发和零售业增加值分别增长 14.5%、11.9%、9.3%、8.0%、6.8%、6.2%；餐饮收入增长 20.4%，服务零售额比上年增长 20.0%；升级类商品销售较快增长，限额以上单位金银珠宝类，体育、娱乐用品类，通讯器材类商品零售额分别增长 13.3%、11.2%、7.0%。[①]

---

① 　数据来自国家统计局。

图 3-1　1978—2023 年我国实际 GDP 增长速度

资料来源：《中国统计年鉴（2023）》、国家统计局、粤开证券研究院。

党的二十大报告提出，要"增强消费对经济发展的基础性作用和投资对优化供给结构的关键作用"[①]。高质量发展阶段，消费将逐渐成为经济增长的第一大引擎，而投资效率的不断下降以及过度投资形成的过剩产能意味着未来投资对经济增长的贡献会逐步下降。2023 年，最终消费支出、资本形成总额、货物和服务净出口（俗称拉动经济增长的"三驾马车"）对经济增长的贡献率分别为 82.5%、28.9% 和 −11.4%（见图 3-2）。从长期来看，消费对经济增长贡献稳步提升是高质量发展的必然趋势和内在要求。一方面，在我国经济经历过数十年的高速增长后，居民的需求主要体现为对美好生活的追求，消费结构将不断转型升级，牵引供给结构和经济结构不断转型升级；另一方面，投资效率不断下降的情况下，投资对经济增长的贡献长期将呈现下降趋势。我国的增量资本产出比率（ICOR，用固定资本形成总额除以年度 GDP 增量衡量）在 1978—1993 年平均为 2.3，1994—2012 年上升为 3.2，

---

① 习近平：《高举中国特色社会主义伟大旗帜　为全面建设社会主义现代化国家而团结奋斗——在中国共产党第二十次全国代表大会上的报告》，人民出版社 2022 年版，第 29 页。

而 2013—2022 年平均值进一步上升至 6.2（见图 3-3）。ICOR 表示单位新增 GDP 所需要的固定资本数量，其数值越高表明投资的边际效率在下降，意味着未来投资对经济增长的整体贡献将下行。在此背景下，以投资拉动经济增长的模式将不符合高质量发展的要求，而高技术制造业、高技术服务业等领域的投资对提升整体投资效率、推动高质量发展仍有较大发力空间。

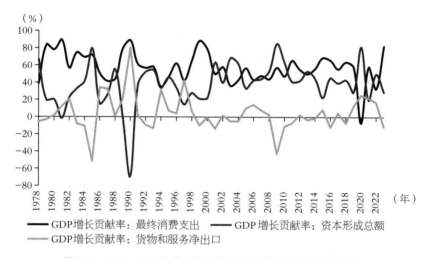

图 3-2　1978—2023 年"三驾马车"对经济增长贡献率的变化情况

资料来源：国家统计局、粤开证券研究院。

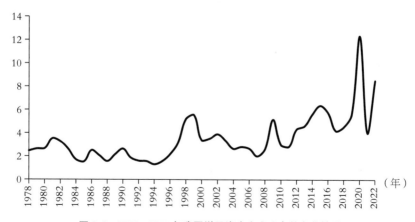

图 3-3　1978—2022 年我国增量资本产出比率的变化情况

资料来源：国家统计局、粤开证券研究院。

经济高质量发展的核心动力是新质生产力，而新质生产力的核心动力是创新。这要求地方政府和城投公司都要积极转变发展观念，不断推动理念更新、制度创新和技术革新，主动适应新时代发展要求。经济高质量发展的内涵是多元的，但核心要义是经济增长方式的转变，特别是从以要素增长为主要驱动力的粗放型增长向以创新为核心驱动力的集约型增长的转变。其本质就是以全要素生产率（TFP）增长为核心的可持续增长，而新质生产力是推动 TFP 增长的核心动力。新质生产力的提升，宏观上需要大力推动制度变革，解放被旧制度束缚的生产力，增强经济发展活力，同时有力促进区域协调发展、促进社会公平正义、建设和维护全国统一大市场、提升绿色可持续发展能力等，为新质生产力的培育与发展壮大提供良好的制度和社会环境。从局部来看，要求地方政府通过大力推动本地产业整合、资源聚合、科技创新等途径，让市场机制更好地发挥资源配置的决定性作用；淘汰部分落后产业和过剩产能，引领地区经济突破发展瓶颈，实现新旧动能平稳转换。从微观层面来看，需要充分发挥各类所有制经济的优势，尤其是发挥国有经济在科技创新、产业结构调整、资源优化整合等领域的引领作用，以及在国计民生、公共服务等领域的托底和支撑作用。这要求城投公司顺应和适应经济高质量发展和发展新质生产力的时代潮流，尽快找到符合经济高质量发展要求的发展方向，不断完善市场化经营机制，勇做经济高质量发展和发展新质生产力的排头兵。

二、高质量发展要求推动以人为核心的新型城镇化

经济高质量发展阶段，城镇化由快速推进阶段向以人为核心的新型城镇化阶段转变。2017 年起我国城镇化速度明显放缓，2023 年我国常住人口城镇化率达到 66.2%（见图 2-11）。在城镇化早期，城镇基础设施薄弱，城投公司作为城市建设投融资的载体，承担了大量基础设施建设任

务，推动了城市规模扩张、人口聚集和房地产市场发展，极大地改善了城乡居民生活的硬件环境，为城镇化作出了突出的贡献。到了经济高质量发展的新阶段，我国城镇化水平虽然距离发达国家平均水平（大多在75%以上）还有一定差距，但城镇基础设施已极大改善，进一步推动城镇化的内生动力也发生了重要变化，整体上从快速城镇化阶段向城镇化高质量发展阶段转变。2022年7月国家发展改革委印发了《"十四五"新型城镇化实施方案》，鲜明提出要以推动城镇化高质量发展为主题，以转变城市发展方式为主线，以体制机制改革创新为根本动力，以满足人民日益增长的美好生活需要为根本目的，统筹发展和安全，深入推进以人为核心的新型城镇化战略；并提出了持续促进农业转移人口市民化，完善以城市群为主体形态、大中小城市和小城镇协调发展的城镇化格局，推动城市健康宜居安全发展，推进城市治理体系和治理能力现代化，促进城乡融合发展等五个路径。

（一）现阶段的城镇化以推动市民化为中心

市民化指的是居民从乡村居民真正成为永久城镇居民的过程。我国现阶段的常住人口城镇化率与户籍人口城镇化率存在一定差异，大量参与了城镇建设和发展的外来人口由于子女教育、住房、户籍等原因无法在城市永久定居，导致城市常住人群与乡村居民的物理和情感割裂。农村留守儿童、留守老人问题突出，每年一度的春运大潮和春节后各奔东西的形势反复上演，一定程度上反映了市民化进程落后于城镇化进程。这是多方面原因导致的，户籍制度的限制是一方面，而更重要的是我国早期的城镇化是以城镇建设为中心，以推动城镇物质形态扩张为主要目标，而对于城镇化进程中人的重要性、乡村居民在城市立足所需要的各类公共服务和制度条件的重视程度不够。经济高质量发展阶段应坚持以人为核心推动新型城镇化进程，在维护和运营好已有硬件的基础上，不断完善城镇居民的教育、医疗、居住环境等软件，解决外来户籍人口的后顾之忧，提升其对于自己生活、工作的城市的认同感和归属感。

（二）现阶段城镇化要求改变基础设施投入方式、优化基础设施结构

现阶段的城镇化要求通过高效维护和运营已有基础设施等存量公益性资产，提高其服务居民生活的效率并发挥最大的社会效益，同时通过高效投入推动城市更新、环境提升，打造更加智能、更具人文关怀和更加宜居的新型城镇。高质量发展阶段，基础设施等硬件设施仍然很重要，但是需要改变发展模式和投入方式，有必要优化结构、提升效率。一方面，不断提高已有城镇基础设施的维护、运营和更新效率，让存量基础设施发挥出最大的社会效益；另一方面，优化城镇建设资源配置和投入结构，不断增加在新型基础设施、公共服务基础设施、环保基础设施等领域的投入，促进城镇化的智能化、人文化和绿色化。

（三）现阶段的城镇化要求深化公共服务供给侧结构性改革

城镇居民需求的变化是推动城镇化内生动力转变的重要力量。以需求侧带动供给侧变革，再以供给改革促进需求转型升级，是形成高质量城镇化更强内生推动力的关键。目前，城乡居民在教育、医疗、养老、住房、就业保障等领域的需求远远没有得到满足，城乡居民对政府解决上述问题抱有极大期望。通过推动公共服务供给侧结构性改革，回应居民关切，改善居民预期，提振居民信心，是解决当下经济问题的必要措施，也是促进长期经济高质量发展的必要举措。公共服务供给侧结构性改革，一方面要通过制度改革，提高基本公共服务水平、完善公共服务体系；另一方面也要提高公共服务效率，尽可能多地借助市场机制的力量，积极推动社会资本参与提供具有一定经营性收益的公共服务。

（四）现阶段的城镇化需要不断推动城乡融合和区域协调发展

城乡二元结构是我国经济体制和特殊历史原因造成的，长期困扰着经济发展，影响社会公平，不利于实现共同富裕。而我国的城镇化是不均衡的城镇化，不同省份之间、不同能级城市之间的差距仍然较大。2023年广东省城镇化率高达 75.4%，已接近发达国家水平，云南、西藏等地区的城镇化率不足 55%（见图 3-4）。高质量发展是区域均衡、城乡融合的发展。这需要中央不断加强宏观调控，构建全国统一大市场，促进区域协调发展；同时需要地方在促进城乡融合、促进人口自由流动、促进城镇与农村公共服务均等化等方面积极作为。

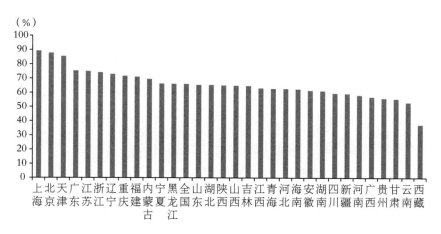

图 3-4　2023 年年末全国 31 省（自治区、直辖市）常住人口城镇化率

注：截至 2024 年 3 月末，上海市 2023 年常住人口城镇化率尚未公布，图中为 2022 年数据。

资料来源：各地统计局、粤开证券研究院。

总之，经济高质量发展阶段的新型城镇化更加突出以人为中心，地方政府和城投公司需要积极适应新时代新型城镇化的要求，由过去以建设城镇为主要任务，转向以服务城镇居民为主要任务。城投公司只有准确把握高质量城镇化的趋势和内在要求，才能在未来新型城镇建设中找到恰当的位置，发挥好国有企业对城镇居民公共服务供给的支撑作用。

三、高质量发展要求进一步理顺政府与市场关系[①]

消费对经济的贡献逐渐增强，要求经济体制和政策环境应当逐步向消费者即广大居民倾斜，基于快速工业化阶段设计的、以生产为中心的财税制度等可能不再适应未来发展需求。高质量发展要求进一步理顺政府与市场的关系，深化财税体制改革是理顺政府与市场关系的重要渠道。财税体制重点约束的是政府行为，从而划定政府与市场的边界。从收入端来看，稳定、合理的财税体制能够明确国民收入在政府与微观主体之间的分配关系，稳定微观市场主体的预期，激发微观经济活力；从支出端来看，财税体制确定了政府职能范围。科学合理的财税体制有利于推动经济高质量发展，主要体现在三个方面：一是财税体制确定了政府与市场关系的框架，从而影响了微观市场主体的预期与行为；二是财税体制决定了中央与地方政府间财政关系，保证中央宏观调控能力的同时，通过恰当的财政激励调动地方政府积极性可以更好地促进经济发展；三是财税体制决定了宏观经济调控政策的实施路径和实施效率，从而影响国家发展战略和经济调控政策的实施效果。

我国财税体制的核心框架形成于 20 世纪 90 年代中期经济快速增长和工业化高速发展时期。1994 年分税制改革以来，我国财税管理体制不断调整完善，适应了市场经济发展的需要，极大地促进了经济发展。但是，我国现行财税体制设计仍存在诸多问题，对构建全国统一大市场、

[①] 罗志恒、晁云霞：《财税体制与高质量发展：当前制约因素与未来改革方向》，《清华金融评论》2024 年第 4 期。

推动共同富裕、绿色转型和科技创新、应对人口老龄化等重大战略任务的支撑不足，与经济高质量发展的要求仍有差距，主要体现在以下五个方面。

（一）政府与市场的边界不清晰、不稳定，地方政府过多地干预了市场经济运行，同时承担的兜底责任过多

市场经济环境下，政府应着重解决外部性较强或市场失灵领域的问题，其他大部分问题应由市场机制解决。但近年来，政府有限财力与无限支出责任的矛盾加剧，这在一定程度上源于政府与市场的边界不清晰、不稳定。第一，城投公司仍作为部分地方政府融资渠道，在地方政府的干预下市场化转型实质性进展缓慢，政府隐性债务问题影响经济发展。第二，地方政府为吸引税源采取不规范的减税降费制造税负洼地，不利于市场公平和构建全国统一大市场，也造成企业对生产经营前景的预期不稳定，恶化了经济下行背景下市场信心不足的问题。第三，地方政府通过地方国有金融机构干预区域金融资源配置，一定程度上阻碍了资金向生产效率更高的行业或企业流动，降低了金融资源配置效率。第四，"底"的标准与界限不清，政府承担过多的"兜底"责任，导致经济社会风险财政化，政府支出责任不断扩张，不利于财政可持续性和国家治理能力的提升。

（二）事权与支出责任划分不合理，地方政府支出责任过重

在中央与地方共同事权较多、长期"中央决策、地方执行"的制度体系、中央对地方的多元目标考核、经济社会风险财政化等因素的共同作用下，地方政府实际支出责任范围不断扩大、支出刚性程度不断上升。地方政府实际支出责任过重，加剧了地方财政收支矛盾、增加了地方财政支出压力，不利于地区经济高质量发展。第一，地方财政支出压力增加导致

部分地方政府采取弱化公共服务的方式缓解收支矛盾，一定程度上降低了社会福利；虽然"三保"（保基本民生、保工资、保运转）支出在上级转移支付的支撑下有保障，但是受制于地方有限财力，医疗、教育和养老等公共服务供给数量和质量的进一步提升空间受限，不利于缓解居民后顾之忧，从而影响居民消费意愿和消费结构，制约经济增长和结构转型升级。第二，地方财政支出压力过大导致地方政府举借隐性债务，隐性债务风险不断上升，而化债压力下部分地方政府（尤其是区县级政府）既无能力又无精力聚焦长期经济高质量发展。第三，由于地方政府更加关注局部短期利益，在涉及经济全局利益和长远格局的领域，地方政府的投入与参与积极性不高，大部分事权与支出责任由地方政府执行造成中央政策效果偏离预期，不利于发挥中央总揽全局的宏观调控职能，也不利于整体经济发展质量的提升。

（三）政府间收入划分不合理，地方政府对土地出让收入等非税收入依赖度过高

第一，所得税与增值税两大共享税，在"营改增"后成为地方政府最主要的税收收入来源，但由于二者本质上是对流动性较强的税基（资本、劳动力和商品）征税，容易引发地方政府间的恶性税收竞争，扭曲资源配置，不利于全国统一大市场的构建。第二，由于共享税对地方政府的财政激励远远弱于100%归属地方的地方税或非税收入，造成地方财政对非税收入和房地产市场的依赖度较高，不仅降低了地方政府收入质量，削弱了地方财政可持续性，还一定程度上增加了居民和企业负担，阻碍了地方产业结构的转型升级。第三，政府间收入横向调节机制不健全，数字经济背景下不利于区域经济协调发展。以平台经济为主要形式的数字经济快速发展加剧了税收与税源的背离，导致了区域间税负不平等和资源配置扭曲，不利于区域协调发展和产业结构转型升级。

（四）税制结构不合理，不利于经济发展方式转变、经济稳定和调节居民收入差距

第一，间接税占比仍然过高，不利于地方政府转变经济发展方式。间接税在地方财政收入中的占比过高，激励地方政府片面追求扩大生产性税基，导致传统行业产能过剩、重复建设等问题，而忽视改善居民福祉和刺激消费，不利于地方政府转变经济发展方式。第二，由于间接税大多数以比例税的形式征收，顺周期性明显，间接税占比过高弱化了整体税制的自动稳定器功能，不利于经济稳定。第三，大部分税收直接对企业征收，企业税负感较重。直接对企业征收的税收占比在90%以上，且占比较大的流转税并不能完全转嫁出去，使企业税负感较重，对经济产生不利影响。第四，个人所得税和财产税等直接税占比过低，不利于发挥财政的收入分配调节职能和实现共同富裕。第五，税收制度调整与经济发展阶段存在一定程度的脱节。一方面，随着经济数字化转型的深入，新的交易模式不断出现，出现了越来越多的税收征管漏洞和税收流失；另一方面，现行税制设计基于我国经济高速增长期和工业化时代，而对经济高质量发展背景下的绿色低碳发展、产业结构升级、新旧动力转换等的推动作用仍显不足。

（五）纵向财政失衡比较突出，转移支付规模过大，面临不可持续、效率损失和逆向选择等问题

多种因素作用下地方政府承担支出责任越来越重，地方财政资金缺口越来越大，中央不得不追加转移支付，2023年已突破10万亿元规模。不断增加的转移支付虽然解决了地方部分收支缺口，对基层"三保"发挥了重要作用，但是长期下去不仅掣肘中央财政，而且对经济发展产生了多方面的不利影响。第一，我国人口众多，中央政府对地方居民偏好了解有限，转移支付难以精准匹配地区居民需求，从而降低转移支付资金使用效

率，不利于财政政策提质增效。第二,五级行政管理体制下各级政府间存在较明显的信息不对称，中央政府难以完全了解和约束地方政府行为，加上转移支付资金使用监督和评价机制有待健全，中央政府难以避免转移支付资金的浪费和挪用，不利于中央宏观经济调控政策的贯彻实施。第三，转移支付容易产生逆向选择，使地方政府履职和经济增长的部分成本转嫁到其他地区，扭曲了地方政府行为，导致地方政府将较多精力放在如何争取更多的转移支付上，不利于地方财政自给能力的提高，也不利于调动地方政府对本地经济高质量发展的积极性。

只有不断通过财税体制改革，解决财税体制中制约经济高质量发展的痛点和堵点，才能更好发挥财税体制对经济高质量发展的促进作用。随着新一轮财税体制改革的展开和深入，各个领域改革的衔接不断增强，政府与市场关系逐渐清晰化、规范化、法治化，城投公司面临的经营环境将发生重大变化。城投公司要积极推动自身转型，以更好地适应高质量发展的需要。

第二节 土地财政式微要求城投公司另谋出路

自 2021 年下半年以来，我国房地产市场持续低迷，2022 年和 2023 年全国住宅实际销售面积增速连续两年为负（见图 2-12）。虽然近年来地方政府对土地财政的依赖度已有所降低，但目前土地及房地产相关财政收入仍贡献了四成左右的地方财政收入。房地产行业恢复乏力拖累地方财政收入、加剧了地方政府收支矛盾。不断增值的土地是地方政府曾经通过城投公司举借隐性债务的重要抓手。虽然后来储备土地被禁止注入城投公司，但由于城投公司仍然可以通过其他方式获取土地，以地融资的基本逻辑仍然成立，地方政府和城投公司对土地财政的依赖程度依旧较高。

2023 年，地方政府收入端受到房地产市场低迷拖累，支出端民生类等刚性支出压力增加，地方财政自给度下降，地方财政在紧平衡下负重前行。在此背景下，地方政府债务余额持续攀升，债务还本付息压力不断累积，给地方财政运转和基层财力保障带来新的挑战。对于大部分尚未转型成功的城投公司而言，地方财力的下降很可能意味着来自政府的补贴、土地出让金返还等收入减少，这对债务风险较为突出的城投公司而言是巨大的挑战。只有推动城投公司市场化转型、不断提高自我盈利能力，城投公司才能逐渐降低对地方政府和土地财政的依赖，健康持久发展。

一、房地产形势仍处调整转型期，未来不确定性较大

2023 年房地产市场延续 2022 年深度调整态势，2024 年房地产市场仍处转型调整期。从全国房地产开发投资情况来看，2023 年房地产开发投资下降 9.6%，虽然相较于 2022 年的下降幅度（10.0%）有所收窄，但房地产行业固定资产投资仍处于负增长（见图 3-5）。从商品房销售面积来看，

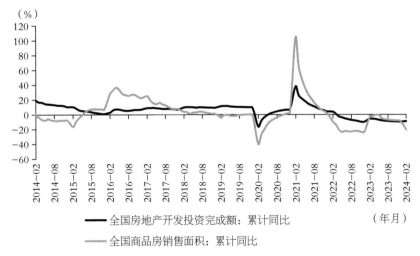

图 3-5　2014 年 2 月—2024 年 2 月全国房地产开发投资及商品房销售面积增长情况

资料来源：Wind、国家统计局、粤开证券研究院。

2023 年全国商品房销售面积下滑 8.5%；2024 年以来，全国商品房销售面积加速下滑，1—2 月累计同比下滑 20.5%。从房屋价格来看，2023 年全国 70 个大中城市二手住宅和新建商品住宅的房屋销售价格指数当月同比增速持续为负；2024 年年初商品房销售价格下降速度有加快之势（见图 3-6）。

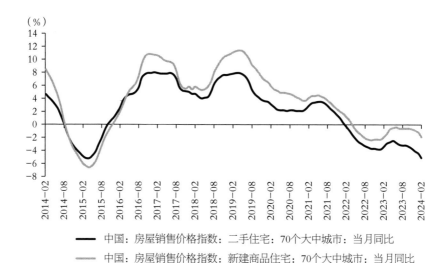

图 3-6　2014 年 2 月—2024 年 2 月全国 70 个大中城市房屋销售价格指数增长情况

资料来源：Wind、国家统计局、粤开证券研究院。

二、土地相关的财政收入减少，财政收入增长面临挑战

房地产市场持续低迷影响居民信心和对未来的预期，也对地方财政收入造成较大冲击。地方政府当前面临收入增长下滑、刚性支出责任上升、政府债务风险不断积累的多重挑战。

（一）地方税收增长动能不足，土地相关地方税收收入减少

2023 年，31 个省（自治区、直辖市）财政收入均实现正增长，地方一般公共预算本级收入合计为 117218.55 亿元，增长 7.8%，增速较高主要是 2022 年大规模留抵退税、缓税形成低基数，以及经济增长带动税收

恢复性增长。① 尽管整体恢复性增长，地方财政收入仍面临结构性压力，收入稳步增长的基础不牢固。受工业企业利润下滑影响，江苏、浙江等多数省（自治区、直辖市）企业所得税收入负增长；受大宗商品价格回调影响，陕西、山西等资源税收入下降；受房地产市场拖累，多个省份土地增值税、契税等地方税收收入仍在下滑。

2022 年以来，随着房地产销售和投资转弱，房价下跌引起契税、土地增值税下降，开发面积下降引起耕地占用税、城镇土地使用税下降，房地产企业经营困难，盈利能力下滑，引起企业所得税、增值税大幅减少。房地产与土地开发周期较长，融资、土地取得、拆迁安置、工程建设、预售销售、出租等各环节都会涉及税费征缴，与房地产相关的税收收入是地方财政收入的重要来源。根据《中国税务年鉴（2023）》的数据，2022 年房地产业创造税收收入 17158 亿元，占全国税收收入的 9.5%，税收贡献率较 2020 年的 15.1% 大幅下降。2023 年，全国与土地和房地产相关的五大地方税收（包括契税、土地增值税、房产税、耕地占用税、城镇土地使用税）收入合计 18538 亿元，下降 3.5%。其中，土地增值税为 5294 亿元，下降 16.6%；耕地占用税为 1127 亿元，下降 10.4%。分省份来看，2023 年，江苏、福建、浙江、广东、山东土地增值税分别下降 49.2%、40.4%、20.5%、16.9%、12.8%。②

（二）土地出让收入补充地方财力的作用下降

房地产企业的盈利能力偏弱、现金流偏差，房地产企业拿地的意愿不

---

① 本节 2023 年全国财政收支相关数据来自财政部：《关于 2023 年中央和地方预算执行情况与 2024 年中央和地方预算草案的报告》，2024 年 3 月 5 日，见 https://www.gov.cn/yaowen/liebiao/202403/content_6939289.htm?pc。

② 本节各省份 2023 年财政收支相关数据主要来自各省（自治区、直辖市）财政厅（局）公布的 2023 年预算执行情况报告。

高，直接影响了地方政府的土地出让收入。土地出让收入增速持续为负，导致政府性基金预算收入大幅下滑，对总体财政收入造成较大冲击。2023年，全国国有土地使用权出让收入增速为 –13.2%，在 2022 年增长 –23.3% 的基础上进一步下滑（见图 3-7）。2024 年 1—2 月全国国有土地使用权出让收入累计同比增速为 0.04%，收入规模几乎与 2023 年同期持平。未来房地产市场是延续调整态势还是重回上涨周期仍存在较大不确定性，地方政府土地出让收入增长趋势存在变数。分省份来看，中东部地区土地出让收入下行压力凸显。2023 年，东南沿海经济大省土地市场疲软，福建（–23.0%）、浙江（–22.4%）、广东（–18.2%）等省国有土地使用权出让收入跌幅较大。中部地区土地市场表现不佳，安徽（–26.1%）、湖南（–22.7%）、河南（–16.0%）国有土地使用权出让收入降幅高于全国水平。

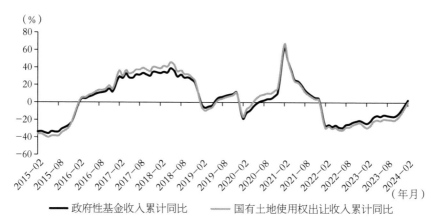

图 3-7　2015 年 2 月—2024 年 2 月全国政府性基金收入及国有土地使用权出让收入增长情况

资料来源：Wind、粤开证券研究院。

土地出让收入大幅萎缩，直接导致地方政府性基金收入负增长，相应地补充地方一般公共预算的作用下降。2023 年，全国 21 个省（自治区、直辖市）政府性基金收入增长为负（见图 3-8）。过去，地方政府通过政府性基金预算安排"调出资金"，用于平衡一般公共预算收支缺口，但房

地产下行周期中地方政府的腾挪空间不断收窄。以广东省为例，2023 年
广东房地产市场低迷冲击土地财政，全年广东政府性基金调出资金 897.2
亿元，降幅超 50％；调出资金占政府性基金收入的比重为 19.9％，较
2022 年下降 21.7 个百分点。土地财政下行不仅会加大财政收支缺口，还
可能导致地方政府无法兑现对城投公司的财政补贴、土地出让金返还等支
出；城投公司收入减少，可能引发城投公司债务风险。

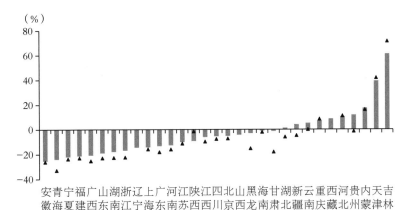

图 3-8　2023 年 31 省（自治区、直辖市）政府性基金收入及国有土地使用权出让收入增速

注：辽宁、山西、西藏的 2023 年国有土地使用权出让收入数据暂缺。

资料来源：各省份 2023 年预算执行报告、粤开证券研究院。

　　虽然近年来各省财政土地依赖程度有所下降，目前土地财政对地方
财政收入的贡献度仍然较高。从趋势上看，2023 年 28 个已披露完整数据
的省份中，有 24 个省份的土地财政依赖程度[①] 均有所下降，云南、宁夏、
甘肃、青海、新疆、黑龙江、内蒙古 7 个省（自治区）土地财政依赖程

---

① 　土地财政依赖程度 =（房地产相关五税收入＋政府性基金收入）/（一般公共预算收
　　入＋政府性基金预算收入）；其中，房地产相关五税指的是契税、土地增值税、房产
　　税、耕地占用税、城镇土地使用税等五个直接与房地产市场相关的税种。

度已经降至 25% 以下；仅 4 个省（自治区、直辖市）（陕西、吉林、天津、内蒙古）的土地财政依赖程度有所上升（见图 3-9）。2023 年土地财政依赖程度居前三位的省（自治区、直辖市）为江苏、湖南、四川，分别达到 54.7%、51.5%、49.6%。从规模上看，尽管土地出让收入大幅下行，但绝对规模及对财政的贡献依然较高。2023 年全国国有土地使用权出让收入为 5.80 万亿元，加上契税、土地增值税、房产税、耕地占用税、城镇土地使用税等五个直接与房地产市场有关的地方税 1.85 万亿元，二者合计占全国一般公共预算和政府性基金预算收入之和的 26.6%，占地方本级一般公共预算和政府性基金预算收入之和（28.6 万亿元）的 41.7%。此外，若考虑房地产开发企业的企业所得税，新房销售和二手房交易的增值税、所得税、印花税等，以及相关的城建税以及其他收费，土地财政收入规模和土地财政依赖程度可能更高。

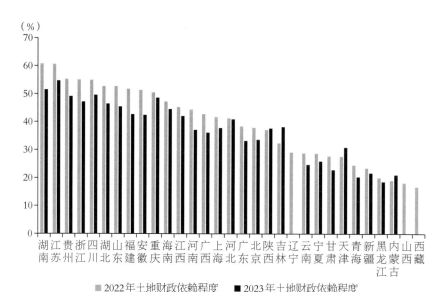

图 3-9　2022—2023 年 31 省（自治区、直辖市）土地财政依赖程度

注：辽宁、山西、西藏 2023 年国有土地使用权出让收入数据暂缺。

资料来源：各地财政厅（局）、粤开证券研究院。

三、地方财政非民生支出受限，支出刚性程度上升

一方面，地方财政非民生支出受限，政府性基金预算支出负增长。财政收入有限的情况下，地方财政支出重点保障民生支出，非民生支出受限。2023 年，地方一般公共预算支出达到 236355 亿元，增长 5.1%。这主要是由于地方政府增加财政支出，既要扩大内需、助力经济筑底复苏，又要留出资金兜底民生，还要防范化解房地产、地方政府债务、中小银行等多领域风险。2023 年全国一般公共预算支出中，社会保障和就业、科学技术支出分别增长 8.9%、7.9%，快于整体支出增速。由于基本民生支出和债务还本付息支出相对刚性，基建等其他支出受限。其中，交通运输支出增长 1.3%，文化旅游体育与传媒支出增长 1.2%，增速大幅低于支出整体增速。土地出让收入锐减，进一步限制了地方政府性基金预算支出力度，掣肘基础设施建设投资。土地出让收入不仅用于安排相关项目支出，还可以按比例计提各项基金，支持城市建设、农业农村、保障性安居工程建设。当前地方政府土地财政收入下降，导致财政发力受限。2023 年，18 个省（自治区、直辖市）政府性基金支出增长为负，上海、浙江、山东、江苏、广东政府性基金支出增速分别为 –19.8%、–15.2%、–9.4%、–9.2%、–3.8%。由第二章中的分析可知，城投公司、地方政府通过土地实现深度绑定。土地财政冲击下，城投公司投融资难度加大，并进一步拖累基础设施建设投资，2023 年基础设施建设投资（不含电力）投资增速为 5.9%，增速逐月放缓（见图 3-10）。2024 年 1—2 月基础设施建设投资增长有所恢复，累计同比增速为 6.3%，但仍低于 2023 年同期增速。

另一方面，经济社会风险财政化导致地方政府支出责任不断扩张，财政支出刚性程度有所上升，加剧了地方财政收支矛盾。经济社会风险财政化，主要体现在四个方面：一是房地产风险引发的财政冲击。房地产相关税收及土地出让收入下滑的同时，房地产行业风险化解需要财政支持，

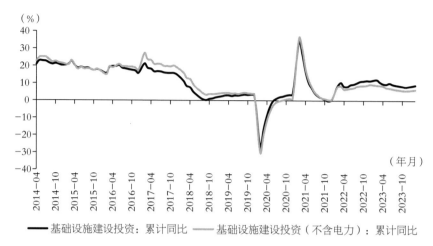

图 3-10　2014 年 4 月—2024 年 2 月全国基础设施建设投资增长情况

资料来源：Wind、粤开证券研究院。

增加地方政府救助责任。二是金融风险财政化。2023 年二季度中国人民银行评级的高风险村镇银行 132 家，占全部高风险机构的 39.2%，占村镇银行总数比例为 8.0%[①]。中小金融机构风险如处理不当，可能会对区域金融稳定产生不利影响。大部分城市商业银行以及部分农村商业银行的第一大股东是地方财政部门，且由于区域经营和属地监管，业务与当地财政紧密相关，地方政府承担一定的救助或关联责任。三是城投风险与财政风险交织。部分高度依赖土地出让收入的地区土地出让收入大幅下降，而目前民营房地产企业整体现金流状况不佳，部分城投公司参与拿地为市场托底，但是城投公司也面临自身债务问题，这可能会导致城投风险与财政风险进一步捆绑。四是受国内需求不足的影响，物价水平尤其是与财政关系度较大的工业生产者出厂价格指数（PPI）自 2022 年 10 月以来持续负增长[②]，不利于财政增收。

---

①　《中国金融稳定报告（2023）》，2023 年 12 月 22 日，见 http://www.pbc.gov.cn/jinrongwendingju/146766/146772/5177895/index.html。

②　截至 2024 年 2 月数据。

　　近年来，地方政府落实高质量发展要求，地方财政收入端落实减税降费政策，支出端统筹多重考核目标，基层"三保"压力较大。收入和支出的一降一升，加大了地方财政收支缺口，加剧了地方财政收支矛盾。不考虑中央对地方转移支付，地方一般公共预算自给度（一般公共预算收入与支出的比值）从 2014 年的 58.7% 逐年下行至 2020 年的 47.6%，此后仍处于低位，2023 年为 49.6%（见图 2-5）。分地区来看，西藏、黑龙江、青海、甘肃等经济财政实力偏弱地区地方一般公共预算自给度较低，对转移支付（含税收返还）的依赖程度[①] 较高；浙江、上海、广东、江苏、北京等地 2023 年地方一般公共预算对转移支付的依赖程度均低于 20%（见图 3-11）。同时，地方政府债务不断积累，截至 2023 年年末，全国地方政府债务余额 40.7 万亿元，较 2022 年增加了 5.7 万亿元。[②]

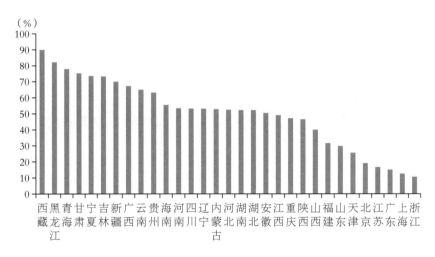

图 3-11　2023 年 31 省（自治区、直辖市）一般公共预算对转移支付的依赖程度

资料来源：各地财政厅（局）、统计局、粤开证券研究院。

---

①　地方一般公共预算对中央转移支付的依赖程度 = 中央对地方转移支付（含税收返还）／地方一般公共预算支出。

②　详见本书第四章第一节"当前我国地方政府债务形势"。

四、土地财政面临挑战，以地融资不可持续

从近年来房地产市场持续低迷对财政收入和经济社会带来的影响来看，未来土地财政和土地金融较面临较大挑战，地方政府和城投公司需要积极谋求发展方式转型，以适应新的经济形势和推动长期高质量发展。

（一）房地产市场低迷对财政和经济带来较大冲击

首先，土地相关收入大幅下降，直接影响到地方财政收入，地方政府疲于应付短期的收支矛盾，难以集中精力谋划和推动地区经济长期高质量发展。土地财政模式下，土地相关收入是地方财政收入的重要来源。土地出让收入下降导致可调入一般公共预算的资金规模减少，年初安排的调入预算资金无法实现，预算执行中形成财力硬缺口，影响地方"三保"保障和财政平稳运行。地方政府并未改变旧的发展模式，仍然倾向于通过出让土地快速获取收入，忽视了税源培育，地方财政缺乏稳定增长的根基。土地价格上涨，导致工业企业利润率下降，进而挤压实体经济发展。

其次，房地产相关风险累积，容易外溢至财政金融领域。房地产市场风险有可能引发金融风险和财政风险交织，形成系统性风险。一是随着我国房地产市场供求关系发生重大变化，近几年房地产领域逐步暴露出一些风险，例如房地产企业债务风险、期房烂尾风险、房地产销售和投资持续低迷等，对财政、金融、经济等各方面都产生了较大影响，不利于房地产市场高质量发展。二是土地财政的融资模式将地方政府、房地产企业、居民个人捆绑在一起，蕴含较高的金融风险。三是部分地方政府为保持资金流动性，委托甚至命令城投公司或其他地方国有企业托市购地，不仅容易发生企业经营风险和债务风险，地方以融资方式虚增土地出让收入也会

增加地方政府隐性债务。

最后，房地产市场易受宏观经济影响产生较大波动，过度依赖土地财政不利于维护财政系统稳定。房地产市场与宏观经济密切相关，宏观经济政策可以影响房地产市场供求关系，对其实现调控。土地市场与房地产市场息息相关，在房地产市场影响下会产生波动，再加上通过土地出让可以一次性获取未来数十年的土地收益，更是放大了波动的幅度，财政收入的稳定性受到影响。在土地市场上行时，土地出让收入增加且土地增值预期较强，地方政府和城投公司以此发债融资，安排大量支出项目，一旦土地市场形势发生转变，土地出让收入规模急剧下降，还本付息的支出又具有刚性，偿债压力将空前加大，给财政系统带来风险。

（二）长期来看土地财政和土地金融与高质量发展要求不符

随着我国经济由高速增长阶段转向高质量发展阶段，房地产业传统发展模式的弊端逐渐显现，原有"以土地谋发展"的经济循环难以为继，土地、财政和金融"三位一体"的发展模式已不适应新发展阶段的需要。

一是短期来看，我国房地产市场供求关系发生重大变化，房地产进入全面去库存调整的阶段，土地需求不足，房地产市场销售下行，行业经营性和融资性现金流萎缩，拿地规模维持低位，土地出让收入高速增长的态势难以重现。

二是中期来看，土地供应规模不会持久增长。由于土地资源有限，土地供应不可能无限扩张，土地出让收入的增长不具有可持续性。而且随着城市由内而外发展，以及国土空间规划对集约型空间开发的要求，高价值的城市用地越来越稀缺。

三是长期来看，人口发展趋势无法支撑土地财政。土地财政的基础是用地需求，核心是住房需求。随着出生率下降，人口老龄化趋势加剧，城镇化水平达到一定程度后，住房需求及用地需求都将相应萎缩。

在此背景下，城投公司必须借助内外部力量，积极谋求市场化转型和发展方式转变，逐渐降低对土地财政的依赖程度。

第三节　政府投融资体制改革要求城投公司转变投融资模式

根据 2019 年国务院发布的《政府投资条例》（国务院令第 712 号），政府投资是指"在我国境内使用预算安排的资金进行固定资产投资建设活动，包括新建、扩建、改建、技术改造等"。但实际上在我国政府投资发展的过程中，预算内投资仅仅是其中一部分，而大规模的政府投资仅靠预算内资金是难以支撑的，需要多元化、多渠道筹措资金来为政府投资活动融资。在 2014 年以前，以土地财政、土地金融和城投公司为核心的投融资方式是地方政府投融资的重要补充。

本章认为，政府投融资是政府为了履行其职能、满足公共需要、实现社会经济发展目标，在法律法规允许的范围内采取多种方式筹措资金，进行固定资产投资与建设的一系列政府活动；政府投融资体制指的是规范和管理政府固定资产投资建设活动及相应的融资活动的制度体系。在 2014 年之前，由于我国政府投融资体制不健全，城投公司一度成为地方政府为本地基础设施建设等政府投资筹措资金的重要平台。国发〔2014〕43 号文发布以来特别是 2014 年《预算法》实施以后，各项改革均强调要剥离城投公司政府融资职能。党的十八大以来，以加强预算内政府投资管理、严控地方政府隐性债务风险、创新政府投融资方式为主线的政府投融资制度改革不断推进，不仅推动了政府投融资方式方法的转变，也为城投公司转型过程中应对不断变化的政府投融资体制和地方政府隐性债务监管环境、以市场化主体承接政府投资项目提出了新要求。

一、2013 年以来我国政府投融资体制改革步伐加快

2013 年以来，我国政府投融资体制改革不断取得突破，有三个重要节点值得关注。2013 年 11 月十八届三中全会《决定》，提出了要"建立透明规范的城市建设投融资机制，允许地方政府通过发债等多种方式拓宽城市建设融资渠道，允许社会资本通过特许经营等方式参与城市基础设施投资和运营"，为后续政府投融资制度改革指明了方向。2016 年 7 月，《中共中央　国务院关于深化投融资体制改革的意见》（中发〔2016〕18 号）发布，系统阐述了建立新型投融资体制的改革思路，其中从进一步明确政府投资范围、优化政府投资安排方式、规范政府投资管理、加强政府投资事中事后监管、鼓励政府和社会资本合作等五大方面阐述了完善政府投资体制的具体改革意见，明确了新时期政府投融资体制改革的方向，具有顶层设计和纲领性的指导意义。2019 年 7 月 1 日起我国政府投资领域第一部行政法规《政府投资条例》开始实施，从投资决策、年度计划、项目实施、监督管理四个方面对政府投融资行为进行了规范。《政府投资条例》明确规定了政府投资资金的使用方向，即"应当投向市场不能有效配置资源的社会公益服务、公共基础设施、农业农村、生态环境保护、重大科技进步、社会管理、国家安全等公共领域的项目，以非经营性项目为主"；明确了政府投资资金的使用方式，即"政府投资资金按项目安排，以直接投资方式为主；对确需支持的经营性项目，主要采取资本金注入方式，也可以适当采取投资补助、贷款贴息等方式"。

总体来看，我国政府投融资体制改革取得了积极的成效，主要体现在三个方面。

（一）地方政府债券成为地方政府投资的最主要的资金来源

在十八届三中全会《决定》精神的引领下，地方政府投融资方式发生了重大转变，地方政府债券逐渐成为地方政府投资的主要资金来源。2014 年 8 月修订后的《预算法》以基本法律的形式明确地方政府可以通过发行地方政府债券的方式筹措建设投资资金，打开了地方政府依法举债的"前门"；且地方政府债券资金"只能用于公益性资本支出，不得用于经常性支出"；除了发行地方政府债券之外，"地方政府及其所属部门不得以任何方式举借债务""不得为任何单位和个人的债务以任何方式提供担保"，堵上了地方政府预算外举债的"后门"。2014 年 10 月国发〔2014〕43 号文是政府融资平台公司剥离政府融资职能的起点，也是我国投融资体制发展的转折点。从此，地方政府债券成为地方政府投资最主要的资金来源。根据 Wind 的统计，2015—2023 年，全国地方政府债券累计发行 53.4 万亿元，累计净融资量达 39.4 万亿元（见图 3-12）。

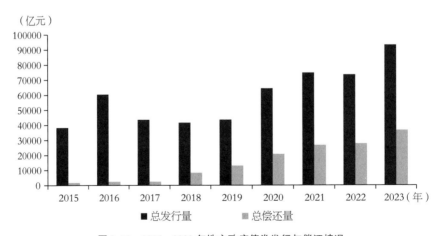

图 3-12　2015—2023 年地方政府债券发行与偿还情况

资料来源：Wind、粤开证券研究院。

（二）在政府投融资领域积极引入社会资本

政府投融资领域积极引入社会资本，是政府投融资体制改革的重要举措。这主要体现在 PPP 模式、政府投资基金、基础设施 REITs 等政府投融资模式不断取得突破性进展。

一是 PPP 模式曲折中创新发展。国发〔2014〕43 号文在允许地方政府发行债券融资的同时，"鼓励社会资本通过特许经营等方式，参与城市基础设施等有一定收益的公益性事业投资和运营"。2014 年 11 月国务院出台了《关于创新重点领域投融资机制鼓励社会投资的指导意见》（国发〔2014〕60 号），提出要建立健全 PPP 机制，开始在全国推广 PPP 模式，PPP 项目快速增加，但快速发展过程中出现了项目主体资格审查不严、地方政府变相违规融资等问题。2017 年 11 月财政部发布了《关于规范政府和社会资本合作（PPP）综合信息平台项目库管理的通知》（财办金〔2017〕92 号，2023 年 11 月 16 日废止），明确要求地方政府必须对 PPP 项目进行严格的合规性检查，防止 PPP 异化为新的融资平台。在清理不规范的 PPP 项目的同时，规范的 PPP 机制也在逐渐形成。2019 年 3 月财政部发布《关于推进政府和社会资本合作规范发展的实施意见》（财金〔2019〕10 号，2024 年 1 月 20 日废止），给出了规范的 PPP 项目标准，划定了年度全部 PPP 项目财政支出责任不超过当年本级一般公共预算支出的 10% 的红线。2020 年财政部印发《政府和社会资本合作（PPP）项目绩效管理操作指引》（财金〔2020〕13 号，2024 年 1 月 20 日废止），完善了 PPP 项目的绩效管理制度。2022 年 11 月财政部发布了《关于进一步推动政府和社会资本合作（PPP）规范发展、阳光运行的通知》（财金〔2022〕119 号，2024 年 1 月 20 日废止），规定地市级、县区级地方人民政府实际控制的国有企业（上市公司除外），可以代表政府方出资参与 PPP 项目；不得作为本级 PPP 项目的社会资本方，防止资金"自我循环"。2023 年 11 月《国务院办公厅转发国家发展改革委和财政部〈关于规范实施政府和社会资本合作新机制的指导意见〉的通知》（国办函〔2023〕115 号）发布，随后财政部废止了 11 个与 PPP 相关的旧文件①，标志着 PPP 融资新机制正在形成。PPP 新机制聚焦使用者付费项目，全部采用特许经营模式，社会资本方选择以民营企业和外商投资企业为主体，以改变过去以国有企业为主要社会资本参与方的局面。

二是基础设施 REITs 发展迅速。基础设施 REITs 本质上是将存量基础设施证券化，以标准化金融产品的形式向社会投资者公开募集资金，用于增量基础设施建设。基础设施 REITs 发行人通过积极管理并运营基础设施项目，使其持续产生经营收益并回报给投资者。引入基础设施 REITs 是我国基础设施领域投融资的重要创新举措，有利于拓宽基础设施融资渠道，提高资产流动性，推动基础设施投融资市场化。2016 年 12 月国家发展改革委和证监会发布《关于推进传统基础设施领域政府和社会资本合作（PPP）项目资产证券化相关工作的通知》（发改投资〔2016〕2698 号），提出要积极推进传统基础设施领域 PPP 项目资产证券化、共同培育和积极引进多元化投资者、多部门共同推动 REITs，支持传统基础设施项目建设。2020 年 4 月 30 日，证监会与国家发展改革委联合发布了《关于推进基础设施领域不动产投资信托基金（REITs）试点相关工作的通知》（证监发〔2020〕40 号），标志着基础设施 REITs 试点在我国正式启动。自此，国家发展改革委、证监会、财政部等部门先后发布了一系列文件和政策，支持基础设施 REITs 试点，试点范围也在不断扩大。根据《国家发展改革委办公厅关于做好基础设施领域不动产投资信

---

① 详见《财政部关于废止政府和社会资本合作（PPP）有关文件的通知》（财金〔2023〕98 号）。

托基金（REITs）试点项目申报工作的通知》（发改办投资〔2020〕586号，2023 年 9 月 1 日废止）、《国家发展改革委关于进一步做好基础设施领域不动产投资信托基金（REITs）试点工作的通知》（发改投资〔2021〕958 号）、《国家发展改革委关于规范高效做好基础设施领域不动产投资信托基金（REITs）项目申报推荐工作的通知》（发改投资〔2023〕236 号）等文件，基础设施 REITs 试点范围包括：交通基础设施、能源基础设施、市政基础设施、生态环保基础设施、仓储物流基础设施、园区基础设施、保障性租赁住房基础设施、水利基础设施、旅游基础设施、新型基础设施、消费基础设施等 11 大基础设施领域。根据 Wind 统计，截至 2024 年 3 月末，我国共发行上市 36 只基础设施 REITs 产品，向公众募集资金超过 1100 亿元，其中交通基础设施领域占比最大，达 42.8%，其次是园区基础设施（14.8%）和能源基础设施（13.5%），占比最小的是生态环保基础设施，占比 2.8%（见图 3-13）。

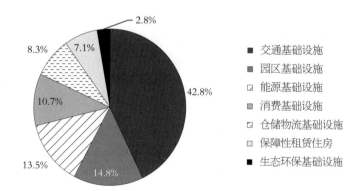

图 3-13　2024 年 3 月末我国基础设施 REITs 结构（按发行规模）

资料来源：Wind、粤开证券研究院。

三是政府投资基金规模不断壮大。根据 2015 年 11 月财政部发布的《政府投资基金暂行管理办法》（财预〔2015〕210 号），政府投资基金是"由各级政府通过预算安排，以单独出资或与社会资本共同出资设立，采用股权投资等市场化方式，引导社会各类资本投资经济社会发展的重点领域和薄弱环节，支持相关产业和领域发展的资金"。最初的政府投资基金主要是政府通过出资引导社会资本进行创新创业投资（又称"政府引导基金"）①。财预〔2015〕210 号文明确了政府投资基金的四大重点支持领域和七类负面清单，其中四大支持领域包括：支持创新创业、支持中小企业发展、支持产业转型升级和发展、支持基础设施和公共服务领域。自此，政府投资基金快速发展，覆盖了包括基础设施、产业发展、扶植中小企业、科技创新等领域，政府投资基金目标规模不断增加。2017 年4 月 1 日起实施的《政府出资产业投资基金管理暂行办法》（发改财金规〔2016〕2800 号）规定，引导基金应主要投资于非基本公共服务、基础设施、住房保障、生态环境、区域发展、战略性新兴产业和先进制造业、创业创新等七大领域，政府投资基金在政府投融资领域发挥着越来越重要的作用。2020 年 2 月财政部发布《关于加强政府投资基金管理提高财政出资效益的通知》（财预〔2020〕7 号），要求加强对设立基金或注资的预算约束，完善政府投资基金全过程绩效管理，健全政府投资基金退出机制，提高财政出资效益，政府投资基金运行更趋规范化。据清科研究中心统计，截至 2023 年年末，我国累计设立政府引导基金 2086 只，目标规模约 12.19 万亿元，已认缴规模约 7.13 万亿元。②

（三）防范政府投融资领域隐性债务风险措施不断升级

自 2012 年起，财政部屡次发文禁止地方政府通过各种形式（尤其是利用各类政府投融资创新工具）违法违规举借隐性债务，严禁地方金融机

---

① 2002 年 1 月，中关村管委会出资设立了"中关村创业投资引导资金"，以吸引社会资本投资中关村科技园区内的高科技企业，是我国第一只由政府出资设立的创业投资引导基金。关于政府引导基金的讨论，详见本书第八章。

② 《超 3000 亿！解码新设政府引导基金》，2024 年 2 月 27 日，见 https://mp.weixin. qq.com/s/eje8fqWZNnr6uNwPpEkrYA。

构违规变相为地方政府融资，严防政府投融资行为引致的隐性债务风险。财预〔2012〕463 号文禁止将公益性资产、储备土地等违规注入融资平台公司，同时禁止以委托代建并承担逐年回购责任（BT）等方式举借政府性债务。国发〔2014〕43 号文和 2014 年《预算法》实施后，对地方政府债务的管理不断加强，防范和化解地方政府隐性债务风险的措施不断升级。财预〔2017〕50 号文强调金融机构为融资平台公司等企业提供融资时，不得要求地方政府违法违规提供担保或承担偿债责任；严禁地方政府利用PPP、政府出资的各类投资基金等方式违法违规变相举债；地方政府不得以任何方式承诺回购社会资金或保本保收益等兜底安排。财预〔2017〕87号文禁止地方政府及其部门采用政府购买服务变相为建设工程举债。

2018 年以来在化解地方政府隐性债务风险的一系列措施下，对各类政府投融资项目的审批、融资、管理持续收紧。《财政部关于规范金融企业对地方政府和国有企业投融资行为有关问题的通知》（财金〔2018〕23 号）对金融机构对地方国有企业的融资行为进行全面的规范。财金〔2019〕10号文在规范 PPP 项目时强调，"防止政府支出责任过多、过重加大财政支出压力，切实防控假借 PPP 名义增加地方政府隐性债务"。2019 年《财政部办公厅关于梳理 PPP 项目增加地方政府隐性债务情况的通知》（财办金〔2019〕40 号，2023 年 11 月 16 日废止）要求各地梳理 PPP 项目增加隐性债务的情况，对增加地方政府隐性债务的 PPP 项目视情况中止、清退或转为其他合法合规方式继续执行。财预〔2020〕7 号文规定了加强政府投资基金管理的六大措施，再次强调强化政府预算对财政出资的约束和禁止通过政府投资基金变相举债。调研中发现，2023 年年末以来，12 个地方政府债务风险较高的省份被要求在风险降低至中低水平之前严控新建政府投资项目、严格清理规范在建政府投资项目。日趋严格的隐性债务风险监管环境，对城投公司的融资渠道有较大影响，城投公司必须谋求自身投融资方式的变革以及市场化转型。

二、政府投融资体制改革要求城投公司转变投融资模式

政府投融资体制改革的整体趋势是厘清政府与市场的边界,让市场在政府投融资活动中发挥更大的资源配置作用。不断深化的政府投融资体制改革以及日趋严格地方政府隐性债务监管环境,均要求城投公司转变投融资模式,加快推进自身的市场化转型。

一是采取经营性项目与公益性(或准公益性)项目相平衡、项目打包的融资方式可能不再符合监管要求。项目打包可能混淆政府投资与企业投资,导致政府与城投公司之间债务边界不清、责任分工不明、利益分配不确定等问题。理论上,只要城投公司还在用经营性项目收入去补贴公益性项目的成本,地方政府隐性债务风险就不能完全化解,城投公司转型就不能算成功。新的政府投融资体制及监管环境下,要求采取财务分账、项目拆分等有效手段隔离城投公司自身经营性项目与承接的政府投资项目。

二是 PPP 项目、政府投资基金、基础设施 REITs 等政府投融资创新工具对城投公司的项目管理人才、市场化经营机制等提出了更高的要求。纯公益性项目全部由财政资金融资,城投公司可作为"项目管理者"或"项目管理者 + 建设主体"的方式进行承接;对于具有一定经营收入的准公益性项目,城投公司要想继续参与,只能通过政府直接授权经营(通常是针对国有资本投资或运营公司)、各类广义的 PPP 模式(包括 BOT、BOOT、BOOST、TOT、ROT 等)、财政部或国家发展改革委力推的狭义 PPP 模式(城投公司作为政府出资方代表与社会资本成立项目公司)、参与政府投资基金或作为基础设施 REITs 发行人等市场化方式。这些政府投融资方式具有专业性强、项目管理复杂、市场化程度高等特点,需要城投公司具备较强的管理水平、专业的项目管理人员和一定的核心市场竞争力。从国办函〔2023〕115 号文来看,PPP 新机制更加向民营资本倾斜,而目前政策也

一直鼓励民营资本积极参与其他政府投融资创新方式。城投公司面临着来自效率更高的民营资本的竞争压力，只有通过持续推动市场化转型，不断提高市场化经营水平，增强核心市场竞争力，才能在与效率较高的民营资本的竞争中占据优势，才能更好地适应新的政府投融资体制环境。

三是日趋严格地方政府隐性债务监管环境要求城投公司必须寻求化解自身债务风险的长效机制。只有不断地推动自身的市场化转型，拓展经营性业务，减轻对财政补贴的依赖，以市场化主体和市场化方式承接政府项目，采取规范的财务管理和项目管理措施，才能真正提高自身的盈利能力和偿债能力，才能真正杜绝地方政府隐性债务风险在城投公司内部滋生。从目前的监管环境来看，未完成市场化转型或政府隐性债务风险未完全化解的城投公司在项目承接、融资渠道等方面受限，而完成市场化转型的城投公司才能有更多的业务空间和融资渠道。

第四节　国资国企改革浪潮推动城投公司转型

近年来，我国国资国企改革纵深推进、不断深化。城投公司作为地方规模较大的国有企业，其转型与发展需要主动契合国资国企改革的要求，才能更好地发挥国有经济主体的优势，更好地服务国家战略和国计民生。党的十八届三中全会以来，我国国资国企改革先后历经五年深化改革、国企改革三年行动等关键阶段，取得了显著成效，目前正在深入开展新一轮国有企业改革深化提升行动。

一、2015—2019 年：国资国企五年深化改革阶段

这一时期也是"1+N"顶层设计政策体系形成阶段。2013 年 11 月

十八届三中全会《决定》对全面深化改革的任务和措施进行了全面部署，提出要"完善国有资产管理体制，以管资本为主加强国有资产监管""推动国有企业完善现代企业制度"，拉开了深化国资国企改革的序幕。2015 年 8 月，《中共中央、国务院关于深化国有企业改革的指导意见》（中发〔2015〕22 号）提出了到 2020 年"国有资本布局结构更趋合理""国有经济活力、控制力、影响力、抗风险能力明显增强"等总体改革目标，并部署了分类推进国有企业改革、完善国有企业现代企业制度、完善国有资产管理体制、发展混合所有制经济、强化监督防止国有资产流失、加强和改进党对国有企业的领导、为国有企业改革创造良好环境条件等七大领域的详细改革任务和措施，是新时代国有企业和国有资产管理制度改革的纲领性文件。围绕中发〔2015〕22号文的各项具体改革任务，国务院国资委会同有关部门制定了数十个专项改革意见或方案，形成了以中发〔2015〕22 号文为引领、以若干配套文件为支撑的"1+N"国资国企改革顶层设计和整体方案。各地也积极响应中央的政策导向，在各地省级或市级国有资产监督管理部门的推动下，积极落实各项国资国企改革政策。本章梳理了此阶段中央层面重要的政策文件，见表 3-1。

表 3-1　2015—2019 年国资国企改革重要政策文件梳理

序号	时间	发文部门	文件名及文号	主要内容
1	2015 年 8 月	中共中央、国务院	《中共中央、国务院关于深化国有企业改革的指导意见》（中发〔2015〕22 号）	提出了深化国有企业改革的总体要求，部署了分类推进国有企业改革、完善国有企业现代企业制度、完善国有资产管理体制、发展混合所有制经济、强化监督防止国有资产流失、加强和改进党对国有企业的领导、为国有企业改革创造良好环境条件等七大领域的改革措施

续表

序号	时间	发文部门	文件名及文号	主要内容
2	2015 年 9 月	中共中央办公厅	《关于在深化国有企业改革中坚持党的领导加强党的建设的若干意见》	必须坚持党的领导，在深化国有企业改革中加强党的建设；坚持党管干部原则，建立适应现代企业制度要求和市场竞争需要的选人用人机制；国有企业党组织要切实承担好、落实好从严管党治党责任；把加强党的领导和完善公司治理统一起来，明确国有企业党组织在公司法人治理结构中的法定地位；坚持从严管理国有企业领导人员；适应国有资本授权经营体制改革需要，加强对国有资本投资、运营公司的领导；积极推进混合所有制企业党建工作；强化对国有企业党建工作的领导和指导
3		国务院	《国务院关于国有企业发展混合所有制经济的意见》（国发〔2015〕54 号）	分类、分层推进国有企业混合所有制改革，建立健全混合所有制企业治理机制，营造国有企业混合所有制改革的良好环境
4	2015 年 10 月	国务院	《国务院关于改革和完善国有资产管理体制的若干意见》（国发〔2015〕63 号）	按照"权责明晰、突出重点、放管结合、稳妥有序"的原则，以管资本为主加强国有资产监管，改革国有资本授权经营体制，真正确立国有企业的市场主体地位，推进国有资产监管机构职能转变，适应市场化、现代化、国际化新形势和经济发展新常态，不断增强国有经济活力、控制力、影响力和抗风险能力
5		国家发展改革委、财政部、人力资源社会保障部、国资委	《关于鼓励和规范国有企业投资项目引入非国有资本的指导意见》（发改经体〔2015〕2423 号）	按照"政府引导、市场运作""权益对等、共同发展""依法依规、公开透明""完善体制、优化环境"的原则，鼓励和规范国有企业投资项目引入非国有资本

序号	时间	发文部门	文件名及文号	主要内容
6	2015 年 11 月	国务院办公厅	《国务院办公厅关于加强和改进企业国有资产监督防止国有资产流失的意见》（国办发〔2015〕79 号）	以国有资产保值增值、防止流失为目标，坚持问题导向，立足体制机制制度创新，加强和改进党对国有企业的领导，切实强化国有企业内部监督、出资人监督和审计、纪检监察、巡视监督以及社会监督，严格责任追究，加快形成全面覆盖、分工明确、协同配合、制约有力的国有资产监督体系
7	2015 年 12 月	国资委、财政部、国家发展改革委	《关于国有企业功能界定与分类的指导意见》（国资发研究〔2015〕170 号）	根据主营业务和核心业务范围，将国有企业分为商业类和公益类；对两类企业分别提出了差异化的改革、发展方向、监管和定责考核要求
8	2016 年 2 月	财政部、科技部、国资委	《关于印发〈国有科技型企业股权和分红激励暂行办法〉的通知》（财资〔2016〕4 号）	从总则、实施条件、股权激励、分红激励、激励方案的管理、附则等六章46条完善国有科技企业股权和分红激励制度，进一步激发广大技术和管理人员的积极性和创造性，促进国有科技型企业健康可持续发展
9	2016 年 8 月	国资委、财政部	《关于完善中央企业功能分类考核的实施方案》（国资发综合〔2016〕252 号）	将中央企业分为三类实施考核： （一）主业处于充分竞争行业和领域的商业类中央企业； （二）主业处于关系国家安全、国民经济命脉的重要行业和关键领域、主要承担重大专项任务的商业类中央企业； （三）公益类中央企业
10	2017 年 4 月	国务院办公厅	《国务院办公厅关于转发国务院国资委以管资本为主推进职能转变方案的通知》（国办发〔2017〕38 号）	按照深化简政放权、放管结合、优化服务改革的要求，依法履行职责，以管资本为主加强国有资产监管，以提高国有资本效率、增强国有企业活力为中心，明确监管重点，精简监管事项，优化部门职能，改进监管方式，全面加强党的建设，进一步提高监管的科学性、针对性和有效性，加快实现以管企业为主向以管资本为主的转变

续表

序号	时间	发文部门	文件名及文号	主要内容
11	2017 年 4 月	国务院办公厅	《国务院办公厅关于进一步完善国有企业法人治理结构的指导意见》（国办发〔2017〕36 号）	依照法律法规和公司章程，严格规范履行出资人机构、股东会（包括股东大会）、董事会、经理层、监事会、党组织和职工代表大会的权责，保障有效履职，完善符合市场经济规律和我国国情的国有企业法人治理结构，进一步提升国有企业运行效率
12	2018 年 5 月	国务院	《国务院关于改革国有企业工资决定机制的意见》（国发〔2018〕16 号）	建立健全与劳动力市场基本适应、与国有企业经济效益和劳动生产率挂钩的工资决定和正常增长机制：一是改革工资总额决定机制；二是改革工资总额管理方式；三是完善企业内部工资分配管理；四是健全工资分配监管体制机制
13	2018 年 7 月	国务院	《国务院关于推进国有资本投资、运营公司改革试点的实施意见》（国发〔2018〕23 号）	通过改组组建国有资本投资、运营公司，构建国有资本投资、运营主体，改革国有资本授权经营体制，完善国有资产管理体制，实现国有资本所有权与企业经营权分离，实行国有资本市场化运作；发挥国有资本投资、运营公司平台作用，促进国有资本合理流动，优化国有资本投向，向重点行业、关键领域和优势企业集中，推动国有经济布局优化和结构调整，提高国有资本配置和运营效率，更好服务国家战略需要
14	2019 年 4 月	国务院	《国务院关于印发改革国有资本授权经营体制方案的通知》（国发〔2019〕9 号）	优化出资人代表机构履职方式；分类开展授权放权；加强企业行权能力建设；完善监督监管体系

资料来源：根据公开资料整理，粤开证券研究院。

二、2020—2022 年：国企改革三年行动阶段

2019 年 12 月中央经济工作会议上明确提出"制定国企改革三年行动方案"。2020 年 6 月，中央全面深化改革委员会第十四次会议审议通过了《国企改革三年行动方案（2020—2022 年）》，国有企业迎来了新一轮全面深化提升改革。该方案是落实国有企业改革"1+N"顶层设计和政策体系的具体施工图，其最大的特点，是"可衡量、可考核、可检验、要办事"①。国企改革三年行动目标要求是：通过实施国企改革三年行动，在形成更加成熟更加定型的中国特色现代企业制度和以管资本为主的国资监管体制上取得明显成效，在推动国有经济布局优化和结构调整上取得明显成效，在提高国有企业活力效率上取得明显成效，做强做优做大国有资本和国有企业，切实增强国有经济竞争力、创新力、控制力、影响力、抗风险能力。具体可分解成五个方面的目标：一是国有企业要成为有核心竞争力的市场主体；二是国有企业要在创新引领方面发挥更大作用；三是国有企业要在提升产业链供应链水平上发挥引领作用；四是国有企业要在保障社会民生和应对重大挑战等方面发挥特殊保障作用；五是国有企业要在维护国家经济安全方面发挥基础性作用。

国企改革三年行动主要聚焦八个方面的重点任务，包括：一是完善中国特色现代企业制度，坚持"两个一以贯之"，形成科学有效的公司治理机制；二是推进国有资本布局优化和结构调整，聚焦主责主业，发展实体经济，推动高质量发展，提升国有资本配置效率；三是积极稳妥推进混合所有制改革，促进各类所有制企业取长补短、共同发展；四是激发国有企业活力，健全市场化经营机制，加大正向激励力度；五是形成以管资本为

---

① 刘青山、原诗萌：《千帆竞渡创一流——国企改革三年行动主体任务基本完成综述》，《国资报告》2022 年第 8 期。

主的国有资产监管体制，着力从监管理念、监管重点、监管方式、监管导向等多方位实现转变，进一步提高国资监管的系统性、针对性、有效性；六是推动国有企业公平参与市场竞争，强化国有企业的市场主体地位，营造公开、公平、公正的市场环境；七是推动一系列国企改革专项行动落实落地；八是加强国有企业党的领导党的建设，推动党建工作与企业的生产经营深度融合。①

经过三年细致、全面、务实的深化改革，国资国企改革取得了显著成效。一是以公司制改革、建立现代化董事会制度等为抓手形成了与现代企业制度接轨的国有企业内部治理体系；二是以推动战略性重组、专业化整合、有力有序清退低效无效资产等为主要途径，优化了国有经济布局和结构，提升了国有资产的经济效益和社会效益，更好地发挥了国有经济的战略支撑和安全保障作用；三是通过积极整合创新资源、鼓励创新人才、完善保障措施等方式激发国有企业科技创新活力；四是通过深化三项制度（即人事、劳动、分配制度）改革，完善了国有企业市场化运营机制；五是以责任与权力清单制、国有经营性资本集中统一监管等为关键举措，不断完善以管资本为主线的国有资产监管制度，提高了国有资产监管专业化水平；六是加强了国有企业党的建设，增强了党对国有企业的方向引领和经营指导作用。

三、2023 年至今：国有企业改革深化提升行动阶段

2023 年下半年以来，以国有企业改革深化提升行动为主线的新一轮国有企业改革全面展开。2023 年 7 月 18 日，全国国有企业改革深化提升

---

① 《国企改革三年行动要聚焦哪八方面的重点任务？》，2021 年 3 月 9 日，见 http://www.sasac.gov.cn/n4470048/n13461446/n15390485/n15390515/c20296222/content.html。

行动动员部署电视电话会议在京召开，标志着新一轮国有企业改革深化提升行动正式启动。

2023 年 10 月，《求是》杂志刊发国务院国资委党委署名文章《深入实施国有企业改革深化提升行动》①，指出："必须通过不断深化改革，更好发挥战略安全、产业引领、国计民生、公共服务等功能作用，以自身的高质量发展应对外部环境的不确定性"，明确了国有企业改革深化行动的目标是实现"三个明显成效"，即"在增强国有企业服务国家战略功能作用上取得明显成效，在推动国有企业真正按市场化机制运营上取得明显成效，在加快建设世界一流企业和培育专精特新企业上取得明显成效"。文章指出，新一轮国有企业改革深化提升行动要重点抓好三个方面的工作：一是指出突出抓好以更好服务国家战略为导向的功能性改革。具体措施包括：完善科技创新机制，更好服务实现高水平科技自立自强；优化国有经济布局，更好促进现代化产业体系建设；强化重点领域保障，更好支撑国家战略安全。二是要着力打造发展方式新、公司治理新、经营机制新、布局结构新的现代新国企。具体措施包括：围绕优化资源配置深化改革，进一步加大市场化整合重组力度；围绕提升活力效率深化改革，进一步完善中国特色国有企业现代公司治理和市场化运营机制；围绕完善监管服务深化改革，进一步健全以管资本为主的国资监管体制。三是要在深化改革中全面加强国有企业党的领导和党的建设。具体任务包括：完善党领导国有企业的制度机制；打造高素质专业化国有企业领导人员队伍；坚决落实全面从严治党要求等。

2024 年是实施国有企业改革深化提升行动的关键一年。2023 年 12 月召开的中央经济工作会议提出："深入实施国有企业改革深化提升行动，增强核心功能、提高核心竞争力。"2024 年《政府工作报告》提出："深入

---

① 国务院国资委党委：《深入实施国有企业改革深化提升行动》，《求是》2023 年第 19 期。

实施国有企业改革深化提升行动，做强做优主业，增强核心功能、提高核心竞争力。建立国有经济布局优化和结构调整指引制度。"2024 年 3 月 29 日，国务院国资委全面深化改革领导小组召开 2024 年第一次全体会议，重点部署国有企业改革深化提升行动十项重点任务。①

国有企业改革深化提升行动正在纵深推进，将进一步优化国有资产布局，带动国有企业进一步完善市场化经营机制、提高生产服务效率，使国资国企更好地服务高质量发展。随着国资国企改革的不断纵深推进，国有资产利用效率和国有企业经营效益不断提升，也给城投公司带了诸多机遇与挑战。作为地方规模较大且关乎国计民生与公共服务的国有企业，城投公司在国资国企改革浪潮中不进则退。

---

① 《国务院国资委全面深化改革领导小组 2024 年第一次全体会议召开　全力以赴抓好国企改革深化提升行动攻坚　为高质量发展增动力添活力》，2024 年 3 月 31 日，见
　http://www.sasac.gov.cn/n2588020/n2588057/n26823304/n26823341/c30430144/content.html。

第四章
城投公司转型的重要动因：
防范化解隐性债务风险

2023 年 12 月，中央经济工作会议提出，要"持续有效防范化解重点领域风险""要统筹化解房地产、地方债务、中小金融机构等风险"。随后，财政部和中国人民银行也就化债工作表态。2023 年 12 月的全国财政工作会议提出，"要严格落实既定化债举措，加大存量隐性债务化解力度，坚决防止新增隐性债务，健全化债长效机制，有效防范化解地方债务风险"。2024 年 1 月中国人民银行工作会议指出，"金融支持融资平台债务风险化解工作有序推进""指导金融机构按照市场化、法治化原则，合理运用债务重组、置换等手段，支持融资平台债务风险化解"。防范化解地方政府债务风险仍是下阶段的重点工作。总体来看，地方显性债务风险总体可控，但是以城投公司为主体形成的隐性债务规模大、成本高、隐蔽性强，是防范化解地方政府债务风险的重点领域。化解隐性债务的重要手段之一便是推动城投公司市场化转型，在发展中解决债务风险问题。

第一节　当前我国地方政府债务形势

总体来看，当前我国地方政府债务风险主要集中在三个方面：一是财力规模小而显性债务率较高的部分地区，这些地区往往经济不发达、产业发展落后、营商环境较差、老龄化率较高。二是专项债一般化的问题也可能伴随专项债项目收益率下行而产生一定的风险。三是隐性债务风险较大的部分地区，该部分地区的城投公司盈利能力较弱、现金流较差，依靠自身偿还债务的难度较大。

一、地方政府显性债务形势：总体可控，部分地区风险有所凸显

一是"前门"越开越大，地方政府债券规模逐步提升。在地方政府债务监管"开前门、堵后门"的背景下，地方政府债券成为地方政府举债融资的唯一合法渠道，在地方政府投融资中的地位不断提高、作用不断扩大。尤其是专项债，成为地方政府扩大有效投资、对冲经济下行压力的重要手段。2018年以来，在中美贸易摩擦、新冠疫情等冲击下经济下行压力加大，专项债新增额度逐年扩张。2019—2024年，专项债新增额度分别为2.15万亿、3.75万亿、3.65万亿、3.65万亿、3.80万亿和3.90万亿

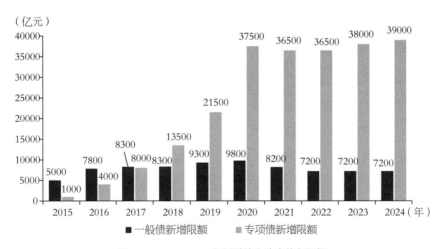

图4-1 2015—2024年新增地方政府债务限额

资料来源：财政部、粤开证券研究院。

元（见图 4-1）。专项债新增额度维持高位，有效地支持地方政府扩大投资，在稳增长、防风险和惠民生等方面发挥重要作用。

二是地方政府显性债务规模较大、增速快，但考虑地方经济发展水平以及综合财力后，地方政府债务风险总体可控。截至 2023 年年底，地方政府债务余额为 40.7 万亿元，其中，一般债务余额为 15.9 万亿元，专项债务余额为 24.9 万亿元，占比分别为 39.0% 和 61.0%。衡量地方政府债务风险的指标主要有负债率、债务率：负债率 = 债务余额 /GDP，债务率 = 债务余额 / 综合财力。其中，地方政府综合财力 = 一般公共预算收入 + 中央对地方一般公共预算转移支付 + 政府性基金收入 + 中央对地方政府性基金预算转移支付。2017—2023 年地方政府债务余额以年均16.3% 的速度快速增长，远高于同期名义经济增速的 7.2%，导致负债率攀升。截至 2023 年年末，我国地方政府负债率为 32.3%（见图 4-2）、债务率为 141.8%（见图 4-3）。从债务风险指标来看，我国地方政府债务风险总体可控。

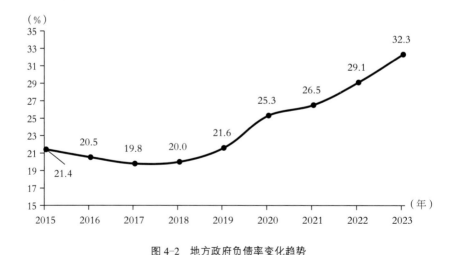

图 4-2　地方政府负债率变化趋势

资料来源：财政部、Wind、粤开证券研究院。

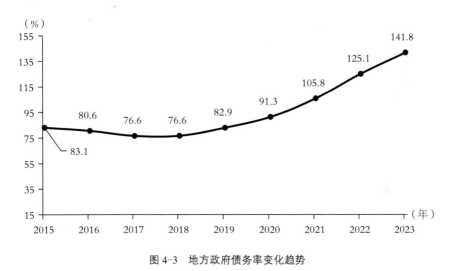

图 4-3　地方政府债务率变化趋势

资料来源：财政部、Wind、粤开证券研究院。

三是从区域层面来看，部分省份债务风险有所凸显。从负债率来看，2023 年，青海、贵州、天津、吉林 4 个省（直辖市）显性负债率超过 60%，分别达到 87.8%、72.3%、66.4% 和 65.6%；而江苏、上海因经济实力强劲，负债率低于 20%，分别为 17.7% 和 18.7%（见图 4-4）。除上海外，30 个省份显性负债率较 2022 年有所上升，其中 9 个省份上升超 5 个百分点，天津、贵州上升幅度更是超 10 个百分点。上升幅度较快的均是重点化债省份，可能与发行特殊再融资债券置换隐性债务有关。因此，既要看到债务风险指标的上升，也要看到隐性债务显性化实质上降低了风险。

从债务率来看，地方政府综合财力受制于土地出让收入下行，导致地方政府债务率被动上升。2023 年天津是唯一显性债务率超 300% 的地区，云南、辽宁、福建等 21 个省（自治区、直辖市）显性债务率处于 120%—300% 之间，江苏（99.6%）、上海（67.9%）、西藏（24.2%）显性债务率低于 100%（见图 4-5）。与 2022 年相比，各省份债务率均有不同程度的上升，一方面与分子端地方政府债务余额增加有关，但更多地源于分母端土地市场景气度下降时政府性基金预算收入大幅下滑。

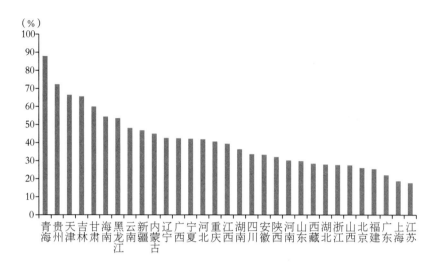

图 4-4　2023 年 31 省（自治区、直辖市）地方政府负债率

注：新疆债务数据不含新疆生产建设兵团，下同。

资料来源：财政部，各地财政厅（局）、统计局，粤开证券研究院。

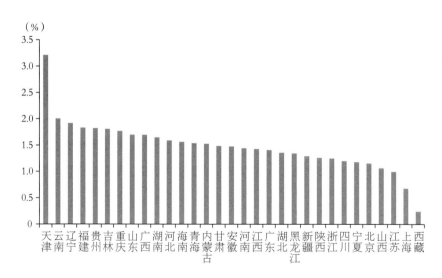

图 4-5　2023 年 31 省（自治区、直辖市）地方政府债务率

资料来源：财政部，各地财政厅（局）、统计局，粤开证券研究院。

从还本付息来看，地方政府显性债务尤其是专项债存在一定流动性风险，但整体风险可控。以综合偿债率（债务还本付息支出 / 地方综合财力）指标来衡量，2023 年综合偿债率高于 20% 的省份有 9 个，其中云南（42.1%）、天津（41.3%）显著高于其他省份（见图 4-6）。2023 年各省份综合偿债率较 2022 年均大幅提升，一方面是由于地方债到期高峰，地方债还本压力上升；另一方面是由于土地市场继续低迷引起地方可用财力下降，专项债付息压力上升。

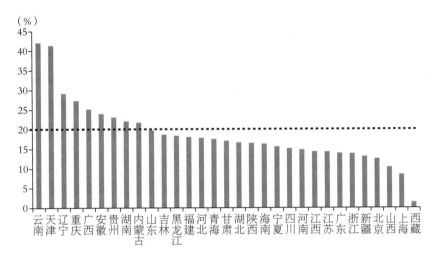

图 4-6　2023 年 31 省（自治区、直辖市）地方政府债务综合偿债率

资料来源：财政部，各地财政厅（局）、统计局，粤开证券研究院。

二、地方政府隐性债务形势：无序扩张态势得到控制，总体风险有所缓释

城投公司作为地方政府曾经市场化举债融资的重要主体，其形成的隐性债务是地方政府需要纳入考虑的债务。但由于城投公司主体、债务性质的辨认难度较高，各方对隐性债务的具体规模并未形成共识，各方估算的差异较大。本章以城投公司的有息债务规模作为隐性债务

替代指标，以此进行大致测算。估算有息债务规模的主要依据是城投公司的财务报告数据。需要指出的是，这种方法将部分成功转型的市场化企业的债务也计入其中，可能导致隐性债务规模被高估；部分城投公司尤其是规模和级别较小的城投公司难以在公开市场发债而通过银行贷款等非标准化方式融资，并未披露财务报告，可能导致隐性债务规模被低估。

根据上述方法，本书统计了预警通口径下 4039 家城投公司的有息债务数据。截至 2023 年年底，城投公司形成的有息债务规模达到 64.1 万亿元[1]。考虑到部分城投公司已经开启或完成转型，本章通过计算公益性或准公益性收入占比，进而推算与地方政府相关的有息债务规模约为 32.2 万亿元，总规模较未调整前下降 49.8%。

分层级来看，城投公司有息债务纵向层级分布与区域财力相关。从全国来看，城投公司有息债务的层级分布较为均匀，省级、地市级和区县级大致三分天下，占比分别为 27.1%、39.2% 和 33.7%（见图 4-7）。但具

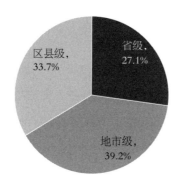

图 4-7　2023 年末城投公司有息债务层级分布

资料来源：企业预警通、粤开证券研究院。

---

[1]　已剔除母子公司重复计算部分，但未剔除已经成功转型为普通国有企业的债务，不包括尚未披露年报的城投公司。

体到各省则大不相同，浙江、江苏区县城投公司有息债务占比分别达到 70.9%和57.8%；而宁夏、甘肃、西藏、吉林等地区区县级平台举债较为困难，有息债务主要集中在省级和地市级城投公司。

2023年10月以来，随着城投公司融资端政策持续收紧，城投公司偿债压力有所加大。在此背景下，城投公司出现两种应对模式：一是出现城投平台"退出潮"。城投公司为了避免发债申请审核不通过，在募集说明书中披露自身为"市场化经营主体"。2023年多达725家城投公司在公告中声明退出地方政府融资平台，为2022年的4倍多。二是境外融资扩张。随着城投公司境内融资政策持续收缩，城投公司境外融资动机增强。由于"364境外债"属于一年期以内的短期境外债券，2023年10月以来发行规模大幅上行。值得注意的是，"364境外债"票面利率大多在6%以上，有的甚至高达8.9%，"364境外债"的发行可能会加大城投公司债务风险。2024年一季度无此类债券发行。

从城投公司公开发行的债券来看，城投债融资呈现出以下三大趋势。

一是随着城投公司扩张放缓，城投债逐步进入存量时代，到期偿还量不断扩大，净融资规模回落。虽然2023年10月以来城投债发行审核趋严，但全年城投债发行量可观，城投债总发行达到4.8万亿元，增长25.3%。总偿还量增长较快导致净融资规模收缩，2023年城投债总偿还量规模创历史新高，达到3.9万亿元，增长31.0%。一方面，城投债进入到期高峰，再融资压力增大；另一方面，随着化债资金陆续到位，城投债迎来一轮"提前兑付潮"，城投债提前兑付量呈现出明显的上升趋势，2023年11月和12月城投债提前兑付量分别达到354.8亿元和704.0亿元，同比增长76.7%和226.8%。城投债净融资规模也自11月开始转负，11月和12月分别为-677.7亿元和-1203.4亿元。2023年全年城投债净融资规模为8553亿元，较2022年增长4.3%，较2021年下降55.2%（见图4-8）。2024年城投债净融资规模仍呈现出下滑趋势，1 月、2 月、3 月城投债净融资规模分别为 66.5 亿元、−299.3 亿元和 −261.8 亿元，分别较 2023 年同期减少 460.2 亿元、1976.6 亿元和 2639.0 亿元。

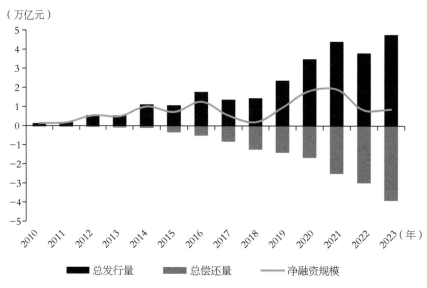

图 4-8 2010—2023 年城投债净融资规模变化趋势

注：数据获取时间为 2024 年 3 月 31 日。

资料来源：Wind、粤开证券研究院。

二是城投公司融资政策收紧，城投债终止审查① 数量创新高。2023 年 10 月以来，交易所审核反馈为"终止"的城投债数量创新高，四季度终止审查城投债有 116 只，规模达 1604 亿元；全年终止审查城投债 207 只，金额合计 2958.9 亿元，分别较 2022 年增长 61.9% 和 71.7%。2024 年 1 月，终止审查城投债 31 只，金额合计 502.1 亿元，均是 2023 年同期的 5 倍（见图 4-9）。

---

① 终止审查指该只债券的发行申请未通过交易所的审核。

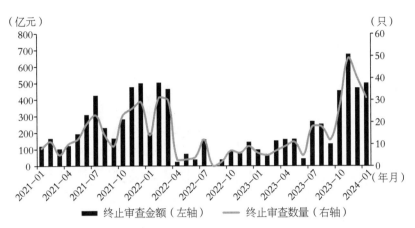

图 4-9 2021 年 1 月—2024 年 1 月城投债终止审查金额和数量变化情况
资料来源：Wind、粤开证券研究院。

三是城投债再融资压力较大，借新还旧仍是主旋律，2023 年城投债募集资金超 70% 用于偿还到期债券。2021—2026 年是城投债的到期高峰，年到期量均超过 2 万亿元。2023 年城投债募集资金用于借新还旧和偿还有息债务的比重分别达到 69.1% 和 24.1%，二者合计占比为 93.2%；用于项目建设和补充流动资金较少，占比分别为 2.3% 和 2.1%（见图 4-10）。截至 2024 年 3 月 31 日，Wind 数据显示，2024 年到期量超过 3 万亿元，接近 3.7 万亿元（见图 4-11），占存量城投债的比重达到 31.8%。

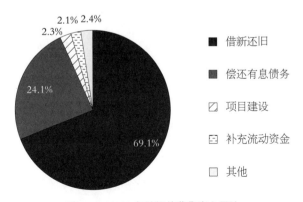

图 4-10 2023 年城投债募集资金用途

资料来源：Wind、粤开证券研究院。

（亿元）

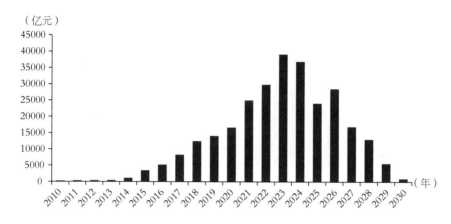

图 4-11　2010—2030 年城投债券总偿还量

注：数据获取时间为 2024 年 3 月 31 日。

资料来源：Wind、粤开证券研究院。

第二节　城投公司偿债能力分析

从城投公司的微观财务指标来看，城投公司普遍造血能力较弱，呈现出资产负债率逐年抬升、还本付息能力逐年减弱、盈利能力下降三大趋势，城投公司依靠自身能力偿还全部有息债务的难度较大。由于大部分城投公司未能实现真正的市场化转型，新的市场预期尚未形成。市场投资者寄希望于地方政府对城投公司进行救助，但在持续大规模减税降费、中央对地方考核目标多元化、经济社会风险财政化等因素共同作用下，地方财政形势总体处于紧平衡态势，极端情况下对城投公司债务的救助能力有所减弱。因此，有必要及时审慎地推动城投公司市场化转型。

一、城投公司造血能力较弱，化解自身债务风险难度较大

通过分析 Wind 口径下 2014—2023 年持续存续的 2090 家融资平台的

经营情况发现，城投公司的偿债能力较弱。

一是城投公司资产负债率缓慢抬升。2014—2023 年，城投公司资产负债率中位数上升到 2023 年的 60.0%，提高了 11.6 个百分点（见图 4-12）。从整体资产负债率分布来看，13.2% 的城投公司资产负债率超过 70%，65.7% 的城投公司资产负债率分布在 50%—70% 的区间。

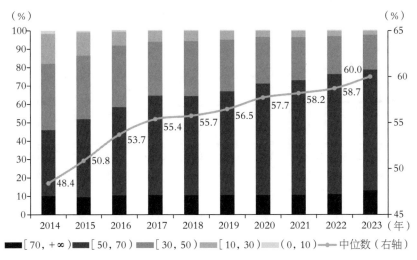

图 4-12　2014—2023 年城投公司资产负债率分布及中位数变化情况

资料来源：Wind、粤开证券研究院。

二是城投公司还本付息能力下降。从还本能力来看，以有形资产与有息债务的比值衡量城投公司还本能力，自 2014 年以来整体呈现出下降趋势，2023 年该数值中位数仅为 0.8%（见图 4-13），即有形资产账面价值不足以覆盖有息债务。经营活动产生的现金流、税息折旧及摊销前利润（EBITDA）对企业有息债务的覆盖能力也较差。2014—2023 年经营活动产生的现金流净额 / 有息债务大于 1 的城投公司占比较小，2023 年仅有 0.4%（见图 4-14），这意味着样本中仅有 8 家城投公司经营活动产生的现金流净额可以覆盖有息债务。EBITDA 与有息债务的比值也呈现逐年下降趋势，2023 年中位数仅为 0.04%（见图 4-15）。从付息能力来看，企业利润对利息的覆盖亦呈下降趋势，2023 年息税前利润（EBIT）与利息费用的比值中位数仅为 2.3%（见图 4-16），加回折旧摊销后，EBITDA 与利息费用比值的中位数也仅有 3.6%（见图 4-17）。

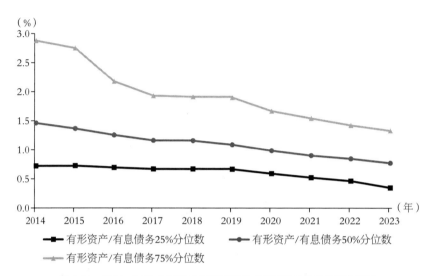

图 4-13　2014—2023 年城投公司有形资产 / 有息债务分位数变化情况

资料来源：Wind、粤开证券研究院。

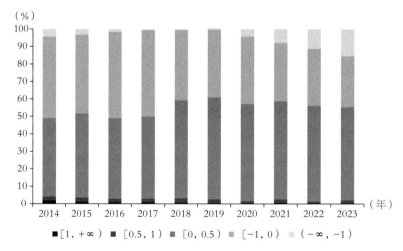

图 4-14　2014—2023 年城投公司经营活动产生的现金流量净额 / 有息债务分布情况

资料来源：Wind、粤开证券研究院。

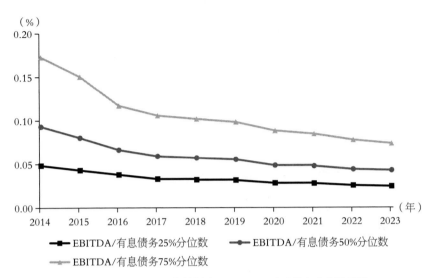

图 4-15　2014—2023 年城投公司 EBITDA/ 有息债务分位数情况

资料来源：Wind、粤开证券研究院。

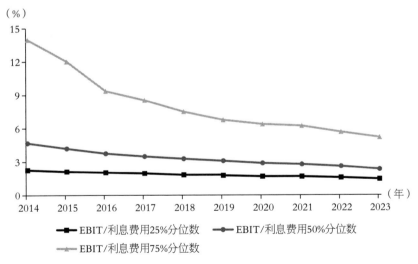

图 4-16　2014—2023 年城投公司 EBIT/ 利息费用分位数情况

资料来源：Wind、粤开证券研究院。

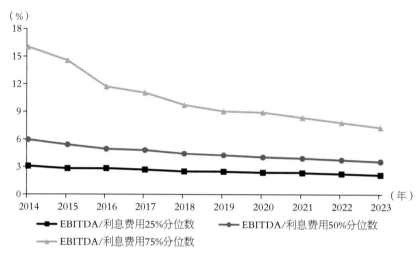

图 4-17 2014—2023 年城投公司 EBITDA/ 利息费用分位数情况

资料来源：Wind、粤开证券研究院。

三是城投公司盈利能力较弱，资产收益率较低。城投公司盈利能力较弱，与一般企业债发行人相比财务数据上并不具有投资吸引力。净资产收益率（ROE）的中位数从 2014 年的 2.9% 下降至 2023 年的 1.1%（见图

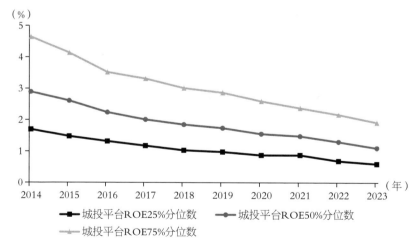

图 4-18 2014—2023 年城投公司 ROE 分位数分布情况

资料来源：Wind、粤开证券研究院。

4-18)，总资产收益率（ROA）的中位数从 2014 年的 1.5% 下降到 2023 年的 0.5%（见图 4-19）。

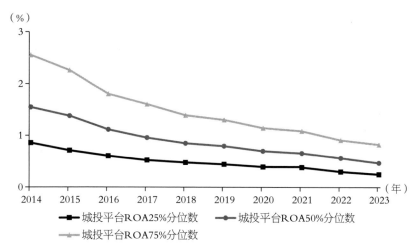

图 4-19　2014—2023 年城投公司 ROA 分位数分布情况

资料来源：Wind、粤开证券研究院。

二、地方财政形势紧平衡，城投公司转型的必要性提升

城投公司自身的财务指标不具有投资吸引力，但因为过去有地方政府的背书，即所谓"城投信仰"的存在，金融机构对城投公司有着很高的认可度。近年来，地方政府财政形势出现了三大变化：宏观税负下行、经济社会风险财政化和支出责任上升，使得其对城投公司的救助能力有所下降。同时，债务和投资驱动的发展模式仍未彻底改变，导致债务风险不断积累。因此，有必要推动城投公司市场化转型，在发展中解决城投公司的债务问题。

一是经济持续下行加之大规模减税降费，宏观税负持续下行，财政汲取能力下降。2008 年国际金融危机之后，我国经济总体上处于增速换挡期，中央持续推出大规模减税降费退税等措施，宏观税负持续下行。以一般公共预算收入 /GDP 衡量的宏观税负在 2015 年见顶，从 2015

年 22.1% 下降到 2023 年的 17.2%。以税收收入 /GDP 衡量的宏观税负在 2013 年见顶，从 2013 年 18.6% 下降到 2023 年的 14.4%（见图 4-20）。未来随着土地出让收入下行，地方政府财政汲取能力可能进一步下降。

图 4-20　1953—2023 年全国一般公共预算收入和税收收入占 GDP 比重的变化趋势

资料来源：Wind、粤开证券研究院。

　　二是中央对地方多元目标考核、经济社会风险财政化等导致地方政府支出责任范围扩大、刚性程度上升。2012 年以来，中央对地方政府干部的考核制度发生了变化，明确不再以 GDP 论英雄，但实际上地方政府面临的目标更加多元，包括环境保护、脱贫攻坚、防范化解重大风险等，这意味着地方政府支出责任的范围扩大、刚性程度上升，地方政府的收支缺口随之扩大。此外，房地产风险、金融风险、城投风险等与财政风险交织导致的经济社会风险财政化，使地方政府财政兜底责任较多，支出责任不断扩张，加剧了地方财政收支矛盾。

　　三是债务和投资驱动的发展模式有待进一步转型为创新和消费驱动的模式。近年来，我国高质量发展稳步推进，但债务和投资推动的发展模式仍然存在，导致债务风险不断积累。

第三节 化解隐性债务风险的建议

地方政府债务尤其是以城投公司为主体的隐性债务形成原因复杂，包括体制性原因，又经过长期积累，解决也非一朝一夕可以完成。尤其是当前地方政府债务风险、金融风险和社会风险交织，需要注意处置的力度和节奏。化解地方政府债务风险需要处理好三对关系：一是存量和增量关系，确保存量债务逐步化解，根据高质量发展的需要合理控制增量。二是显性债务和隐性债务关系，隐性债务要逐步显性化，根据公共属性强弱划分为政府债务和企业债务，分别通过财政和市场化法治化方式解决。三是分子与分母的关系，即分子端的债务尽可能要有更大的分母端 GDP 产出，必须优化债务结构、提高债务资金的使用效率。

一、短期避免流动性风险

在短期，要应对好债务到期后的再融资问题，避免引发处置风险，重点在于拉长周期和压降成本，以时间换空间，逐步化解存量，但这只是治标。

第一，通过严格审计摸清家底，甄别不同类别和成因的债务。将存量隐性债务分别划分为政府债务和企业债务，前者是需要政府解决的政府债务，后者合规转化为企业经营性债务。当前部分城投公司的业务范围已经是以传媒、非银行金融等为主，不再是传统的以基础设施投资建设为主要业务的城投公司，该部分债务理应属于普通国有企业的债务，而不是政府债务。审计部门可以根据债务投向的领域，"见人、见账、见物，逐笔、逐项审核"，要进一步区分是公共服务所必需但因收支缺口形成的债务，还是地方政府干部扭曲的政绩观导致的债务（如形象工程和无效投资等产生的债务），前者是政府重点要解决的问题，实施尽职免责，后者要严厉问责地方政府主要负责人而非仅仅是财政部门负责人。

第二，对于债务甄别后属于政府债务的部分，可以采取财政化债和金融化债两种方式。其中，财政化债包括：其一，安排财政资金偿还，通过财政资金使用效率的提升为偿还债务留出空间，主要来自年度预算资金、超收收入、盘活财政存量资金等；其二，出让政府持有的股权、土地使用权以及经营性国有资产权益偿还债务，划转部分流动性较好的国有资产解决部分存量债务，典型案例为贵州的"茅台化债"；其三，利用项目结转结余资金、经营收入偿还；其四，通过发行特殊再融资债券等方式置换隐性债务，优化债务期限结构、降低负债成本。例如，贵州、青海等中西部省（自治区、直辖市）提出，争取高风险建制市县降低债务风险试点等政策支持，通过发行政府债券置换隐性债务。

第三，发挥金融与财政的协同作用化解政府债务。其一，推动地方政府与金融机构协商，对现有债务进行展期，对高息债务进行"削峰"，以时间换空间。例如，贵州省的遵义道桥建设（集团）有限公司2022年12月30日发布公告推进银行贷款重组，涉及债务规模为155.9亿元，贷款期限调整为20年，年利率调整为3%—4.5%，前10年仅付息不还本，后10年分期还本。其二，在存量隐性债务显性化、市场化的前提下，做好风险隔离，通过破产重组、清算等方式减计债务，避免风险传递引发区域性系统性风险。其三，提前拆弹，由四大资产管理公司购买部分地方城市商业银行、农村商业银行持有的城投债，避免城投债务拖垮地方城市和农村商业银行引发金融风险。其四，政策性银行发放中长期贷款，缓解当前到期债务压力。

第四，总体上坚持"谁家的孩子谁抱"和"中央不救助"的原则，仅极端情况下需要救助，但是须设定中央政府救助的前提条件。这些前提条件需要考虑债务风险的严重程度和债务投向形成资产的外部性程度；

救助与问责同步进行，避免道德风险。其一，如果地方政府债务风险的严重程度上升到可能引发金融风险、社会风险，而从全省角度仍无力化解，可以由中央发行国债并转移支付给地方政府偿还到期债务，否则可能爆发系统性风险，影响地区经济增长和居民的公共服务提供。此类情况可能主要集中在欠发达的中西部和东北地区。其二，如果地方政府债务投向主要是全国性事权，即该项债务的产生是中央和地方事权和支出责任划分不合理导致的，地方政府承担了中央的支出责任，该部分债务理应由中央发债置换。其三，救助不是无条件的，要匹配问责制度，以压实地方政府的责任，避免道德风险。中央对地方提出党政干部负责的机制，省级以下也应该建立起市县级党政领导负责机制，解决道德风险问题。

第五，重新调整各地方政府的债务限额，短期增加欠发达地区的债务限额，为隐性债务显性化腾出空间；但是从长远来看应当根据经济发展程度、举债能力和事权确定各地区举债额度，发挥出举债额度的正向激励作用，最终形成举债能力越强、债务风险越小则额度越大的举债机制。

二、中长期九大举措联动

第一，厘清政府与市场关系，界定政府职责与规模，解决政府职能过大、支出责任过大的根本问题。

第二，尽快稳定宏观税负，不宜新增大规模减税降费，推动减税降费从数量规模型转向效率效果型。对普通老百姓影响不大但有利于推进高质量发展的税种适当进行结构性加税，包括消费税、环保税、资源税等，稳妥研究探索数字资产税、数字服务税、平台税、碳税等新税种。

第三，加快推进中央和地方、省以下财税体制改革，完善地方政府收入体系，逐步上收事权和支出责任至中央和省级政府，减轻地方政府尤其是市、县级政府财政支出责任。

第四，建立政策出台前的评估机制和实施效果的问责机制，避免各领域风险蔓延至财政，避免风险财政化透支财政空间。

第五，建立适应多元目标治理体系下的政绩考核激励约束制度和财政评估制度，避免多元目标造成支出责任过快扩张。

第六，推动城投公司转型为普通经营性国有企业。最核心是要剥离城投公司的政府融资功能，形成政府与转型城投公司的清晰界限，真正按照市场化经营主体实施管理，一方面转型城投公司不再背负政府投融资的包袱，另一方面又按照市场化激励约束自负盈亏。

第七，提高国债和一般债比重，降低地方债和专项债比重。发行长期建设国债用于全国性和跨区域的基础设施建设，尊重项目边际收益率递减客观规律，逐步减少专项债的使用，实现长期建设国债、地方一般债、地方专项债三者并行的格局，资金来源与资金投向从期限、外部性、收益性上匹配，分别对应跨区域重大建设、地方基本公共服务提供、地方有一定收益的项目。

第八，优化债务区域结构，适度放宽都市圈城市群以及人口流入地区的举债额度①，同时强化绩效管理，负债与资产匹配、成本与收益匹配，在有优质现金流的资产项目上加杠杆，稳定杠杆率而非稳定杠杆绝对数。

第九，强化财政与金融配合。财政为主，货币金融环境从数量和价格支持财政，避免财政政策单兵突进而透支财政空间，要发挥政策性金融工具的积极作用。

财政，财是表象，政是根本。根治债务问题，要从根本上厘清政

---

① 前述增加欠发达地区的举债限额只是限于化债期间腾出隐性债务显性化的空间，此处是从中长期的角度，建立在短期债务问题已化解的基础上。

府职能规模与边界，要彻底解决近乎无限责任政府问题，要彻底解决中央与地方、省与市县的财政体制问题，避免"上面千条线、下面一根针"导致的地方政府尤其是基层政府"小马拉大车"，否则债务问题此次化解后仍有可能在未来再度爆发。

第五章　城投公司转型的实质与总体思路

在经济增速换挡、财政紧平衡以及城投公司自身债务风险高企的情况下，城投公司转型是必然趋势。城投公司转型，既是监管收紧背景下的政策倒逼，也是城投公司谋求可持续发展的主动抉择；既是防范化解地方政府债务风险的要求，又是推动国资国企高质量发展的题中之义。本章将探讨城投公司转型的实质及总体思路。本章认为，城投公司转型的实质是理顺政府与市场的关系，财政归财政、城投归城投；城投公司转型的核心是剥离城投公司的政府融资职能、打破市场对于城投公司由地方政府提供隐性信用担保和兜底的预期，但并非寻求与地方政府完全脱钩。城投公司转型的总体思路是：一是坚持循序渐进，转型的前提是解决好城投公司的存量债务问题，避免流动性风险；二是坚持分类处置，根据市场化程度及区域资源禀赋分类实施注销、整合和转型，城投转型剥离的是平台属性和融资职能，城市建设、运营和更新等职能仍有必要以市场化的方式存在；三是城投转型后仍需合理负债，举债要与高质量发展相匹配，提高债务资金使用效率，而不是"谈债色变"；四是从财政体制、考核机制等确保地方政府不再赋予国有企业融资职能，实现地方政府与城投公司"桥归桥、路归路"。

第一节　城投公司转型的实质

通常所说的城投公司转型指的是城投的市场化转型，但城投公司转型的实质是什么？城投公司转型的具体内容有哪些？回答这些问题对于理解城投公司转型核心、政府的作用以及转型方向具有重要意义。

一、转型的实质是理顺政府与市场的关系

从城投产生的历史渊源和发展历程看，城投公司成立最初的角色是政府公益性或准公益性项目(例如基础设施建设)的承建单位和融资平台，公益性资产占比较高，市场化经营资产占比较低，自主盈利能力较弱，不是典型的市场化主体。外部形势和内部债务压力下，城投公司需要从非典型的市场化主体向典型的市场化主体即经营性地方国有企业转变，以市场化的主体而非"准政府职能部门"的身份与地方政府展开合作。

城投公司转型客观上要求城投公司自身在主营业务、融资模式和内部治理框架等方面全面转型，而不是单纯就某一方面转型。主营业务转型意味着主营业务要改变过去以基础设施建设、土地开发整理等传统城投业务为主的业务模式，增加其他经营性较强、现金流较好的业务，增加业务收入和增强盈利能力，从而降低对政府财政资金的依赖。业务转型往往被认为是城投公司转型的主要抓手和见效最快的途径，这也意味着选择正确的业务转型方向尤为重要[①]。融资模式转型意味着城投公司要基于业务转型的需要选择更加稳健、更加市场化的融资方式，减少对土地金融的依赖。金融机构更多地从城投公司资产和项目的净现值、现金流、期望收益

---

① 　详见本书第七章第三节"城投公司业务转型方向与风险"。

率等因素出发评估城投公司偿债能力和资金供给，是否存在政府的隐性信用担保不再是决定因素。政府也不再过多地干预地方金融资源配置，充分让市场发挥资源配置的决定性作用，对于经营效率低下、无法融资的城投公司应及时通过重组、破产等方式清退，而不是一味地兜底。内部治理框架转型意味着城投公司要建立现代企业法人治理框架，全面去行政化，地方政府只以出资人的角色监督和引导城投公司的发展，明确政府部门与城投公司的权责边界，退出城投公司日常经营决策。

透过转型内容看实质，城投公司转型的实质应当是理顺政府与市场的关系，城投公司转型的核心是剥离城投公司的政府融资职能、打破市场对于城投公司由地方政府提供隐性信用担保的预期。无论是城投公司的业务转型、融资模式转型还是内部治理框架转型，均要求政府与城投公司之间有明确的边界，包括利益边界、债务边界和责任边界，其本质是理顺政府与市场的关系。业务转型的核心是厘清政府与城投公司的职责边界和利益边界，即哪些事情应该由政府做、哪些事情应该由市场化主体做，以及相关项目投入与收益在政府与城投公司之间如何分配；城投公司融资模式转型的核心是厘清因为政府建设公益性项目产生的债务与城投公司因自身经营非公益性业务产生的债务之间的边界；城投公司内部治理框架转型的核心是厘清政府相关部门（地方国有资产管理部门、财政部门等实际控制人）与城投公司经营管理层的职责分工边界。若政府与市场的边界不清晰，地方政府与城投公司的信用"连襟"关系就不能被打破，政府兜底预期就依然存在，城投公司持续经营的生态环境就不健全，城投公司转型的根基就不扎实。

二、城投公司转型并非寻求与地方政府完全脱钩

转型要求地方政府与城投公司之间构建新的政企关系，城投公司逐

步脱离地方政府的信用背书，获得自力更生、自我造血的能力，而不是与政府完全脱钩。相反，城投与地方政府保持密切联系与协作，是城投公司转型成功的重要保障。若强行斩断城投公司与地方政府的联系，是对城投公司转型的片面理解，是重形式不重实质的做法，也可能造成一转就死、国有资产流失等不良后果。

第一，城投公司是地方国有企业，地方政府及其相关职能部门是城投公司的出资人和实际控制人，这种天然的关系不可能被切断。作为国有资产的一部分，城投公司不可能脱离地方政府相关部门对国有资产的监督管理，国资国企改革的政策也要求地方政府要履行好出资人的国有资本监督管理责任。

第二，未来相当长的一段时间内，城市建设者仍是城投公司角色的基本底色，转型后的城投公司仍是地方政府完善城市功能、提高公共服务水平、促进产业结构升级、治理生态环境、提升经济发展质量的重要抓手。

第三，城投公司转型离不开地方政府的支持。成功的转型不仅要求城投公司自身有强烈的转型意识和主观动力，当地政府在资金资产资源等方面的支持和推动、地区资源禀赋等外部条件也是非常重要的。无论是化解当前城投公司的短期债务风险，还是建立城投公司市场化经营的长效机制，都需要地方政府甚至中央政府顶层设计的大力支持。

第二节　城投公司转型的总体思路

从城投公司的演进历程来看，其发展轨迹深受政策调整的影响，时常呈现出两种极端的倾向。一方面，当政策环境宽松、支持力度加大时，城投公司往往倾向于大规模举债，迅速推进基础设施建设，在短期内刺激经济增长。然而，这种过度扩张的行为往往忽视了举债成本的控制以及债务的可持续发展。另一方面，当政策收紧、约束加强时，城投公司又可能因融资途径受限甚至停滞而陷入困境，债务风险随之加剧。这种倾向不仅在过去的发展历程中屡见不鲜，而且在当前城投公司转型的政策要求下也逐渐浮现。例如，城投公司大规模"退平台"、大规模整合重组、进军同质化产业等现象频繁出现。城投公司在转型发展过程中需要更加审慎地权衡利弊，既要保持适度的进取心，又要避免盲目跟风或过度保守，以实现稳健和可持续的发展，而非为了转型而转型。

城投公司转型是一项系统、长期的工程，需要中央政府顶层设计、地方政府、城投公司、金融市场等多方面的共同协调推进，转型成功与否也取决于多种因素。综合来看，城投公司转型的总体思路可概括为四大方面。

一、坚持循序渐进，转型的前提是解决好城投公司的存量债务问题，避免流动性风险

城投公司问题的产生和积累不是一朝一夕的，问题的解决也不可能在短期内完成。转型不是一蹴而就的，要遵循循序渐进的原则，平衡好短期和中长期问题，避免操之过急引发处置风险的风险。一言以蔽之，城投公司转型需要相对稳定的经济社会发展环境。

在严格防范化解地方政府债务风险的背景下，城投公司新增隐性债务的态势得到遏制，地方政府债务风险总体缓释。但是，存量隐性债务仍然存在风险，化解难度较大。过去城投公司发展模式较为粗犷，部分债务的举借成本较高，导致目前城投公司面临较大的付息压力。尤其是在融资收紧的背景下，城投公司疲于应付到期债务与高额利息。当基本运转面临较大压力时，转型发展就更加困难。因此，城投公司的当务之急是解决好

存量隐性债务，有必要在防止存量债务进一步扩大的前提下，减轻短期偿债压力，轻装上阵，在转型中逐步化解存量债务问题。

从地方政府的角度，可以通过安排财政资金偿还、盘活国有资源资产、发行特殊再融资债券置换等财政方式化解隐性债务；协调金融机构对现有债务进行展期和降息，以时间换取空间，帮助城投公司在发展中逐步缓释债务风险。短期可由中央发行国债并转贷给地方政府，让地方政府度过目前困境。

从城投公司的角度，短期看，要拓展多元化市场融资渠道，降低融资成本；中长期看，要确立企业的市场主体地位，提高造血能力，完善现代企业制度，提高内部风险控制能力和财务管理水平。城投公司的传统融资渠道往往受限于政策调控、资金规模和市场环境等因素，导致融资成本较高、融资难度增大。因此，拓展多元化市场融资渠道、降低融资成本，对于城投公司的可持续发展具有重要意义，城投公司可以从以下五个方面入手。一是优化债务结构。城投公司可以在利率下行期发行债券置换以前高息债券，降低整体融资成本。同时，积极争取低成本的政策性贷款和专项资金支持，减轻债务负担。二是探索股权融资。通过引入战略投资者、开展混合所有制改革等方式，城投公司可以吸引社会资本参与城市基础设施建设，实现股权多元化。这不仅可以缓解公司的资金压力，还能通过引入市场机制，提高公司的运营效率和竞争力。三是开展资产证券化。城投公司可以将部分具有稳定现金流的资产进行证券化，通过发行资产支持证券等方式筹集资金。这种方式不仅可以盘活存量资产，提高资产使用效率，还能降低融资成本，拓宽融资渠道。四是加强与国际资本市场合作。城投公司可以积极寻求与国际资本市场的合作机会，通过发行国际债券、吸引外资等方式筹集资金。五是提升信用评级。通过加强内部管理、提高资产质量、优化债务结构等措施，城投公司可以提升自身的信用评级，进而增强公司的融资能力、降低融资成本。

二、坚持分类处置，根据市场化程度及区域资源禀赋分类实施注销、整合和转型①

有序推动城投公司注销、整合和转型，是化解城投公司债务风险的重要途径，也是推动城投公司转型的必要手段。可由省级政府统筹，在摸清地区城投公司经营现状的情况下，结合地区经济发展水平、区域资源、公共服务需求情况，确定地区内需要的省级、市级和区县城投数量。受当地资源禀赋、城市行政级别、城投公司区域重要性、所在行业等因素影响，城投公司在发展过程中已分化为不同类型。城投公司的分化决定了有必要根据其业务实质及市场化程度，采取分类处置而非"一刀切"的方式，逐步压降城投公司数量、稳步推动城投公司转型。

一是注销，对于主要承担公益性项目融资功能、没有实质性经营活动的城投公司，在妥善处置存量债务、资产和人员的基础上依法清理注销。二是重组整合，对于兼有政府融资和公益性项目建设运营职能的城投公司，剥离其政府融资功能后，通过兼并重组等方式整合同类业务。三是转型，对于上述整合后的城投公司，可以转型为公益性事业领域市场化运作的国有企业，承接政府委托实施的基础设施、公用事业、土地开发等公益性项目建设；对于具有相关专业资质、市场竞争力较强、规模较大、管理规范的城投公司，剥离其政府融资功能后，在妥善处置存量债务的基础上，转型为一般经营性企业。四是维持现状并持续提升，对于已由城投平台成功转型为市场化主体的公司，继续优化业务结构、提高持续经营能力。

经过上述分类处置后，未来城投公司将主要呈现为三种形态：第一类是聚焦城市服务的公益类国有企业，比如城市综合运营服务商，负责水电燃气供应、路桥建设维护等，以省或者地市为单位整合成公用事业集

---

① 城投公司分化及分类处置详见本书第七章第一节"城投公司转型的分类处置"。

团、交通运输集团，发挥规模经济优势，同时避免财政投融资权限过于下沉导致区县城投遍地开花以及债务不断积累的问题；第二类是国有资本市场化运作的国有资产投资、运营公司，不直接参与经营性业务，而是通过投资实现控股或者参股，服务实体经济的同时实现国有资本保值增值；第三类是做强实业的商业类国有企业，直接参与到经营性业务，但从长期国有经济与民营经济的关系看，该类企业将主要集中在关系国计民生的关键领域。

需要明确的是，城投公司重组、转型过程中剥离的是其平台属性和融资职能，即使在高质量发展的新时代，城投公司的城市建设、运营和更新等职能仍能够发挥重要作用，仍然有存在的必要性。因此，要区分城投公司的不同职能，才能更理性地看待"城投时代终结"论。如前所述，转型的本质是政府与市场关系的理顺、政府与城投公司关系的转型，城投公司需要以市场化经营主体的身份，按照市场规则，在城市建设、维护和服务领域达成平等、可持续的新型合作关系，而不是彻底抛弃城投公司本就具有的城市建设者角色。

第一，从城投公司成立的最初目的来看，城市建设者是城投公司的基本角色，这一角色在经济发展的任何阶段都是需要的。虽然我国城镇化率在 2023 年已经达到 66.2% 的水平，但距发达国家的城镇化水平还有一定的差距，基础设施建设还存在一定空间；保障房建设、新基建、高科技产业园区开发等新型城镇化建设项目均以传统城投业务为基础。大量的基础设施建设和维护始终需要实体去承接和执行。城投公司作为曾经和现在基础设施建设投融资的主体，其对经济发展的作用仍不容小觑，城投公司是否能够实现转型升级对经济发展模式转变具有重要影响。只不过在高质量发展的新时代，城投公司的角色要顺应形势及时调整，过去以从无到有的城市增量建设为主，现在可能需要以存量的城市基础设施的维护、运营和更新为主；过去以基本经济建设为主，现在可能需要以服务民生为主；

过去还要充当城市基础设施、土地开发建设的融资者，现在可能只是建筑工程服务、项目管理服务或国有资产运营服务等的提供者。

第二，城投公司在城市基础设施建设、维护与运营方面积累了大量的项目管理经验、技术手段和人才资源，与政府沟通的效率相较于其他企业也更高，在传统城投业务、公益资产管理与运营等领域具有较大的优势。城投公司可以发挥长期积累的业务和人员优势，继续高效服务于新型城镇化建设和地区经济发展。抛弃优势去推动转型是对既有资源的浪费。

第三，城投公司的社会价值远远超过城投公司自身的经济价值。早期成立的城投公司经过几十年的发展，资产规模较大，吸纳了大量劳动力，每个规模较大的城投公司背后都是数百上千个家庭。城投公司不仅解决了城市发展建设问题，还解决了大量劳动力的就业、居住、生活等问题，其实际社会影响范围更是远远超过城投公司本身。

三、城投转型后仍需合理负债，举债要与高质量发展相匹配

在城投公司转型过程中，既要杜绝违法违规新增隐性债务的行为，也要避免走向"谈债色变"的极端。在"严控地方政府债务增量，终身问责、倒查责任""遏制增量、化解存量"等一系列政策要求下，各地政府积极推动隐性债务清零工作。特别是对于仍然涉及隐性债务的城投公司而言，在监管日益趋严的背景下，化解隐性债务成为转型前不得不面临的挑战。根据监管要求，承担地方政府隐性债务的城投公司银行贷款、城投债等融资途径受到越来越多的限制，导致城投公司普遍对债务极度敏感和谨慎，甚至"谈债色变"。

但隐性债务是长时间积累起来的风险，其化解也需要一个相对漫长的过程，需要避免对城投融资"一刀切"而引发的系统性金融风险，需要在保障现有合理融资需要的同时同步推进。隐性债务化解的终点也不是

"全部债务清零"，合理的负债是城投公司持续运作、开展转型的保障。债务本身是中性的，没有"好"与"坏"之分，关键看城投公司举债后投向的领域，是否可以形成优质的资产、是否产生稳定的现金流。债务本身并不是问题，问题的关键在于：债务的支出结构与效率、债务期限结构与现金流的匹配度，以及是否形成了优质的资产和充裕的现金流、是否产生期限错配的问题等。同时，合理负债融资也是现代化企业经营发展中不可或缺的一环，能够为企业日常经营、扩大投资、技术创新等活动筹集资金。因此，债务只是一种工具，城投公司无需将债务视作洪水猛兽。在确保负债与资产、收益与风险的平衡后，制定合理的、与高质量发展相匹配的融资计划，是城投公司持续发展与成功转型的必要条件之一。

四、从财政体制、考核机制等确保地方政府不再赋予国有企业融资职能，实现"桥归桥、路归路"

要确保城投公司成为真正的市场化主体，地方政府就不能再违规干预并赋予转型后的主体和其他国有企业以融资和平台的角色。否则，在一部分城投公司转型成功的同时，另一部分国有企业在地方政府的干预下将再度变为城投公司，或者地方政府新设城投公司。必须从制度上杜绝此类现象出现。财政体制方面，要上收事权和支出责任，明确地方政府职能和支出责任；上级部门出台政策前须经同级财政部门会商并评估是否会造成下级政府财政压力，避免地方政府支出责任不断扩张并逼近无限责任；通过转移支付以及给予地方政府更大额度的政府债券来解决收支矛盾。考核机制方面，在地方政府事权和支出责任履行有充分财政资金保障的情况下，通过上级部门审计、考核约束等方式抑制地方政府通过其他渠道融资增加隐性债务的冲动，避免国有企业再度成为新的融资平台，巩固压降城投平台数量的成果。

第六章 城投公司转型中政府的作用

无论是从城投公司产生的原因和发展历程来看，还是从城投公司自身的主营业务、融资模式、当前债务风险化解等方面来看，政府对城投公司的成长一直发挥着重要甚至决定性的作用。城投公司转型不仅要求城投公司主动谋变，也需要政府自上而下、从宏观到微观的全面支持。本章系统阐述政府在城投公司转型中应当发挥的作用。首先，要培育新型的地方政府与城投公司关系（简称"新型政企关系"），界定政府与城投公司的角色和职责边界，转变观念、简政放权，以市场化的方式支持城投公司的发展；其次，要深化国资国企改革，优化国资国企产业布局，健全以管资本为主线的国有资产监管体系；最后，需要持续地深化投融资体制、财税体制及干部人事考核制度等领域的改革，建立健全长效机制，改善城投公司市场化经营的制度环境。

第一节 培育与城投公司的新型政企关系

城投公司转型需要地方政府积极构建和培育与城投公司的新型政企关系，即新型的市场化合作模式。在传统模式下，城投公司在人事任命、项目运作、资金筹措等诸多方面高度依赖地方政府的指挥棒。在这种模式下，城投公司追求大规模融资去实现大规模建设、推动当地经济增长，没有动力优化债务结构、降低负债成本，导致债务风险越滚越大。这种城投公司完全依附地方政府的模式不具备可持续性，亟待转变。在新的合作模式下，城投公司与地方政府是一种平等、协作、共赢的关系，双方须明确各自的角色定位与职能定位、责任主体和任务清单，各司其职，共同推动城投公司市场化转型。

培育地方政府与城投公司的新型政企关系，需要地方政府与城投公司共同努力，但政府起主导作用。具体而言，政府在培育新型政企关系中发挥的作用，应重点把握三个方面：一是要明确政府与城投公司的角色与职责边界，特别是厘清二者在公益性或准公益性项目中的权、责、利、债的关系；二是要转变观念、简政放权，地方政府逐步实现从"管理职能"到"监管职能"的角色转换，减少对城投公司的行政任务摊派，运用授权经营机制，赋予城投公司一定的自主决策权；三是以市场化的方式支持城投公司发展，在政策指引、资源整合、业务发展等方面给予支持。

一、明确政府与城投公司的角色和职责边界

理顺政府与市场的关系是城投公司转型的实质，也是推动城投公司市场化转型的关键，当然这是一项长期工程，非一朝一夕可以完成。在我国财政、土地、金融与城投公司有千丝万缕联系，以及政府职能转型不到位、基层政府承担近乎无限责任的背景下，城投公司转型尤为艰难。自国发〔2014〕43号文发布以来，在2014年《预算法》、金融监管、债务风险化解等内外部环境的要求下，各地地方政府和城投公司一直在积极谋求城投公司的市场化转型，但目前真正完成市场化转型的城投公司寥寥可数。城投公司难以真正剥离之前所承载的政府职能，地方政府对城投公司也存在路径依赖，预算硬约束的制度环境不健全，经济发展方式仍未根本改变，隐性债务在2014年《预算法》实施后仍不断累积。这造成城投公司定位不清晰、发展前景不明朗、融资渠道不稳定、债务偿还资金无保障

等发展窘境。究其根本，还是在于政府与市场的关系未能彻底厘清，特别是地方政府与城投公司的角色和职责边界不清晰。

本章认为，在城投公司转型的过程中，地方政府与城投公司的角色和职责边界需要把握三个方向。

第一，明确转型后地方政府与城投公司的角色定位。新型政企关系下，政府不应该越位或缺位，地方政府的角色定位应回归纯粹的出资人角色；同时，地方政府作为国有资产经营管理的监督人，按照政企分开、政资分开、所有权与经营权分离原则，科学界定国有资产出资人监管的边界，将城投公司视作一般的国有企业，为城投公司提供公平、友好的营商环境，支持城投公司健康可持续发展。城投公司应坚持市场主体角色，彻底剥离政府融资职能，逐渐褪去过去"为政府办事"和"代政府融资"的底色，发挥自身业务和资产的优势，继续参与新型城镇化建设和城市公共服务供给，同时积极布局或投资有成长前景的产业，逐渐提高市场竞争力。

第二，坚持公益性项目全部由政府融资，城投公司只提供建筑施工或运营服务并获取合理的报酬；同时不断创新和健全准公益性项目的政企合作机制。无论是从过去、目前还是未来看，大量的城市基础设施建设等公益性及准公益性的项目仍需要具有明显优势的城投公司建设和维护。公益性项目是指为社会公共利益服务、不以营利为目的，且不能或不宜通过市场化方式运作的政府投资项目。[①] 通常认为，公益

---

① 目前关于"公益性项目"的定义并不明确或统一。根据财预〔2010〕412 号文，公益性项目包括"市政道路、公共交通等基础设施项目，以及公共卫生、基础科研、义务教育、保障性安居工程等基本建设项目"。根据《国务院办公厅关于做好全国政府性债务审计工作的通知》（国办发明电〔2013〕20 号），公益性项目包括"交通运输（铁路、公路、机场、港口等）、市政建设（地铁、城市道路、公共交通、广场、文体场馆、绿化、污水及垃圾处理等）、保障性住房、土地收储整理等"。虽然保障房、保障安居工程在官方的定义中属于公益性项目，但保障房项目后期往往会有一定的收入（租金、购房款等），应当属于有一定经营收入的准公益性项目。

性项目不产生收入，需要全部由政府出资建设。转型后城投公司并非不可以从事公益性项目的施工建设或运营，只是不再承担公益性项目的融资职能。准公益性项目是指为社会公共利益服务，虽不以营利为目的但可产生较稳定的经营性收入的政府投资项目，例如公用事业项目（供水、供电、供气、供热等）和公共交通建设运营项目（高速公路、铁路、港口、码头、机场、城市轨道交通等的建设运营）等。对于有一定经营性收入的准公益类项目，要积极探索政府与市场主体的合作方式，明确双方在项目中的出资比例、职责范围、偿债责任等问题，鼓励各类市场主体（包括城投公司、其他国有企业、民营企业等）平等、公平地参与竞争。这需要政府进一步优化政府投融资体制，不断健全发行地方政府债券的融资方式，健全公益性项目、准公益性项目等各类政府投资的融资机制。

第三，明确纯经营性项目由城投公司自负盈亏，地方政府不决策、不参与、不兜底，底线是国有资产不流失。逐步提高经营性业务和资产的比重，是部分城投公司转型的重要方向。对于城投公司转型过程中新增的纯市场化经营业务，城投公司应承担完全的经营、管理、偿债等责任，地方政府不应过多干预，更没有兜底义务。这要求城投公司摆脱对地方政府隐性信用背书的依赖，努力提高自我管理水平和经营决策水平，避免出现重大经营管理和投资失误。市场经济环境下，任何新的尝试都有一定风险，任何转型都不一定保证成功。地方政府应在守住国有资产不流失的底线的前提下，对于积极转型的城投公司给予合理的探索和试错空间。但对于明显由于城投公司经营管理出现重大失误，发展战略严重偏离高质量发展方向，极有可能导致公司破产、国有资产流失等严重后果的情形，地方政府作为出资人和实际控制人应及时引导和纠正。

二、转变观念、简政放权

新型政企关系要求地方政府将城投公司视为一般的市场化经营国有企业，而不是准政府部门或者融资平台，实质上要求地方政府要放松对城投公司的控制、减轻对城投公司的依赖。从更大的范围讲，地方政府还要勇于破除地方政府、城投公司、金融市场与地区经济增长之间的利益循环。

第一，地方政府要摒弃习惯性依赖城投公司完成地区发展目标和任务的僵化思维。在长期以经济增长为核心的干部人事考核制度下，城投公司作为地方政府可以掌控的重要资源，是地方政府完成地区经济和社会发展目标的首选抓手，使城投公司的经营目标、管理制度与考核制度等与真正的市场化主体有较大偏离，承载了地区经济发展的沉重包袱。城投公司往往迫于地方领导干部行政干预和偿债压力，不得不包揽了远超自身能力的建设和融资任务，同时积累了大量的隐性债务。这种根深蒂固的思维和观念严重阻碍了城投公司转型为市场化经营主体的步伐。要想改变这种局面，不仅需要通过全面深入的体制改革，建立起地方政府与城投公司之间的安全隔离墙，强化地方政府预算硬约束，使得地方政府领导干部不能随意地将个人升迁意图或考核压力传递给城投公司，更加需要地方政府主动转变观念和强化长期思维，从地区高质量发展的长远战略角度，引导和带领地方城投公司稳健、可持续经营，而不是为了短期利益一味透支城投公司的市场信用和存活空间。

第二，地方政府需要有长远眼光和战略布局，主动退出对城投公司的日常经营决策、融资决策等的干预和控制，而仅以出资人的角色行使监督权。在过去地方政府支出责任较重、财力有限的情况下，城投公司往往被认为是地方政府实际掌控的可支配的资源之一，一方面可以承担政府的公益性项目建设任务，另一方面可以间接进行融资，缓解财政收支矛盾。

在过去很长时间内，一些政府部门的党政领导就是城投公司的实际控制人，全方位干预了城投公司日常经营决策，混淆了城投公司所有人（出资人）与管理人的角色。未来在财税体制改革不断深化、政府投融资体制更加健全等情况下，地方政府当前的一些困难能够得到很好地解决，对城投公司的依赖度将逐步下降。转型后的城投公司也将不再被动地接受地方政府的行政指令，而更多地根据自身的发展需求进行决策。地方政府需要提高认知和站位，一时的放权换来的是城投公司更强的自我生存能力和长远的健康发展，以及为本地新型城镇化和高质量发展带来的更加突出、有效的贡献。

第三，地方政府要减少对地方金融市场的干预，减少金融资源的配置扭曲。地方政府通过地方国有金融机构干预区域金融资源配置，一定程度上阻碍了资金向生产效率更高的行业或企业流动，加剧了地方金融资源错配，降低了金融资源配置效率。20世纪90年代后期，为支持和服务地方经济建设，在地方政府的主导下成立了一批城市商业银行（主要为中小银行），逐渐成为地方政府干预信贷资源配置的主要渠道。早在国发〔2014〕43号文中，中央就明令禁止地方政府干预地方金融机构，要求地方政府"不得违规干预金融机构等正常经营活动，不得强制金融机构等提供政府性融资"。但现实中地方政府对地方金融机构的干预仍然较为普遍。典型的例子是某些地方领导干部在考核和晋升压力下快速上马一些缺乏论证的面子工程、政绩项目，其后工程烂尾、拖欠工程款等事件时有发生，造成恶劣的社会影响，而这些工程的背后离不开地方金融资源的支持。在没有地方政府的干预下，很难想象一个市场化的商业银行会把贷款投向如此高风险的项目。在过去地方政府和城投公司"不分你我"模式下，政府兜底预期导致金融机构放松对城投公司项目贷款的审核，加上部分地区"一把手"的亲自干预，有限的金融资源持续流入城投公司等地方国有企业。这种干预导致了一系列后果：一是增加了地方政府隐性负债，二是财政与金融领域的风险互相传导，三是挤出了民间投资，四是降低金融市场服务实体经济发展的效率，最终阻碍地方经济发展模式转变和高质量发展。新型政企关系中要通过体制机制的不断完善，彻底拔除这种通过行政手段干预市场经济运行和金融资源配置的扭曲行为，让市场发挥资源配置的决定性作用。

三、以市场化方式支持城投公司发展

城投公司与地方政府的历史渊源和天然联系意味着地方政府对城投公司的支持是城投公司市场化转型成功的关键。新型政企关系下，地方政府仍然要支持城投公司发展，但是需要以市场化的方式，在尊重市场规律和规则的基础上，与城投公司建立起良性的合作关系。

（一）以市场化的方式向城投公司注资

当前政策不允许将公益性资产和储备土地作为资本金注入城投公司，但地方政府仍可以通过多种方式持续地为城投公司注入国有经营性资产，逐步提高城投公司经营性资产的比重，从而提升其自我盈利能力和市场化融资能力。

第一，在国资国企改革的风口下，依托本地资源禀赋优势，地方政府可以通过资产整合和重组，将优质经营性国有资产（例如交通等基础设施的特许经营权、公用事业领域的特许经营权、矿产资源开发权等）注入城投公司，一方面发挥国有资产的规模效应和协同效应，另一方面发挥城投公司在城市基础设施维护、运营和城市服务等方面的优势。

第二，关于土地资产的注入，除了不能违规向城投公司注入储备土地之外，地方政府应充分尊重市场规则，不得以增加财政收入、托底房地产市场等为目的变相施压，干扰城投公司关于是否购入经营性土地的决策。若有能力的城投公司根据自身转型和发展需要确实需要取得经营性用地的，应通过"招、拍、挂"等市场化方式取得土地，足额缴纳土地出让金并取得国有土地使用证。根据城市建设与提升公共服务需要，地方政府确实需要向城投公司无偿划拨土地用于指定的公益性项目（例如保障房、公租房）建设的，必须严格履行有关部门的审批并严格用于公益性用途。

第三，在政策的允许下积极探索和创新地方政府向城投公司增资、注资的新方式，如将地方政府专项债资金作为资本金注入城投公司、将行政事业单位闲置国有经营性资产盘活划入城投公司、向城投公司进行股权划转或股权投资、通过成立政府引导基金进行股权投资①等。无论何种注资方式，政府要充分尊重市场规则，秉持国有资产和资源不闲置、不浪费、不流失的基本原则，充分利用城投公司在国有资产运营、维护方面的优势，促进国有资产保值增值。

（二）以市场化的方式与城投公司展开合作

转型后城投公司的经营目标更加接近真正的市场化主体，即追求自身经营利益最大化，而政府代表的是公众和社会利益，大部分公益性项目主要产生社会效益和间接经济效益，而缺乏直接的经济回报。只有协调好政府与城投公司的目标冲突，双方才能在公益性和准公益性领域继续合作。这就要求地方政府要充分尊重市场规律，支持城投公司以市场化方式承接城市基础设施、公用事业、保障性住房、公租房等公益性、准公益性项目，充分考虑城投公司在项目实施过程付出的成本，参考市场平均水平，给予城投公司合理的利润空间。确保城投公司在公益性、准公益性项目中获取合理利润，能够保证城投公司在传统城投业务领域获取稳定、可靠的收入，是解决眼下城投公司生存问题的基本方式之一，也是后续城投

---

① 关于"股权财政"和政府引导基金的讨论，详见本书第八章。

公司转型的重要基础。

给予城投公司合理的利润空间，并不意味着地方政府被动接受城投公司单边报价，而是要通过公开招标、政府采购、购买服务等形式引入市场竞争机制，鼓励除城投公司以外的企业积极参与竞标。鼓励城投公司之间、城投公司与非城投企业之间互相竞争，一方面促进城投公司降低成本、提高效率，增强危机意识，淘汰低效、落后的城投公司；另一方面也提高了财政资金的使用效率，最大化财政资金和国有资本的社会效益。地方政府要尊重市场规则和契约精神，严格按照合同约定方式履行职责和义务，及时支付给城投公司应得的报酬，防止由于财政资金不到位拖累城投公司健康发展的情况发生。

（三）营造协调、稳定的政策环境和公平、公正、透明的营商环境

城投公司转型不仅要做强传统城投业务，还要勇于探索新的业务方向，不断开拓新的业务领域，充分发挥市场化主体的创新性和创造性。这需要政府自上而下提供恰当的政策支持和良好的营商环境。

第一，统一政策力度、方向和口径，提高政府部门之间的政策协调性。由于城投公司与地方政府、金融机构等的密切联系，城投公司自成立起就受到从地方到中央的多个政府部门的监督和管理，包括财政部门、国有资产管理部门、发展改革部门、金融监督管理部门等。"政出多门"导致的监管政策目标不一致、政策环境"忽冷忽热"的现象时有发生。城投公司在多个部门的不同监管要求下艰难求生，畏首畏尾，常常出现"头痛医头、脚痛医脚""上有政策、下有对策"的机会主义倾向和侥幸存活心理，并付出了较多的非生产性成本，难以专注于自身的经营管理和长远持久发展。新型政企关系要求不同政府部门之间健全信息交换和沟通机制，统一政策目标、方向、力度和口径，增强政策协调性，降低城投公司转型过程

对政策不确定性的顾虑，激发城投公司创新发展动力和活力。

第二，在市场发挥金融资源配置决定性作用的前提下，积极引导和培育良性的市场预期，促进金融对城投公司转型的支持作用。市场对城投公司与地方政府关系的预期往往决定了城投公司的信用评级和金融机构对城投公司的支持力度。城投公司转型过程中，随着经营性业务比重的上升及其自我盈利能力的增强，城投公司对地方政府财政投入及其隐性政府信用担保的依赖度将大大降低。应当引导和培育市场预期，对于积极寻求转型、不断提高自身市场化经营水平、逐渐与地方政府信用脱钩的城投公司，在科学评估项目风险和债务人风险的基础上，给予应有的金融支持。

第三，提高信息透明度，借助市场力量推动政府与城投公司关系法治化和规范化。在法律和政策允许的范围内，尽可能地向市场公开政府与城投公司之间的合作关系和财务关系，减少信息不对称，让金融机构自行去评估风险，倒逼地方政府和城投公司合作关系的法治化和规范化。

第四，利用好现有的优惠政策，积极支持和引导城投公司业务转型，促进地区经济转型升级与高质量发展。在履行好国有资产监督管理责任的前提下，积极支持城投公司向新一代信息技术、新能源、新材料、高端装备、绿色环保等战略性新兴产业领域转型，通过税收优惠、积极引进人才、完善产业配套措施等方式，提供良好的政策环境和营商环境。

第五，尊重产业和市场发展规律，做好长期规划，保持政策环境的稳定性和连续性。城投公司转型非短期内可以完成，新兴产业也需要时间去孵化、培育和成长，往往需要长期的努力才能见到实效，这也是很多城投公司虽然作了转型的尝试，但还难以看到业务收入模式上有实质性的变化的原因之一。这需要地方政府和城投公司做好长期规划，保持政策环境的稳定，"一张蓝图绘到底，一任接着一任干"，降低城投公司在转型过程中面临的政策不确定性，提高城投公司转型的信心。

第二节　深化国资国企改革，优化国资国企布局

　　培育良性的新型政企关系、促进城投公司市场化转型，不仅要求地方政府划清与城投公司的职责边界，转变观念、简政放权，以市场化的方式支持城投公司发展，还需要在更广的层面上深化国资国企改革。2020—2022 年，我国实施了《国企改革三年行动方案（2020—2022）》，国有企业改革取得了积极的成效。2023 年下半年以来，以国有企业改革深化提升行动为主线的新一轮国有企业改革全面展开。城投公司作为地方国有企业，是国有资本的重要组成部分，将城投公司纳入新一轮地方国有企业改革深化提升行动，是城投公司转型与国资国企改革的共同需要。在新一轮国资国企改革浪潮下，地方政府通过优化地方国有资本布局、深化国有企业改革，不仅有利于推动城投公司转型，对于国资国企高质量发展也具有重要作用。

一、明确国资国企发展方向，制定科学可行的长远规划

　　全国层面，要通过新一轮国有企业改革深化提升行动，着重增强国有企业服务国家重点战略和促进区域协调发展的作用。其一，持续推动国有资本"三个集中"，增强国有企业服务国家重点战略的能力。国有资本向三个重点领域集中，即国有资本向关系国家安全、国民经济命脉的重要行业和关键领域集中，向关系国计民生的公共服务、应急能力、公益性领域等集中，向前瞻性战略性新兴产业集中，有利于巩固国有企业在经济发展中的主导作用，有利于发挥国有企业在经济转型升级中的引领作用，有利于维持国家经济命脉和关键领域的安全和稳定。其二，结合不同地区的资源禀赋和区位优势，不断动态优化国资国企在不同地区的空间布局和产

业布局，促进区域协调发展。例如，大力支持中西部地区结合区域资源禀赋优势，加大投资和组建矿产资源、能源类、旅游类等产业类国有企业，进一步推动区域协调发展。

地区层面，地方政府要结合国有企业改革深化提升行动的目标和要求，结合本地实际情况，明确本地国有资本结构和布局的优化方向和实施规划。结合本地资源禀赋、产业结构、人口人才等方面的优势或特点，准确把握经济社会高质量发展的长期趋势，对本地国有资本发展方向和总体布局进行系统的、长期的规划和设计，制定清晰、可行的国有企业改革深化提升方案。地方政府应根据本地优势和高质量发展的需要，积极优化调整国有企业在各个行业的分布，并引导国有资源不断向重点领域和重点行业聚集，发挥国有资产和资本在提升公共服务、保障国计民生、引领经济发展方式转型、服务社会经济发展大局等方面的基础支撑和托底保障作用。

地方政府尽早明确本地国资国企发展的方向和定位，对于城投公司转型和发展具有重要的影响和作用。其一，国资国企长远发展规划减少了城投公司在转型发展过程中面临的国有资产管理政策的不确定性，增强城投公司对转型的信心。其二，国资国企长远发展规划提供了城投公司转型发展的参照和引导，决定了城投公司作为国有资本构成部分的战略定位、转型方向和发展目标，减少城投公司在转型过程中因方向和目标不清导致的资源浪费和试错成本。其三，国资国企长远发展规划有助于引导城投公司向服务国家重点战略、提升城市公共服务质量、提高经济创新驱动能力、促进产业结构转型升级等引领地区高质量发展的领域转型，提升城投公司与高质量发展要求的匹配度。

二、统筹地方国有资源，优化国资国企产业布局

2024 年年初，国务院国资委明确将按照国有企业改革深化提升行动

有关要求，围绕坚定不移做强做优做大国有企业的目标，推动重组整合工作进一步走深走实。① 未来，通过重组整合优化国有资源配置、提升国有资本整体效能仍是国资国企改革重要方式之一。地方政府应结合本地优势，积极推动本地城投公司重组整合，优化地区国有资源配置，提高国有资源利用率，促进国有资本保值增值，同时发挥国有资本在城市更新、民生保障、乡村振兴、产业发展等领域的基础性、保障性和引领性的作用。

第一，盘点、清查本地国有资产基本情况是优化国有资本布局的基础。地方政府应首先对本地的国有资产情况进行盘点、统计和分析，明确本地资源禀赋和国有资产优势，明晰国有资本布局和结构，挖掘和盘活闲置或低效利用的国有资产。

第二，根据本地国资国企发展规划，积极推动城投公司等国有企业重组整合，优化国资国企的产业布局，提高资源配置效率。在地方政府债务监管趋严、城投公司融资难度加大的背景下，城投公司整合重组成为市场化转型的重要手段，也符合国资国企改革的大趋势。通过重组整合，城投公司可以做大资产规模、优化资源配置、提高运营效率，实现规模化、专业化、市场化的发展。一方面，对地区内各个城投公司的相似资源和业务进行重组，有利于做强做优城投企业的优势业务，聚焦城投公司的优势领域，发挥资源整合的规模效应和协同效应，提高国有资源配置效率；另一方面，通过注入优质经营性资产、剥离不良资产、重组整合等方式扩大城投公司经营规模，提升城投公司的资产质量，提高自我盈利能力，改善财务状况，增强融资能力，从而实现城投公司内部"盈利—融资—投资"的良性循环。城投公司整合重组前提是业务协作，并非单纯地减少城投公司数量。实际操作中，城投公司整合或迫于地方政府分派的任务，或为了

---

① 《国务院新闻办就聚焦增强核心功能、提升核心竞争力更好实现中央企业高质量发展举行发布会》，2024 年 1 月 24 日，见 https://www.gov.cn/lianbo/fabu/202401/content_6928389.htm。

做大资产规模、组建信用航母在资本市场上继续融资，城投公司在整合后普遍存在"整而不合"的现象。具体表现在：一是组织架构上虽然合并，但各部门之间仍然存在壁垒，信息沟通不畅；二是业务并未形成真正的协同效应，反而可能出现业务重叠、资源浪费的情况；三是人员上虽然进行了组织调整，但并未形成统一的企业文化和管理理念，导致员工归属感不强、工作效率低下。城投公司"整而不合"的问题需要从三个方面着手解决：一是在顶层设计上，地方政府需要在全面梳理本地优质资产资源的基础上，从地区全局发展的角度布局谋篇，科学制定国有资本重组整合方向和实施路径，聚拢地区优势国有资产，做强做优地区优势产业，全面考虑和妥善解决重组后的资产与负债整合、业务整合、人员整合、管理体系整合等问题，让城投公司等国有企业的重组整合切实达到"1+1>2"的效果。二是在整合理念上，地方政府要从之前的以信贷融资为目的的资产性整合重组转向以国有资本运作为导向的资本性整合重组。三是在整合后的经营管理上，按照"分类管理、专业运营"的理念，做大做强母公司，做实做专相应的子公司。

第三，积极推动国有资本"三个集中"以更好地服务国家战略和国计民生，促进城投公司在传统产业与战略性新兴产业两端发力，以强基引领转型，支持和引导有能力的城投公司及早布局新产业新赛道，引领地区高质量发展。传统产业方面，积极支持和鼓励城投公司面向未来，不断做强做优和升级城市建设和服务等核心业务。首先，以传统基础设施建设业务为基础，积极布局信息基础设施、融合基础设施、创新基础设施等新型基础设施建设；其次，发挥公用事业经营优势，推动城市运营与服务现代化、数字化、智能化；最后，以产业园区、科技园区开发带动产业发展与产业融合。战略性新兴产业方面，积极支持和引导规模大、盈利能力强、抗风险能力强的城投公司及早布局，积极开辟新赛道、抢占新高地、塑造新优势。通过战略投资或持股新一代信息技术、生物技术、新能源、新材料、高端装备、新能源汽车、绿色环保、航空航天、海洋装备等战略性新兴产业，提升城投公司等国有资本的创新能力和核心竞争力，打造新的产业支柱，促进产业结构升级和创新驱动的内涵式增长，引领地区高质量发展。需要特别指出的是，并不是所有地区都必须要布局战略性新兴产业，而是在充分考虑地区经济发展需要、地区资源禀赋、国有资本发展规划、城投公司能力的基础上，在充分做好资金、人才、技术等准备的前提下，逐步稳妥地推进城投公司产业布局调整和优化。在经济发展落后、城市基础设施建设与更新尚有广阔空间、城投公司总体市场化水平不高的地区，应引导城投公司首先做强做优城投公司核心业务，避免其盲目投资不熟悉的领域，造成投资失败和国有资产流失。

三、积极推动城投公司向国有资本投资、运营公司转型

城投公司长期深耕城市建设与服务领域，手握大量国有资产，积累了丰富的国有资产管理、投资、运营经验。深化国资国企改革背景下，地方政府可结合本地城投公司优势，积极推动城投公司向国有资本投资、运营公司转型，改变国有资本"散、乱、差"的局面，提升国有资本投资经营效益，同时解决城投公司融资能力弱、债务风险高等问题。

国有资本投资、运营公司对优化地区国有资本布局、提升国有资本运营效率、实现国有资产保值增值等具有重要作用。根据国务院发布的《关于推进国有资本投资、运营公司改革试点的实施意见》（国发〔2018〕23号），国有资本投资、运营公司均为在国家授权范围内履行国有资本出资人职责的国有独资公司，是国有资本市场化运作的专业平台。国有资本投资、运营公司以资本为纽带、以产权为基础依法自主开展国有资本运作，不从事具体生产经营活动。其中，国有资本投资公司主要按照政府确定的国有资本布局和结构优化要求，从战略布局和中长期合作发展的角度

出发，不以追求短期投资回报为目的，以对战略性核心业务控股为主，开展投资融资、产业培育和资本运作等；国有资本运营公司主要以提升国有资本运营效率、提高国有资本回报为目标，以财务性持股为主，实现国有资本合理流动和保值增值。通过改组组建国有资本投资、运营公司，构建国有资本投资、运营主体，实现国有资本所有权与企业经营权分离，有利于促进国有资本合理流动，促进国有资本向重点行业、关键领域和优势企业集中，推动国有经济布局优化和结构调整，提高国有资本配置和运营效率，更好服务国家战略需要。

地方政府可以根据本地优势，积极创造条件推动城投公司转型为国有资本投资、运营公司。城投公司向国有资本投资、运营公司转型除了自身能力过硬之外，还需要具备一定的外部条件，关键在于地方政府改变思维模式，明确城投公司转型后的功能与职责定位，坚定城投公司市场化转型的方向，否则任何转型都是形式上的转型而非实质上的转型。盲目转型可能存在风险，不提倡、不鼓励地方政府和城投公司在没有明确地方国资国企发展定位、不具备转型内外部条件的情况下，盲目推动城投公司向国有资本投资、运营公司转型。

具体而言，城投公司向国有资本投资、运营公司转型需要具备至少三个条件。

第一，地方政府有能力集中本地优势国有资本，推动改组或新设新国有资本投资、运营公司。这就要求地方政府及国有资产管理部门不断提高把控大局、整合资源和协调各方利益的能力。

第二，地区创新创业环境优良，有利于战略性新兴产业成长，有利于国有资本投资公司展开战略性投资，促进区域产业机构转型升级。这要求地方政府积极改善本地营商环境和创新创业环境，吸引新兴领域的项目进驻落地。

第三，地区资源丰富，金融市场发达，资本自由流动阻力小。这要求地方政府积极转变观念，减少对产业和金融的行政干预，尊重市场规则，完善市场竞争机制，促进国有资本合理流动和优化配置。

四、深化国有企业改革，激励城投公司完善市场化运营机制

新一轮国有企业改革深化提升行动要求"在巩固深化国有企业改革三年行动成效的基础上，乘势而上深化体制机制改革，推动国有企业真正按市场化机制运营""着力打造发展方式新、公司治理新、经营机制新、布局结构新的现代新国企"[1]。在此背景下，不断完善城投公司市场化运营机制，增强城投公司市场化功能，提高城投公司市场竞争力，是国有企业改革和城投公司转型的共同需要。

国有企业市场化运营机制的核心在于坚持国有企业的市场主体地位，在新型政企关系下实现自我发展、自负盈亏、优胜劣汰。根据中发〔2015〕22 号文，"市场化机制"指的是国有企业"优胜劣汰、经营自主灵活、内部管理人员能上能下、员工能进能出、收入能增能减"的机制。《国企改革三年行动方案（2020—2022 年）》围绕健全国有企业市场化经营机制明确提出：一是推行经理层成员任期制和契约化管理，二是完善市场化薪酬分配机制，三是灵活开展多种方式的中长期激励。三年行动方案虽然取得了积极成效，但部分地方政府仍未完全摆脱过去的发展理念和思维方式，新型政企关系仍未完全确立。

深化国有企业改革，激励和推动城投公司完善市场化运营机制，要求地方政府积极作为。其一，地方政府应按照新型政企关系的基本框架，明确划分政府与城投公司之间的人事、管理、资产、债务等界限，坚持地方政府出资人角色和城投公司市场主体角色，加强政府部门之间的协调，

---

[1]　国务院国资委：《深入实施国有企业改革深化提升行动》，《求是》2023 年第 19 期。

防止政府职能越位或缺位。其二，完善优胜劣汰市场化退出机制，加快处置、出清不适应市场化竞争的"两资"（即低效资产、无效资产）"两非"（即非主业、非优势）国有资产，引导将本地国有资产向具有优势、具有核心竞争力的产业集中。其三，进一步推动城投公司内部管理和治理市场化落到实处，避免城投公司走入只做表面文章而不重实质效果、只重短期措施而不重长期机制的改革误区，推动城投公司在选人用人制度、工资薪酬制度、内部治理体系建设等方面进行实质性改革，提高城投公司参与市场化竞争的能力。其四，完善对城投公司的考核评价机制，以结果为导向倒逼城投公司提高自我盈利能力和市场化运营能力，以市场化、重实效的考核指标，激励城投公司不断完善市场化运营机制。

五、健全以管资本为主线的国有资产监管体系

党的十八大以来，我国以管资本为主的国有资产管理体系不断完善。中发〔2015〕22 号文提出，要以管资本为主"推进国有资产监管机构职能转变""改革国有资本授权经营体制""推动国有资本合理流动优化配置""推进经营性国有资产集中统一监管"。历经"5+3"（即 5 年深化改革和 3 年行动方案）改革历程，我国国有资本监管体系基本完成了从管企业到管资本的重大转变。管企业与管资本的主要区别在于：管企业聚焦微观主体，侧重于监管单个企业的具体经营管理事项；管资本着眼于价值形态，既关注一个企业的资本，又关注资本的整体性和流动性，以更好地发挥国有资本的功能作用。[1] 新一轮国有企业改革深化行动中的关键举措之一是通过不断健全以管资本为主的国有资产监管体系，完善出资人监督体系，增强国有资产管理部门的履职能力，提升国有资产监管水平。

---

[1] 刘青山：《中国式国资治理》，《国资报告》2023 年第 4 期。

自 2003 年以来，我国建立起了中央、省、市三级国有资产监督管理机构，分别代表各级政府履行出资人职责和监管职责。根据《企业国有资产监督管理暂行条例》的规定，地方国有资产监督管理机构是代表本级政府履行出资人职责、负责监督管理企业国有资产的直属特设机构；上级政府国有资产监督管理机构依法对下级政府的国有资产监督管理工作进行指导和监督；各级人民政府应当严格执行国有资产管理法律、法规，坚持政府的社会公共管理职能与国有资产出资人职能分开，坚持政企分开，实行所有权与经营权分离；国有资产监督管理机构不行使政府的社会公共管理职能，政府其他机构、部门不履行企业国有资产出资人职责。

在城投公司转型过程中，要求地方国有资产监督管理部门通过深化改革优化以管资本为主的监管体系，切实增强国有资产监管的专业性、系统性和有效性。

（一）增强国有资产管理的专业性

专业性方面，地方国资监管部门要加强对相关国资国企改革文件的学习与贯彻，健全与地方政府其他部门之间的沟通机制，从国有企业改革与国资监管视角给出城投公司转型的专业意见与思路。

第一，地方国资监管部门首先要熟知各类国有企业改革政策与精神，准确传达中央关于国有企业改革深化提升的要求、目标和措施，为地方政府推动城投公司等国有企业的改组、整合和转型提供专业的思路与方法。

第二，不同部门之间应加强沟通与协调，共同推动城投公司转型，更好地实现城投公司作为国有企业的经济目标与社会目标。地方国资监管部门行使的是国有资产出资人职能，而其他政府部门行使的是社会公共管理职能，职能的不同决定了立场和工作方法的差异，只有健全沟通机制，并充分发挥各个部门的专业性，才能确保国有资产的监督管理政策的一致性和科学性。

（二）增强国有资产管理的系统性

系统性方面，要健全本地经营性国有资产统一集中监管机制，完善本地国有资本授权经营体制。地方国资监管部门要增强系统性思维，将城投公司置于地方社会经济发展大局和长远格局中，系统统筹多个监管目标，系统布局本地国有资产，理顺政企关系，推动城投公司市场化运营机制不断完善。

第一，继续推进经营性国有资产统一集中监管，不断完善监管机制。新一轮国有企业改革深化提升行动中，地区国有资产的重组整合是重要抓手，而推动地区国有资产重组整合的前提是形成国有资产监管一盘棋，实现地方经营性国有资产统一集中监督管理。由于历史原因，我国从中央到地方的国有企业、国有资产分散在各个政府职能部门。由于国有资产统一集中监管涉及将各个部门主管的国有企业统一划到专业的国有资产监管部门，触动了不少部门的利益，国有资产统一集中监管一直难以实现。行使社会管理职能的政府行政部门办企业，导致政资不分、政企不分、多头管理、职责不清等问题严重，加上行政部门对管理国有资产缺乏专业性和有效性，导致部分国有企业经营效率低下，国有资产出资人权利也难以实现。自2018年5月11日中央全面深化改革委员会第二次会议审议通过了《推进中央党政机关和事业单位经营性国有资产集中统一监管试点实施意见》以来，各地参照中央积极推进地方经营性国有资产集中统一监管，2020年6月国企改革三年行动方案发布实施后，地方经营性国有资产集中统一监管工作加速推进，到2022年上半年全国省一级国资委集中统一监管平均比例超过98%[①]。未来应继续推进经营性国有资产统一集中监管，

[①]　胡迟、姜华欣：《地方经营性国资监管改革取得突破性进展》，《经济参考报》2022年7月19日。

推动城投公司等国有企业去行政化，推动国有资产监管专业化和系统化，提高国有资本运营效率，优化国有经济的布局结构，提升国有资本的配置效率。

第二，完善本地国有资本授权经营体制。国有资本授权经营指的是将国有资本经营权授予某一实体进行管理和经营。改革国有资本授权经营体制，对国有企业实施分类授权放权，是进一步促进政企分离、提高国有企业市场化水平的重要途径，也是简政放权、构建新型政企关系的内在要求。2019年《国务院关于印发改革国有资本授权经营体制方案的通知》（国发〔2019〕9号）提出改革国有资本授权经营体制的一系列措施，国有资本授权经营体制改革取得了突破性进展。在新一轮国有企业改革深化行动中，地方政府应继续按照简政放权的思路，不断完善本地国有资本授权经营体制。一是严格按照清单制履行出资人代表机构（国资委、财政部等）的监管权力，清单以外事项由企业依法自主决策；二是以组建国有资本投资、运营公司为抓手，积极探索政府直接授权模式，地方政府直接授权国有资本投资、运营公司对授权范围内的国有资本履行出资人职责，减少不必要的授权级次和行政干预，赋予企业更多经营自主权。

（三）增强国有资产管理的有效性

有效性方面，强化地方国资监管部门在地方国有资产监督管理中的主导地位，健全违规经营的责任追究工作机制和以结果为导向的考核评价机制。提高国有资产监管的有效性，就是要创新监管方式，提高国有资产监督管理的效率和效能。

一是强化地方国资监管部门在地方国有资产监督管理中的主导作用。地方国资监管部门履行出资人职责具有专业性和针对性，应充分发挥其在国资监管中的主导作用，不应被弱化或矮化。

二是健全违规经营的责任追究工作机制，防控城投公司等国有企业的经营风险，对于重大决策失误造成国有资产流失的责任人追究到底。

三是健全以市场化结果为导向的国有企业考核评价机制。对不同类型的国有企业分类制定科学的考核机制，尊重城投公司等国有企业的市场主体身份，避免将行政考核目标强加于国有企业，重在考核城投公司的市场化盈利能力、运营能力、偿债能力、抗风险能力等的提高。

第三节　深化制度改革，建立健全长效机制

城投公司转型还需要在宏观层面深化政府投融资体制改革、财税体制改革和干部人事考核制度改革，从制度根源上打破原有制度对地方政府和城投公司产生的激励扭曲，逐步建立健全激励城投公司完成市场化转型、完善市场化经营机制的长效机制。随着国有企业、政府投融资体制、财税管理体制、地方政府干部考核制度等领域改革的纵深推进及有效衔接，城投公司转型及发展的制度环境和激励机制将逐步改善。

一、深化政府投融资体制改革，防范隐性政府债务风险

城投公司发展过程中一度作为融资平台公司承担了地方政府的融资功能，国发〔2014〕43号文以来特别是2014年《预算法》实施以后，各项改革均强调要剥离城投公司政府融资职能。党的十八大以来，我国政府投融资制度改革步伐加快。虽然发行地方政府债券已成为地方政府为政府投资项目融资的主要方式，但是地方政府隐性债务风险仍然突出，通过城投公司违法违规融资的现象仍然存在。究其原因，在于我国政府投融资体制尚不完善，财政紧平衡下地方政府投融资渠道仍然有限，城投公司与地方政府的债务界限仍不清晰。要想彻底剥离城投公司的政府融资职能、彻

底解决政府隐性债务问题，必须深化政府投融资体制改革，否则城投公司转型就摆脱不了政府隐性债务的负担。深化地方政府投融资体制改革，不仅会改变政府投资项目的投资方式、融资模式，还将对城投公司自身投融资模式及市场化转型发展产生深远影响。

（一）健全政府投融资决策机制

经过多年的探索和改革，我国目前的政府投融资决策机制已趋于规范化、科学化。科学、有效的政府投融资决策机制是确保财政资源得到有效利用、政府投资符合公众利益、投资项目顺利实施的前提，也是城投公司以市场化主体身份承接政府投资项目时不发生项目烂尾、不产生隐性政府债务的基础。《政府投资条例》规定，县级以上人民政府应当根据国民经济和社会发展规划、中期财政规划和国家宏观调控政策，结合财政收支状况，统筹安排使用政府投资资金的项目；对经济社会发展、社会公众利益有重大影响或者投资规模较大的政府投资项目，投资主管部门或者其他有关部门应当在中介服务机构评估、公众参与、专家评议、风险评估的基础上作出是否批准的决定。

但目前的政府投融资决策机制仍不完善，具体投融资决策中的法制化、科学化、透明化仍有待提升，具体表现在以下四个方面。其一，对政府投资项目的评估和审核不够全面、科学，尤其是缺乏对政府投资项目所引致的财政赤字、政府债务的评估。其二，投融资决策规则与程序透明度不高，公众对政府投资项目的入选规则、获批经过等了解途径受限，重大政府投资项目的详细介绍、可行性研究报告、资金来源、财政后果等资料的公开度较低。其三，政府投资项目的预算约束不足，对于公益性、准公益性项目缺乏长期统筹和规划，投资项目预算（概算）的核定、控制和调整权力集中在地方发展改革部门，尚未建立规范的政府投资预算。政府投融资决策机制的不完善导致城投公司在参与建设相关政府投资项目时，并不能清晰预见项目对自身产生的一系列后果，地方政府也无法准确评估政府投资项目对本地财政可持续性的影响。其四，对于参与前期决策的政府相关部门、咨询机构、评估机构、城投公司等缺乏有效的责任约束与激励机制，不利于提高政府投资决策的有效性和科学性。

本章认为，未来应当从以下四个方面健全政府投融资决策机制。

第一，加强政府投资项目事前评估，提高决策依据的科学性、全面性、准确性。加强对政府投资项目资金来源、参与主体、预算编制、可能引致的财政风险等的评估与研判；充分考虑实施主体的财务管理水平、融资能力和执行能力，避免因项目管理能力不足引致地方政府隐性债务风险；对于重大政府投资项目，要充分尊重科学规律，不是为了投资而去论证可行，而是因为可行才去投资，更不能因为地方政府"领导"想投资就去论证可行性，而忽视了项目存在的客观风险。

第二，完善政府投资项目公示制度，提高政府投融资决策流程与决策依据的透明度。对于重大公益性政府投资项目，应当在项目筛选、准备阶段就进行尽可能详细的公示、公开，保证决策流程公平公正，反复论证、谨慎决策，确保决策依据充分、科学，充分听取专家、公众等的意见。

第三，完善政府投融资预算（即资本预算）管理制度，加强政府投融资的预算约束，强化财政部门在政府投融资决策中的作用。地方财政部门和发展改革部门应根据本地财政收支状况、政府债务状况，合理估算和控制政府投资总规模，确保财政可持续性，地方财政部门对于超出资本预算上限的新增政府投资具有否决权；对于部分资金来自预算内资金（预算收入、地方政府债券等）的准公益性项目，要合理评估项目可能引致的政府隐性债务风险，识别并剔除财务基础不稳健、未来偿债机制不可靠的项目。

第四，建立决策失误责任追究制度，事先约定和明确决策参与各方的责任，对于出现重大政府投资决策失误的，严厉追究参与前期决策各方的责任。

（二）完善政府投资项目库建设

《政府投资条例》规定，政府投资资金按项目安排，以直接投资方式为主；对确需支持的经营性项目，主要采取资本金注入方式，也可以适当采取投资补助、贷款贴息等方式；国家通过建立项目库等方式，加强对使用政府投资资金项目的储备。政府投资项目库是优化政府投资结构、提高政府投资资金使用效率、提高政府投融资管理效率的主要着力点。但目前我国政府投资项目库建设尚处于起步阶段，运行过程中存在较多问题，难以对政府投融资体系高效运转形成支撑，需要通过不断深化改革，完善政府投资项目管理，提高政府投融资效率和效能。

第一，提前谋划，积极布局，建立政府投资项目储备长效机制。各地政府投资主管部门应该根据本地社会经济发展规划、国家宏观经济调控政策、本地财政收支状况、本地居民需求等因素，提前谋划储备项目，积极优化政府投资布局，建立政府投资项目储备长效机制。其一，政府投资主管部门应合理把握政府投资项目计划、论证、审批、入库等环节的时间节点，避免财政资金到位项目还未筹备好的情况出现，提高财政资金使用效率。其二，要提高对项目储备工作的重视程度，为项目储备工作顺利开展提供资金、人员、时间等的合理保障。其三，把握政府投资储备项目的整体方向，围绕国家战略和重点民生领域投资方向积极谋划布局，将储备项目作为引领地区高质量发展的起点。其四，政府投资主管部门还应加强与财政部门、国土资源部门、项目可能实施主体（城投公司等）等各方的沟通，充分论证储备项目的可行性，提高储备项目的质量。

第二，充分论证，严格筛选，建立清晰合理的项目入库标准。从目前的政策文件上看，对储备项目标准仍缺乏明确的规定，从政策取向上看对项目储备、入库工作的重视有待提高。本章认为，一个成熟的政府投资储备项目应该是财政资金到位后可以立刻开工建设的投资项目。这需要大量的前期准备工作，包括设计、造价概算、环境评估、社会效益评估、会议论证、招投标等。一些地方政府投资项目由于对储备项目把控不严，前期准备不足，或对项目实施主体的审核不严，导致实施环节出现工程造价失控、后续资金不足、项目移交困难等问题。只有严格把控政府投资项目入库标准，才能从源头上避免政府投资低效和财政资金浪费。这需要一方面加强项目论证，做足做实项目储备工作，完善项目入库评审和动态调整机制，逐步建立竞争入库机制，严格控制备选项目质量；另一方面建立清晰合理的入库标准并进行动态追踪监测，包括配套资金到位情况、实施主体经营情况、人员到位情况等。若入库项目关键实施条件发生了变化，不再符合入库要求，要及时清理、更新、补充。

第三，优化排序，动态调整，制定中长期滚动投资规划。储备项目入库后，应按照地区经济社会发展目标、政策目标和居民需求等因素，对政府投资项目进行优先度排序，合理布局项目的区域、产业等，制定年度政府投资计划，形成政府投资年度总概算。要勇于破除先定投资总规模、再定具体项目的"自上而下"的政府投资规划思维，而是采用根据地区经济高质量发展需要和居民实际需求，先定项目、再定政府投资规模的"自下而上"的规划方式，避免政府重复投资、低效投资，最大限度地提高政府投资资金的利用效率。此外，还应根据中长期财政框架和债务可持续性的要求，制定中长期滚动投资计划，合理安排政府投资项目的时间，确保政府投资预算与地方财政预算的有效衔接。

（三）创新政府投融资方式

目前地方政府为政府投资筹措资金的合法方式包括：本级预算安排的基本建设支出资金、中央对地方转移支付资金、发行地方政府债券（包括一般政府债券和专项政府债券）、历史结余资金、地方预算稳定调节基金、外国银行贷款（由财政部转贷）、政府投资基金、各类 PPP 模式、基础设施 REITs 等。

无论是过去还是未来，政府投资项目都需要大量的资金支持，紧靠预算内资金难以持续；对于一些建成后经营性收入较为稳定的准公益性项目（如保障房建设、城市轨道交通建设等），应当鼓励政府投融资方式创新，积极引入社会资本参与。PPP 模式、基础设施 REITs 模式等融资形式在国外也有较多可借鉴的成熟经验，值得积极探索和尝试。以 PPP 模式为例，PPP 融资模式的曲折发展是基于我国现实不断探索和实践的结果，但成熟的 PPP 融资模式还有待进一步探索和创新。自国发〔2014〕60 号文提出要建立健全 PPP 机制起，全国 PPP 项目快速增加，但财办金〔2017〕92 号文（2023 年 11 月废止）发布后，不规范的 PPP 项目逐渐被清退，同时更加规范的 PPP 运作模式也在逐渐形成，每年新增 PPP 投资总额逐年下降，但 PPP 总投资规模稳仍然在增加。全国 PPP 综合信息平台数据显示，截至 2022 年年末，全国累计入库项目 14040 个、投资额 20.92 万亿元，主要分布在市政工程、交通运输、城镇综合开发、生态建设和环境保护、保障性安居工程等领域。2023 年 11 月国办函〔2023〕115 号文的发布则标志着我国 PPP 融资新机制逐渐形成，PPP 市场化导向更加明显。但是，城投公司转型后能以何种身份参与 PPP 项目仍是个难题，实际上是转型后城投公司的国有企业属性与市场化主体之间双重身份存在一定冲突的体现。在 PPP 项目推广之初，融资平台公司等本级地方政府下属的国有企业就被禁止作为社会资本方参与本级 PPP 项目[①]；但后又允许市场化转型后的融资平台公司可作为社会资本参与当地政府和社会资本合作项目[②]；财金〔2022〕119 号文却又再次强调本地方政府下属的

---

① 见财政部《关于规范政府和社会资本合作合同管理工作的通知》（财金〔2014〕156 号）。

② 见《国务院办公厅转发财政部、发展改革委、人民银行关于在公共服务领域推广政府和社会资本合作模式指导意见的通知》（国办发〔2015〕42 号）。

国有企业不能作为本级 PPP 项目的社会资本方，但可以作为政府方代表。也就是说，政策一方面要求城投公司进行市场化转型，另一方面城投公司仍可作为政府出资方代表。这在市场看来，城投公司与地方政府仍为一体，对打破二者之间的信用捆绑极为不利。在其他引入社会资本的投融资模式中，同样存在较多的难题，由于政府投资项目存在准入门槛高、投资回收期长、综合投资效益低等特点，整体上社会资本参与政府投资的积极性较弱。

政府投融资方式的创新并非易事，国外成熟的政府投融资模式或多或少存在水土不服的问题，不能因为存在问题就一票否决，还是要积极鼓励政府投融资模式的创新和多元化，增强政府投融资体制的韧性和可持续性。本章认为，我国目前政府投融资方式的创新需要坚持四个基本原则：其一，政府投融资方式创新不产生政府隐性债务，这需要严格的财务制度、规范的项目管理和专业的管理团队；其二，政府投融资方式创新需要坚持市场化导向，按照市场化定价原则给予社会资本合理回报；其三，政府投融资方式创新能有效隔离金融风险与财政风险，避免金融风险与财政风险互相传导；其四，政府投融资方式创新应在全面的监管下进行，防止社会资本的投机、套利等行为影响政府投融资效率和社会效益。

二、深化财税体制改革，强化地方政府硬约束

本书第二章的分析表明，财税体制本身存在一些问题导致地方政府实际支出责任过重、财政收支矛盾突出、融资渠道受限，一定程度上推动了城投公司的产生和发展。因此，从更广的范围上来说，推动城投公司转型还需要配合更深层次的财税体制改革，才能从制度上规范政府与市场的关系、中央与地方的关系。

（一）通过财税体制改革进一步厘清政府与市场的边界

厘清政府与市场的边界、构建新型政企关系不仅要求地方政府在微观层面积极作为，还需要通过更大范围的财税体制改革，理顺政府职责范围，优化市场环境，释放企业活力。一是持续推动政府职能转变，减少政府对经济不必要的干预，优化营商环境，促进科技创新。通过简政放权、降低部分行业准入门槛、改善营商环境，减少政府对企业生产经营过程的干预，降低制度性交易成本，促进企业创新和经济增长动能转换。二是清理各类不合理的税收返还、税收奖励、财政补贴等地方性优惠政策，并建立动态监督机制，促进市场公平竞争，稳定市场预期。三是通过强化预算硬约束等制度建设减少地方政府对金融机构的干预，提高地区金融资源配置效率。四是根据经济发展状况动态优化政府职责范围，合理控制政府规模。例如，根据财政管理数字化水平和人口流动情况，动态调整地区财政供养人员数量，减轻财政支出压力；动态优化各类财政补贴标准和资质筛选机制，避免政府兜底责任无序扩张等。

（二）深化事权与支出责任划分改革，减轻地方政府支出压力

地方政府支出责任过重是导致城投产生并成为政府融资平台的一个重要诱因。近年来，多种原因导致的地方政府支出责任扩大、收支矛盾加剧，屡屡动摇地方政府彻底放弃通过城投公司举借隐性债务的决心，隐性债务风险不断上升。只有通过改革不断减轻地方政府的事权与支出责任，才能降低地方政府对城投公司代政府履职和融资的依赖。从国际经验来看，我国中央政府支出占全国财政支出的比重显著低于其他国家。随着经济发展水平的提高和发展阶段的转变，中央政府应在促进社会公平、环境保护、区域协调发展、构建全国统一大市场等区域外溢性较强的领域发挥更大作用。一是中央政府上收部分事权与支出责任，逐渐提高中央政府在

事关全局性利益领域的直接支出责任，避免以转移支付的形式将中央事权和共同事权转嫁给地方执行，切实减轻地方政府实际支出压力。二是加强中央政府机构和人员能力建设，强化垂直管理和部门实体化，推动中央政府职能转变，促进中央政府在部分事权中从规则制定者和命令者角色逐渐向具体事务的参与者和执行者转变。三是通过优化与事权与支出责任划分改革配套的转移支付制度、预算管理制度，推动地方政府积极转变政府职能和经济发展思路，激励地方政府加大民生和基本公共服务支出。

（三）优化政府间收入划分，完善地方政府收入体系

我国目前政府间收入划分不合理，地方政府对土地出让收入等非税收入依赖度过高，致使地方政府与城投公司都难以摆脱对土地财政的依赖。目前我国地方政府缺乏主体税种，财政收入很大程度上依赖于中央与地方共享税。但由于共享税对地方政府的财政激励远远弱于100%归属地方的地方税或非税收入，造成地方财政对非税收入和房地产市场的依赖度较高，不仅降低了地方政府收入质量，削弱了地方财政可持续性，还一定程度上增加了居民和企业负担，阻碍了地方产业结构的转型升级。

地方政府缺乏主体税种是我国税制结构和分税制共同导致的，培育地方主体税种是一项长期工程，需要通过更大范围的深层次改革予以解决。未来相当一段时间内，中央与地方收益共享、风险共担的共享税仍是地方政府收入的主要来源，这是关于中央与地方收入划分格局的基本事实。新一轮财税体制改革要避免夸大地方主体税种的作用而在政府间收入划分改革上止步不前。通过规范地方非税收入、合理划分国有资产及其相关收入等方式，积极完善地方政府收入体系，提升地方政府收入质量，增强地方政府财政可持续性。我国非税收入在地方政府收入中占比较高，是企业税费负担感受偏重的原因之一。政府收费等非税收入稳定性、可预期性、透明性较差，不宜过度依赖非税收入。深化非税收入管理体制改革。

及时甄别和清除不合理的非税收入，进一步提升非税收入征收与管理效率，优化地方政府收入结构；同时规范非税收入的用途，提升地方政府非税收入的支出效率，形成非税收入与地区经济发展的良性循环。同时应积极探索国有资产及其相关收入的政府间划分机制，通过合理划分产权和设置奖惩机制，抑制地方保护主义和土地市场畸形发展，减轻地方财政对房地产市场的依赖度，促进地区经济发展方式转变。

（四）优化转移支付制度，提高财政资金使用效率

由于转移支付制度的不完善，地方政府不满足于仅靠转移支付等预算内资金弥补收支缺口是城投公司产生的原因之一，而超过 10 万亿元的大规模的转移支付在未来也缺乏可持续性。现有分税制基本框架下，转移支付制度在未来较长时间内仍然具有重要的作用，应当在现有的转移支付制度框架下，不断深化改革，优化转移支付规模与结构。

目前转移支付制度的改革相对缓慢，应尽快在优化政府间事权与支出责任划分、收入划分的基础上调整和优化转移支付制度。一方面，配合事权和支出责任上移的改革，推进转移支付规模稳中有降。随着部分中央事权的上收和中央政府履职能力的增强，地方政府的收支矛盾将有所缓解，转移支付规模应随之下降。避免一味加大中央对地方转移支付的僵化思维，客观、全面审视转移支付的作用。另一方面，继续完善转移支付制度。一是尽快明确中央与地方共同财政事权转移支付的定位和性质，创新共同财政事权转移支付的资金分配方式，调动地方政府在相关公共服务领域投入的积极性。二是优化一般性转移支付的结构，逐步取消税收返还，提高均衡性转移支付和分类转移支付的比重。由于税收返还不利于调节地区间财力差距，未来应更加谨慎地使用税收返还的形式，以更好地促进区域协调发展。三是健全转移支付资金使用的过程监督和效果评价机制，确保转移支付资金能够达到中央政策目标，提高转移支付资金使用效率。

（五）完善政府债务管理制度，构建防范隐性债务风险长机制

地方政府预算软约束的存在是导致地方政府屡屡突破《预算法》限制、通过城投公司违规间接融资的根本原因之一，地方政府预算软约束一定程度上是由政府债务管理制度和预算管理制度的不完善造成的。自 2014 年《预算法》实施以来，中央针对剥离融资平台公司的融资职能、完善地方政府债务预警及风险处置措施、化解地方政府隐性债务风险等发布了一系列规范性文件，不断完善政府债务管理制度。但由于目前防范地方政府隐性债务风险的长效机制仍未形成，地方政府债务管理措施实施效果不理想，地方政府隐性债务风险周而复始地出现。

2024 年以来，在"一揽子"化债措施逐渐落实的基础上，进一步完善政府债务管理体制、建立防范化解政府隐性债务风险的长效机制日益受到重视。在 2024 年 3 月 22 日国务院召开的防范化解地方债务风险工作视频会议上，国务院总理李强指出"要坚持远近结合、堵疏并举、标本兼治，加强长效机制建设，坚决阻断违规举债、变相举债的路径"①。此前，2024 年 3 月 6 日，财政部部长蓝佛安在十四届全国人大二次会议经济主题记者会上表示，"财政部将会同有关方面，不断完善地方政府债务管理。一是加强地方政府法定债务管理，优化中央和地方政府债务结构。二是进一步推动一揽子化债方案落地见效，通过安排财政资金、压减支出、盘活存量资产资源等方式逐步化解风险。三是严格违规违法债务问题监督问责。四是着力构建防范化解隐性债务风险的长效机制，完善全口径地方债务监测监管体系"②。未来政府债务

---

① 《李强在国务院防范化解地方债务风险工作视频会议上强调　进一步强化责任意识和系统观念　持续推进地方债务风险防范化解工作　丁薛祥主持会议》，2024 年 3 月 23 日，见 https://china.cnr.cn/news/sz/20240323/t20240323_526636499.shtml。

② 《两会快讯｜财政部部长蓝佛安：加强地方政府法定债务管理，优化中央和地方政府债务结构》，2024 年 3 月 6 日，见 http://www.stcn.com/article/detail/1138763.html。

管理制度改革方向逐渐清晰。

本章认为，在新一轮财税体制改革中，关键是找到管理政府债务的有效抓手，才能将中央改革政府债务管理制度的精神落实到位。

第一，优化中央与地方政府债务结构，不仅要优化总量规模结构，还要优化中央与地方政府债务的期限结构、债务资金投向结构、偿债资金来源结构等。总量上，应适度增加年度财政赤字中中央政府债务融资的比重。期限结构上，地方政府应逐步提高长期和超长期政府债务的比重，平滑各年度中央与地方政府债务还本付息规模。债务资金投向上，中央政府应加大对环境保护、城乡融合发展、区域协调发展、公共服务均等化等区域外溢性较强的领域的债务资金投入，而地方政府债务资金应投向地区基础设施短板、提高本地公共服务水平等改善本地经济发展环境和居民福祉的领域。偿债资金来源结构上，地方政府应明确和落实每笔债务（尤其是专项债）的偿债资金来源，合理控制依赖准公益性项目的未来经营性收入偿还的债务比重。合理优化中央与地方政府债务结构的重要前提是建立全面、及时、准确的政府债务监测数据平台。

第二，建立全口径地方政府债务监测体系，是建立防范化解隐性债务风险长效机制的基础。从范围上，全口径地方政府债务不仅要覆盖全部地方政府显性债务，还要将城投公司因参与政府准公益性项目而募集的资金、PPP项目中的社会融资等债务纳入监测体系。建立全口径地方政府债务监测体系的目标，不仅是监测地方政府债务的存量、结构、期限等短期动态，更重要的是依托全口径地方政府债务监测体系加强地方政府债务长期可持续性的评估，并根据评估结果按照一定规则调整地方政府投资规模、其他财政收支规模，加强地方政府预算硬约束，从而达到形成防范化解隐性债务风险的长效机制、实现地方政府长期财政可持续性的最终目标。建立全口径地方政府债务监测体系并加强地方政府预算硬约束可以通过两个渠道实现：一是加强地方政府中期财政规划与债务可持续性分析（MTFF-DSA）框架的管理与运用，二是完善地方政府综合财务报告制度。其一，MTFF-DSA 是动态调整的中期财政规划以及基于中期财政规划对债务进行可持续性分析的综合财政分析工具。目前我国已经实行了较为初级的中期财政规划（Medium-Term Fiscal Framework，MTFF）制度[①]，即结合社会经济总体发展目标、为实现目标所采取财政政策等，预测中期宏观经济形势和财政收支，并以此指导年度预算编制。目前我国的中期财政规划管理中对中期财政规划结果的运用还较弱，特别是没有将债务可持续性分析（Debt Sustainability Analysis，DSA）纳入其中，更没有根据DSA 结果调整中期财政规划。DSA 主要用来评估在不同的宏观经济与融资情景下，既定的财政政策会给政府的债务存量和融资需求带来怎样的长期影响，是世界银行、国际货币基金组织（IMF）等国际金融机构大力提倡的一种债务可持续性分析工具。MTFF 框架已被证实有利于增强财政纪律、加强问责、优化支出结构、约束政府债务规模。[②] 在地方政府隐性债务风险层出不穷的情况下，通过运用 MTFF-DSA 工具，建立中长期宏观经济、财政收支、城投公司（或 PPP、特殊目的公司等）财务情况、全口径政府债务等之间的量化关系，用债务可持续性评估结果指导地方政府收支活动（例如，债务不可持续的情况下需要地方政府削减政府投资），有望在目前对地方政府债务实行限额管理的基础上进一步增强地方政府财政

[①] 2014 年国务院发布《关于深化预算管理制度改革的决定》（国发〔2014〕45 号），提出要实行中期财政规划管理；2015 年 1 月国务院印发《关于实行中期财政规划管理的意见》（国发〔2015〕3 号），同年 3 月财政部印发《关于贯彻落实国务院决策部署推动地方实行中期财政规划管理的通知》（财预〔2015〕38 号），对中期财政规划管理的总体思路、主要内容、组织措施、程序方法等作了详细的说明和部署。"十四五"规划指出，完善跨年度预算平衡机制，加强中期财政规划管理，增强国家重大战略任务财力保障。

[②] 孙琳、楼京晶：《中期预算制度对债务规模约束有效吗?》，《财贸经济》2017 年第 4 期；Vlaicu, et al., "Multiyear Budgets and Fiscal Performance: Panel Data Evidence", *Journal of Public Economics*, Vol. 111, 2014, pp.79-95。

纪律、强化地方政府预算硬约束。其二，进一步完善地方政府综合财务报告制度，扩大政府综合财务报告覆盖范围，完善地方政府资产负债表，是建立全口径债务监测体系的重要途径，也有助于更好实施 MTFF—DSA 框架。综合财务报告应全面反映地方政府的全部公益性和准公益性活动，覆盖范围不仅包括政府部门、事业单位，还应包括城投公司等公益性国有企业、PPP 以及为政府投融资而设立的特殊目的公司等。我国目前实行的综合财务报告制度仅覆盖了政府部门，这使得建立全口径政府债务监测体系缺乏坚实的财务基础。同时，由于缺乏全口径的政府综合财务报告，大量由政府投资产生的国有资产难以集中有效管理，可能会造成国有资产流失。需要澄清的是，将城投公司、PPP、特殊目的公司等纳入全口径债务监测体系，并不意味着这些企业的所有债务都属于政府债务，只是基于谨慎原则，将可能存在政府连带责任风险的、由于企业参与政府公益性或准公益性活动而产生的这部分债务纳入监测。

第三，建立防范化解隐性债务风险的长效机制需要合理借助市场力量；提高全口径地方政府债务信息公开度和透明度，推动隐性债务"显性化"，是市场机制发挥作用的前提。地方政府债务风险及其地区分布对市场来说已经不是秘密，政策层面应维持开放的态度，健全地方投融资项目信息、地方政府综合财务报告、债务可持续性评估结果等债务相关信息的公开制度，定期、充分披露全口径地方政府债务情况，推动隐性债务"显性化"，减少政府与市场之间的信息不对称，让市场机制去调节地方政府债券的供给与需求，决定地方政府融资成本。只有真正引入市场机制，地方政府才有不断提高政府债务管理水平、改善财政收支状况、降低政府债务风险的内在动力。

第四，加强违法违规融资问责需要与干部人事考核制度改革相结合，以更好发挥上级指挥棒对于地方政府债务风险的事前和事中的防控作用。强化问责也是加强地方政府预算硬约束的重要手段。城投公司发展过程中，地方政府领导干部由于任期较短而在任期内大肆举借预算外债务、给继任者留下沉重债务负担的情况较为普遍。严格落实地方政府举债终身问责制、债务问题倒查机制①，有望彻底扭转这一局面。但债务问责、责任追究属于事后问责，只有将问责制与干部人事考核制度结合起来，才能加强对地方政府违法违规融资等债务风险的事前和事中防控作用。

（六）完善预算管理制度，强化地方政府预算硬约束

缓解地方财政收支矛盾、减轻地方政府违法违规举借隐性债务的外在推动力，还应通过深化预算管理体制改革，打破财政支出结构固化僵局，提高预算管理效能和财政资金使用效率，同时建立政府投融资与财政预算的有效衔接，有助于实施更完整的地方政府债务可持续性分析。

第一，深化零基预算改革。零基预算在中国的实践可以追溯到20世纪80年代末。经过30多年的实践，零基预算的概念已被基层财政人员广泛接受。实施真正意义上的零基预算是提高财政使用效率、避免财政资源浪费的有效途径。零基预算相较于传统"基数＋增长"传统模式优势在于：以零为起点编制预算，打破支出结构固化，防止财政资源浪费。零基预算的基础是建立较为完善的项目储备库和项目绩效评价机制，做到"项目等资金"而非"资金等项目"；对于财政资金使用效率低下或者未通过年度绩效审查的项目，要及时削减甚至清理退出，建立动态调整机制，提高财政资金的使用效率。截至2023年年末，大多数省级政府已宣布实施零基预算改革。在零基预算早期实践中，只有一些试点地区声称在预算编制中部分采用了零基预算方法，但由于多种原因，许多试点地区很快恢复了传统的"基数＋增长"传统模式。近年来，吸收了预算编制中的绩效评估和

---

① 《财政部长：严格落实地方政府举债终身问责制、债务问题倒查机制》，2024年3月6日，见https://www.jfdaily.com/staticsg/res/html/web/newsDetail.html?id=723524&sid=15。

支出审查方法的新一轮零基预算改革正在进行。2021 年 3 月,《国务院关于进一步深化预算管理制度改革的意见》(国发〔2021〕5 号)提到,"积极运用零基预算理念,打破支出固化僵化格局,合理确定支出预算规模"。然而,目前在全国层面仍然没有统一的零基预算编制框架,也没进行详细的零基预算改革实施情况评估,实施效果有待观察。在财政紧平衡背景下,继续深化实施零基预算改革,对进一步提高财政资金使用效率、促进积极财政政策提质增效、缓解地方政府财政收支矛盾极为有益。

第二,建立规范的资本预算。资本预算即针对政府固定资产投资等能够形成公共固定资产的财政支出活动编制的预算。特别编制资本预算的原因是多方面的。其一,由于政府投资项目一旦开始往往需要大规模、长时间的资金投入,在项目开始之前需要谨慎评估政府投资所需要的资金来源和对政府债务可持续性的影响;其二,编制资本预算是实施 MTFF-DSA 框架的需要;其三,编制资本预算有利于加强政府投资主管部门、财政部门、专门领域职能部门等之间的沟通与衔接;其四,编制资本预算有利于加强对国有资产的有效管理,防止国有资产流失。按照《国家发展改革委关于加强政府投资项目储备编制三年滚动投资计划的通知》(发改投资〔2015〕2463 号),我国自 2015 年开始尝试基于政府投资项目储备库编制三年滚动投资计划。2019 年国务院发布的《政府投资条例》规定,政府投资年度计划应当明确项目名称、建设内容及规模、建设工期、项目总投资、年度投资额及资金来源等事项;政府投资年度计划应当和本级预算相衔接。通过编制滚动投资计划,我国对于资本预算编制已进行了积极的探索,但目前对三年滚动投资计划的真正有效运用还不足,特别是尚未与本级预算形成有效衔接,未能对政府投资可能产生的政府债务风险进行评估,难以实现对政府投资规模的合理把控。我国地方政府投资规划则主要由各级发改委负责,而整体预算编制由财政部门负责,不同政府投资项目的规划有各自的融资计划,与预算的衔接度并不紧密,这容易导致对政府投资支出的总体控制减弱、对项目的成本收益要求不够严格，以及隐性债务风险上升。建立全口径的政府债务监测体系，要求将所有政府投资相关的项目预算、融资计划（包括来自预算内、PPP以及其他社会资本的资金）、可能引致的政府债务等与一般公共预算或政府性基金预算建立联系，编制中期滚动政府投资计划，然后结合到MTFF–DSA框架中，形成预算、政府投资、债务可持续性之间的相互制衡。

三、深化干部人事考核制度改革

要想从根本上解决地方政府屡屡突破法律法规限制、毫无节制地举债投资、隐性债务问题层出不穷的问题，需要通过深化干部人事考核制度，彻底改变地方政府领导干部面临的激励与约束，纠正部分地方政府领导干部过度追求经济发展而忽视政府长期债务风险和居民福祉的政绩观。

党的十八大以来，干部人事考核体系发生了重要变化，考核维度更加多元，很大程度上纠正了过去单纯以经济增长评定政绩的倾向，但现阶段多元化的考核体系下地方政府的任务更加多元、支出责任更重，财政紧平衡下地方财政收支矛盾仍然突出。本章认为，在深化干部人事考核制度改革时，要恰当地把握好三个平衡。

第一，平衡好对经济发展目标与防范化解地方政府隐性债务成效的考核。理论上，化解地方政府债务风险意味着地方政府债务规模增速变慢甚至为负，具有一定的经济收缩效应，与当前阶段稳增长、稳就业的经济发展目标有一定的冲突。本章认为，稳增长、稳就业是大局，地方政府债务风险也要化解，平衡好二者的关系需要充分考虑地区间差异，因地制宜、一地一策对政府领导干部进行考核。对于现阶段政府债务风险不高的地区，要激励地方政府更多地承担经济发展和吸纳就业的责任，通过深化供给侧改革、调整产业结构、提升公共服务质量，吸引就业、促进经济回升向好。对于政府债务风险突出的地区，则应重点考核化解债务风险的成效和防控债务风险长期机制的建设成果，坚守不发生地方政府债务违约的底线，长期来看也有利于地区经济发展方式转变和高质量发展。同时应当充分发挥中央政府在协调区域经济差距、稳定宏观经济等方面的职能，维持经济协调发展、稳定发展大局。

第二，平衡好对经济建设成就与公共服务水平提升的考核。我国已经迈入经济高质量发展阶段，经济发展的逻辑发生了重要变化，只有从激励机制上体现经济高质量发展的要求，才可以促进地方政府转变经济发展理念。同时，我国长期面临地区间发展不平衡、城乡差距较大等结构性问题，各地的发展目标侧重点也应当有所不同，未来较长时期内各地都要面临平衡好经济建设与公共服务供给之间的矛盾。在干部人事考核制度中，应当充分考虑各地差异，结合地区发展实际情况合理体现对不同政策目标的侧重，激励地方政府补齐发展短板、提高公共服务水平。

第三，平衡好对短期经济发展目标与长期制度建设的考核。长期制度改革与建设需要一致、持续的努力，往往跨越领导干部任期，所谓"一张蓝图绘到底，一任接着一任干"再形象不过了。长期制度建设并不一定以牺牲短期经济发展目标为代价，但是过分强调短期经济发展目标可能有损于长期制度建设，不利于地方政府转变执政观念和经济发展方式。在干部人事考核制度中，需要长期考核与短期考核相结合，短期侧重于考核地方政府领导干部如何解决地区经济发展面临的"危"和"急"的问题，而长期考核更应侧重考核地方政府领导干部对于解决地区经济发展中"重"和"难"的问题所付出的努力，也就是对长期制度建设的考核。

第七章

城投公司的分类处置与转型方向：
国资国企改革视角

在防范化解地方政府债务风险和推动国资国企高质量发展的双重背景下，各地城投公司积极谋求转型，以适应日趋严格的监管要求、复杂的经济环境以及激烈的市场竞争。城投公司转型并非一蹴而就，而是一项涉及多方利益、复杂因素交织的系统性工程，转型之路道阻且长。推动城投公司转型的一个重要基础是明确哪些城投公司需要转型，这涉及对现有城投公司的分类处置问题。2024 年 3 月 22 日，国务院召开防范化解地方债务风险工作视频会议，明确提出"加快压降融资平台数量和债务规模，分类推动融资平台改革转型"①。此前，财政部部长蓝佛安在十四届全国人大二次会议经济主题记者会上，回应地方政府债务问题时提到："分类推进融资平台改革转型，持续压减融资平台数量"②。本章第一节根据业务实质和市场化程度将现有城投公司分为四大类，即：纯政府融资平台、市场化

---

① 《李强在国务院防范化解地方债务风险工作视频会议上强调　进一步强化责任意识和系统观念　持续推进地方债务风险防范化解工作　丁薛祥主持会议》，2024 年 3 月 22 日，见 http://www.xinhuanet.com/politics/20240322/b5f1180c18c74e3cb04ba271f12ce3f0/c.html。

② 《财政部部长蓝佛安出席十四届全国人大二次会议经济主题记者会文字实录》，2024 年 3 月 7 日，见 http://www.mof.gov.cn/zhengwuxinxi/caizhengxinwen/202403/t20240307_3930221.htm。

程度较低的城投公司、市场化程度较高的城投公司和已经成功转型为独立市场化经营主体的城投公司，并分别给出了处置方案。本章第二节从深入推进国资国企改革的角度阐述城投公司转型的保障机制，即完善现代企业制度、健全市场化经营机制及加强财务管理。最后，本章第三节给出了城投公司业务转型的五大方向，即向建筑工程企业转型、向地产开发企业转型、向公用事业企业转型、向产业投资类企业转型和向资本运营类企业转型，并分析了各个业务转型方向的潜在风险。

第一节　城投公司转型的分类处置

城投公司转型是现有城投公司的发展方向之一，但推动城投公司转型的一个重要基础是明确哪些城投公司需要转型，这涉及对现有城投公司的分类处置问题。对目前所有城投公司可能的处置方式包括：注销、重组整合、市场化转型、维持现状等。对现有城投公司的分类处置，首先要明确分类标准或分类依据，再针对不同类别的城投公司分别制定处置方案，并准确识别出需要转型发展的城投公司。本节将先介绍城投公司分类处置的现实原因，再给出城投公司分类处置方案。

一、城投公司分类处置的现实原因

经过多年的发展，城投公司数量依然较多、资产规模依旧庞大，在地区经济发展和金融市场中仍扮演重要角色。根据 Wind 统计口径，截至 2024 年 4 月底，全国城投公司共计 3562 家，若考虑未曾在资本市场上公开融资过的城投公司，城投公司数量可能超过一万家。已有城投公司在市场化经营能力、财务状况、业务构成、业务模式等方面呈现出较大差异，逐渐分化出不同的类型，转型发展阶段、市场化程度与转型方向也呈现多样化特征。这很大程度上取决于当地政府的支持力度，而政府的支持力度与当地的资源禀赋、城投公司的重要性和行政级别等因素密切相关。由于城投公司经过长期发展已深度参与城市建设与公共服务的各个领域，所涉及的行业较多，城投公司转型进程也与其主营业务所属行业的特性有直接关联。

第一，区域资源禀赋决定了地方政府支持城投公司转型发展的能力。区域资源禀赋包括城投公司所在区域的经济发展状况、所属地方政府的财政实力、所在区域的国有资源等。一方面，经济发展水平较高、地方政府财政实力较强、当地国有资源丰富的地区，能够支持城投公司转型发展的资源也较多，城投公司市场化转型程度或转型发展的可能性较高。其中，城投公司转型最重要的资源支持来源于当地的国有产业资源禀赋。从目前转型较为成功的城投公司来看，其业务构成大多数是在传统城投业务的基础上新增多元化经营业务，而新增产业类业务主要源于当地政府的产业资源整合。另一方面，城投公司所属的政府层级也会影响城投公司转型发展可获得的外部资源。城投公司所属的政府层级主要包括省级、地市级和区县级。[①] 通常所属区域政府层级越高的城投公司，可获得的转型发展资源也较多。在实践中，部分城投公司为取得较高主体评级，存在将股权上挂的情况。例如，区县级政府将城投公司控股权转让给地市级城投公司或政府部门，表面上看其实际控制人为地市级政府，但综合考虑其业务开展的主要区域、业务指导关系等，可以判断其实际行政级别仍为区县级。

第二，城投公司的重要性决定了地方政府支持城投公司发展的意愿。城投公司重要性主要指城投公司在区域经济发展中的地位和作用。若城投

① 在早期也存在一定数量的乡镇级城投公司，但根据 Wind 和企业预警通等数据库的统计，目前乡镇级城投公司较少（不排除由于难以被统计而遗漏的可能性），主要是省级、地市级和区县级城投公司。

公司对当地就业、政府公益性和准公益性项目的承接与实施、经济稳定发展等具有重要影响，则认为是重要性较高的城投公司。城投公司的重要性可结合其社会经济影响、规模、岗位人员数量、业务构成、区域排名等进行综合判断。一般而言，地方政府会优先支持重要性较高的城投公司转型发展。一方面，地方政府的前期资源更注重向重要的城投公司倾斜，优先支持其转型发展可以减少沉没成本损失。另一方面，优先支持重要的城投公司持续经营和稳定发展有利于当地社会经济稳定，降低处置风险。需要指出的是，城投公司重要性决定了地方政府支持城投公司继续转型发展的意愿，但是否支持以及以何种力度支持城投公司转型发展，最终取决于由区域资源禀赋决定的地方政府支持能力。

第三，城投公司的行业特性影响了城投公司的转型难度。城投公司的行业特性指城投公司的主营业务所属行业的特点。城投公司的业务类型包括：基础设施建设、土地开发整理、公用事业、棚户区改造（保障房建设）、交通建设运营、文化旅游等，还包括部分综合性城投公司和产业投资类城投公司。2023 年年末上述城投公司数量占比分别为 37.2%、7.7%、4.9%、3.9%、2.8%、0.2%、22.3% 和 21.0%（见图 7-1）。主要从事基础设施建设、土地开发整理、棚户区改造（保障房建设）等业务的城投公司转型较慢，主要原因有两个方面：一是此类行业的公益性属性较强，早期建设投入较多、累积的债务规模较大，有一定的历史包袱；二是此类行业的城投公司长期以来主要依赖政府资源和政策支持，市场化运营能力相对较弱。产业投资类和综合性城投公司的市场化转型难度最小，主要是这类城投公司投资领域或从事的业务较为多元化，经营性业务占比较高。主要从事公用事业、交通建设运营、文化旅游等业务的城投公司的核心资产是政府注入的特许经营权，一般具有比较稳定的收入，转型难度处于中间地带。从数据来看，产业投资类、文化旅游类和综合性城投公司的主营业务收入中，公益性或准公益性业务收入占比分别为 11.8%、47.8% 和 48.3%

（见图7-2）。相较而言，其他类型城投公司七成以上的主营业务收入仍来自于公益性或准公益性业务，其中棚户区改造（保障房建设）类城投公司公益性或准公益性业务占比最高，达81.5%。

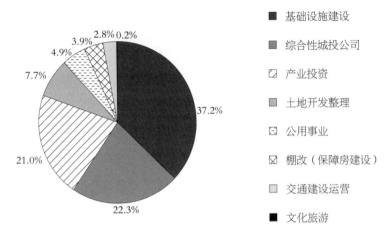

图 7-1　2023 年年末各业务类型城投公司数量占比

注："综合性城投公司"指各类业务的营业收入占比均没有超过50%的城投公司，下同。
资料来源：企业预警通、粤开证券研究院。

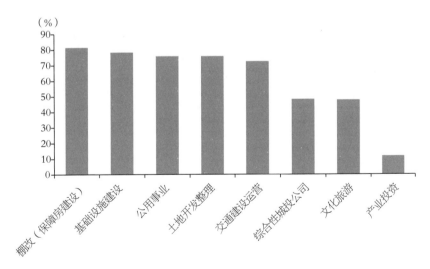

图 7-2　2023 年年末各业务类型城投公司公益性和准公益性业务收入占比均值

资料来源：企业预警通、粤开证券研究院。

综合来看，在城投公司自身经营情况千差万别、外部条件多样、转型进度各异的情况下，城投公司转型不存在放之四海而皆准的方案。城投公司的转型必须要基于城投公司自身条件和所在区域情况来讨论，以强化其作为城市公共资产的运营维护者和城市潜在价值的挖掘者角色。本书认为，结合当前债务风险化解需要以及城投公司发展现状，有必要对现有城投公司先进行分类，针对不同类别的城投公司分别制定处置方案，再逐步推进有转型潜力的城投公司转型发展，以降低城投公司处置、转型对经济和社会的负面影响。

二、城投公司分类处置方案

（一）城投公司分类处置的思路

总体上，本书根据城投公司的业务实质和市场化程度两个关键因素，将现有城投公司划分为四大类，按照"注销""重组整合""转型""维持现状"的方式进行处置（见图7-3）。业务实质主要是判断城投公司是否属于纯融资平台，即判断是否主要承担公益性融资功能、并无实质性业务；市场化程度主要是判断城投公司在业务开展活动中是否是独立的市场主体，还是受到政府的高度干预，可根据城投公司的业务构成、盈利能力、其与政府的财务往来、业务承接模式等进行综合判断，具体可通过经营性资产占总资产比重、经营性收入占营业收入比重、财政补贴占净利润等财务指标辅助判断。一般认为，公益性业务和准公益性业务资产、收入占比高的城投公司，市场化程度可能偏低；但是需要指出的是，判断的核心标准是业务承接模式而非业务性质本身；若采取市场化方式承接公益性业务，也应当视为市场化程度较高。

第一类是从业务实质上看主要承担公益性项目融资功能、没有实质

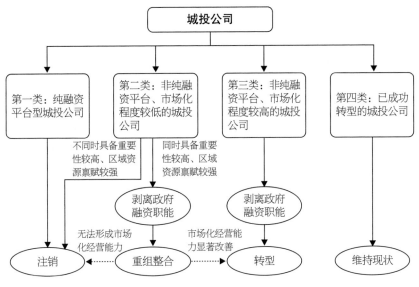

图 7-3　现有城投公司的分类处置方案

资料来源：粤开证券研究院。

性经营活动的城投公司，在处理好历史债务问题、合理安置相关人员、妥善处置资产后，逐步进行注销，但要给予一定周期，该类城投公司债务全部转为政府债务。

第二类是市场化程度较低的城投公司，如部分建设投资公司、建设开发公司、交通投资公司等。这类城投兼有政府融资和公益性项目建设运营职能，须在彻底剥离政府融资职能、解决好历史包袱后，根据城投公司的重要性和区域资源禀赋情况进行分类处置，优先以重组整合为手段提升规模效应，视其后续发展情况决定是否继续推动其市场化转型，但对于无力实现市场化运作的城投公司，应坚决注销，做到"不留尾巴"。

第三类是市场化程度较高但尚未转变为独立市场化经营主体的城投公司，如部分文化旅游类城投公司、部分公用事业类城投公司等。这类城投公司是现阶段公共资产运营维护能力和城市潜在价值挖掘能力较强的城投公司，在全面剥离政府融资职能、解决好历史包袱后，推动其市场化转型。

第四类是已经成功转型为独立市场化经营主体的城投公司，此类城投公司已经完全剥离了政府融资职能，并可以实现自主经营、自负盈亏、自担风险、自我约束、自我发展，应视为一般的国有企业，不需要特别的处置措施，在市场公平竞争机制下独立发展、继续优化提升资源配置能力即可，本书称之为"维持现状"。

（二）四大类城投公司的具体处置方案

1.纯融资平台类城投公司

对于纯融资平台类的城投公司，在处理好历史债务问题、合理安置相关人员、妥善处置资产后，逐步进行注销，但要给予一定周期，该类城投公司债务全部转为政府债务。识别纯政府融资平台的主要依据是城投公司的业务实质。若城投公司业务实质是"三代"，即代政府融资、代政府投资、代政府出纳，没有实质性经营业务，基本上可断定为纯政府融资平台。其典型特征包括：主营业务收入有限，基本不盈利，与政府之间的往来款规模较大，资产负债率较高等。需要指出的是，部分城投公司控股多个具有实际业务的子公司，实际是为了美化财务报表、提升融资能力，但子公司本身可能并不受该母公司实际控制（例如控股由国资委监管的一级企业），剔除非实控子公司后其业务实质仍然是纯融资平台。自2014年政府融资平台清理整顿以来，纯融资平台类城投公司数量已经有所减少。

2.市场化程度较低的城投公司

对于介于纯政府融资平台与市场化程度较高的城投公司之间的城投企业，须在彻底剥离政府融资职能、解决好历史包袱后，根据城投公司的重要性和区域资源禀赋情况进行分类处置。此类城投公司具有实质性的经营业务，有一定规模的主营业务收入，但公益性与准公益性业务收入占据较高比例，导致整体盈利水平不高，短期内难以完成市场化转型，但仍具备挖掘潜力的价值，例如部分基础设施建设投资公司、棚户区改造（保障房建设）公司、建设开发公司等。

此类城投公司也须先彻底剥离政府融资职能，对于其历史上因承担公益性或准公益性项目产生的债务，甄别确认后转为政府债务，再结合此类城投公司的重要性和区域资源禀赋等因素进一步分类处置。区域资源禀赋决定了地方政府支持城投公司进行市场化转型的能力，而城投公司的重要性决定了地方政府支持城投公司继续转型发展的意愿。只有地方政府有能力且有意愿的情况下，城投公司才能得到强有力的外部支持，继续转型发展的可能性也较大。因此，第二大类城投公司具体可分为两种情况分别进行处置（见表7-1）。

表7-1　第二类城投公司的处置方案

		区域资源禀赋（地区经济发展水平、政府财力、行政级别等）	
		较强	较弱
城投公司的重要性（在区域经济发展中的地位和作用）	较高	重组整合	注销
	较低	注销	注销

资料来源：粤开证券研究院。

第一种情况是区域资源禀赋较强且重要性较高的城投公司，地方政府可先通过重组整合压降城投公司数量、提升其规模效益，并在必要时通过注入资源等方式改善其市场化经营能力。重组整合后，给予其一定的过渡期和观察期，若其市场化经营能力得到明显提升，则可进一步推动其转型；若改善不明显，则在妥善处理存量业务后注销主体。需要指出的是，地方政府推动城投公司重组整合也是有成本的，现实中地方国有资源的整合或划转非常复杂，牵涉到的利益相关方也较多，在实际进行重组整合或划转资源之前，需要当地政府谨慎研判。若通过严谨的事前分析能够判断出重组整合对该城投公司的市场化经营能力改善有限，则可以在妥善处理存量业务后，直接注销主体，无需经过实际注入资产后再观察的过程。

例如，东部地区某区县级城投公司，主营业务为基础设施工程建设和代建管理，2021 年公益性与准公益性业务占比 70.8%，净资产收益率为 -0.26%，市场化程度相对较低。该城投公司所属县为全国百强县前十名，资源禀赋相对较好。当地政府若研判该城投公司重要性较高，且通过重组整合、注入资源等方式能够改善其市场化经营能力，则可以选择在彻底剥离政府融资职能后，对区域内城投公司的业务与资产的重组整合，并给予一定过渡期，视发展情况再考虑进一步处置措施。

第二种情况是不能同时满足区域资源禀赋较强、重要性较高两个条件的城投公司，通过移交、划转等方式妥善处理存量业务后，逐步注销主体。例如，中部地区某区县级城投公司，主营业务为代建市政基础设施建设工程。2022 年，该城投公司公益性与准公益业务收入占比为 87.8%，净资产收益率仅为 0.34%，整体盈利水平较低。该城投公司虽然为当地重要城投公司，但所属政府层级较低、区域资源禀赋较差。此类城投公司可在处理好历史债务问题和存量业务、合理安置相关人员、妥善处置资产后逐步注销主体。

3. 市场化程度较高的城投公司

对于市场化程度较高但尚未转变为独立市场化经营主体的城投公司，在全面剥离政府融资职能、解决好历史包袱后，逐步推动其向独立市场化经营主体转型。对于其历史上因承担公益性或准公益性项目产生的债务，甄别确认后转为政府债务后，彻底剥离其政府融资职能。从转型阶段上看，此类城投公司可能已处于转型过程之中、但尚未完全转型为独立自主经营的市场化主体；也可能虽然尚未开始转型，但具备一定的转型基础，未来转型的难度较低、转型成功的可能性较大。例如，部分综合性城投公司、部分公用事业类城投公司、部分产业投资类城投公司、部分文化旅游类城投公司等。针对这类城投公司，地方政府应减少不必要的行政干预，规范各类业务的市场化合作机制，在必要时给予资产、资源支持，持续推动其转型发展，直至完全转型为可自负盈亏的独立市场化经营主体。

4. 已完成市场化转型的城投公司

对于已经成功转型为独立市场化经营主体的城投公司，应视为一般的国有企业，无需政府的特别干预和处置措施。当地政府应不断优化营商环境，鼓励和支持其在市场公平竞争机制下独立发展。当然，目前完成了市场化转型的城投公司，也不应原地踏步，而是要持续地完善市场化经营机制、优化资源配置、提升运营效率，集中资源发展具有市场竞争力的核心业务，不断增强自身的盈利能力。

第二节　城投公司转型的机制保障：
深入推进国资国企改革

2023 年下半年以来国有企业改革深化提升行动为城投公司转型发展提供了良好的机遇。由于历史原因，城投公司比一般的国有企业的公益属性更强，在国计民生、公共服务等领域发挥着重要作用，自然是国资国企改革中的重点。城投公司有必要以新一轮国有企业改革深化为契机，把握国资国企改革的风口，不断健全市场化经营机制，优化业务布局、强化内部治理、控制债务风险，在不断深化改革的过程中寻求转型发展的新生动力与正确方向。

一、城投公司转型过程中开展国有企业改革深化提升行动的五个策略

在国有企业整体通过深化改革不断增强活力和创新力的情况下，城投公司明确发展方向、提升市场核心竞争力显得更加迫切。具体而言，城投公司转型过程中深化国资国企改革的策略主要有五个方面。

（一）从根本上转变发展思路及发展方式

国资国企改革背景下，地方政府会根据地区发展现状与中长期规划重新定位本地国有企业和国有资本发展方向与发展任务。城投公司作为地方政府推动地区高质量发展的重要抓手之一，有必要及时响应地方政府的战略安排，结合自身的优势合理确定转型方向。城投公司要自觉从根本上转变发展思路，主动厘清与地方政府的界限，完成从"行政化思维"到"市场化思维"的转变，强化城投公司的独立市场主体地位。城投公司需要牢固树立价值创造理念，坚持内在价值和长期价值导向，进一步转变企业发展方式，加快提高全员劳动生产率，努力提升净资产收益率。

（二）聚焦主责主业，加快瘦身健体

新一轮国资国企改革要求国有企业"做强做优主业，增强核心功能、提高核心竞争力"。城投公司长期深耕城市基础设施建设、园区开发、城市公用事业运营等领域，在城市建设与服务领域积累了较多的经验，具有一定的规模效应和成本优势。国有企业改革要求城投公司转型需要充分发挥长期以来在城市建设与公共服务领域积累的经验与优势，做强做优主业，"进可攻、退可守"，而不是为了转型就完全抛弃城投公司擅长的业务。推进专业化重组，减少法人层级，优化内部资源配置，企业层级原则上控制在三级以内。剥离不具备竞争优势、缺乏发展潜力的非主业资产和

低效无效资产，包括长期亏损且扭转无望的子企业、低效零散的土地物业、不具备成长性和战略性的参股企业等。城投公司要进一步聚焦主责主业，把有限的资源集中在做强做优主营业务上，持之以恒补短板、强弱项，着力培育能够持续创造利润的而其他企业又难以超越的独特竞争优势，不断夯实企业高质量发展的坚实基础。当然，高质量发展要求下，城投公司"主业"的内涵也应动态调整，应以传统城投业务为基础，不断扩展城投公司在城市更新、城市公共服务智能化、新型基础设施建设与运营、城乡融合发展等领域的业务范围和业务深度。

（三）不断完善自身的市场化经营机制

城投公司做强做优主业并以此为基础进一步转型发展的关键，是通过完善市场化经营机制不断提高经营效率和盈利能力。市场化经营意味着城投公司摒弃依赖地方政府、忽视市场规律的传统观念，转而以市场需求为导向、以效益最大化为目标，积极参与市场竞争。同时，市场化经营要求城投公司在项目选择、投资决策、融资安排、人员考核、公司治理等方面也遵循市场规律，提高决策的科学性和有效性。城投公司市场化经营机制的完善不仅需要地方政府的简政放权与积极推动，更需要城投公司主动按照国资国企改革的要求建立现代化企业制度、完善内部治理框架，大力推进管理体系和管理能力现代化。

（四）积极探索向国有资本投资、运营公司转型

国有企业改革深化提升行动中，要求围绕优化资源配置深化改革，进一步加大市场化重组整合力度，促进国有资本合理流动和优化配置。通过重组整合设立国有资本投资、运营公司是城投公司转型的可选方向之一。自国发〔2018〕23 号文发布以来，已有不少城投公司在地方政府的积极支持和推动下，通过整合地区国有资产、集中优势经营性国有资产，

尝试转型为国有产业投资平台或综合性投资平台。但城投公司向国有资本投资、运营类公司转型需要一定的外部条件（特别是地方政府）① 和内部条件的支持，需要积极筹备、谨慎尝试。

（五）积极布局战略性新兴产业及未来产业

城投公司根据自身优势和当地产业特点，布局具备良好发展前景和自身具有比较优势的产业，或者在深入研究行业趋势与市场需求的前提下，提前布局新一代信息技术产业、高端装备制造产业、新材料产业、生物产业、新能源汽车产业等战略性新兴产业，积极培育未来产业。当然，城投公司也应客观分析自身涉足战略性兴新产业和未来产业的优势（例如国家政策的支持、已有的经验）与劣势（例如是否具备相应的人才储备和管理能力），积极补短板、做准备，避免在准备不足的情况下盲目跟风，造成资源浪费、投资失败甚至国有资产流失等不良后果。

二、城投公司转型的机制保障

总体上，城投公司需按照国资国企改革的要求，主动谋划、积极作为，积极适应与地方政府的新型政企关系。城投公司通过深化国资国企改革建立起更加完善的现代企业制度、市场化经营机制和财务管理体系，是城投公司转型的重要机制保障。

（一）完善现代企业制度，提升公司治理水平

为了满足城投公司市场化转型的需求，必须提升公司治理水平。城投公司需要深化公司制改制，不仅从法律形式上确立城投公司独立市场化

---

① 详见本书第六章第二节"三、积极推动城投公司向国有资本投资、运营公司转型"。

主体的地位，而且从实质上按照市场化经营国有企业标准建立起科学的公司管理体制。从实际现状来看，城投公司在形式上已经具备了现代企业的公司治理架构，但是在全面落实方面仍须完善。

一是健全法人治理结构，完善现代企业制度。其一，制定党组织前置研究讨论事项清单，结合不同层级、不同类型企业实际制定本单位党组织前置研究讨论重大经营管理事项清单，厘清党组织和董事会、监事会、经理层等其他治理主体权责边界；其二，加强董事会建设、落实董事会职权，实现董事会应建尽建、外部董事原则上占多数，完善派出董事管理机制，重要子公司在实现董事会规范运作基础上，全面依法落实董事会各项权利，激发经理层活力；其三，全面建立董事会向经理层授权的管理制度，依法明确董事会对经理层的授权原则、管理机制、事项范围、权限条件等主要内容，完善经理层议事规则，充分发挥经理层的经营管理作用。

二是不断完善内部治理体系，提升专业化管理能力。按照市场化企业的经营模式，城投公司应该结合实际情况建立科学的内部治理体系，逐渐提高内部治理能力和风险管理水平，推进城投公司的市场化转型进度。城投公司要对标一流，着力提升机构化的专业能力，包括公司管理和组织管控专业化、风险管理和合规专业化、信息化管理和科技管理的专业化。城投公司需要学习先进管理方法，不断改进制度流程，增强管理效能，避免规模扩大后管理效率也随之下降的"大企业病"问题。城投公司还需要提高对政府政策、市场需求等外部环境的灵敏度，要强化战略管理能力，根据地方国有资产的布局规划、市场需求变化等及时调整企业发展战略，既不能盲目进入没有基础的领域，也不能一味回避风险甚至躺平，错失发展良机。

三是建立健全尽职免责机制和容错纠错机制。城投公司转型道阻且长，路径和转型前景具有较大的不确定性，任何人都不能保证一定可以转型成功。推动城投公司转型，需要为城投公司任职人员营造良好的履职环境，建立尽职免责与容错纠错机制。通过尽职调查、风险评估、合规管理等手段，减少或避免因工作失误或过失而引发的责任，减少因转型带来的工作风险，保护员工权益。

（二）健全市场化经营机制，激发内生动力活力

健全市场化经营机制不仅是城投公司转型的必经之路，也是深化国资国企改革的核心要求。城投公司健全市场化经营机制的核心是深入推进人事、劳动、分配三项制度改革，坚决破除利益固化的藩篱，建立市场化选人用人和激励约束机制，健全更加精准灵活、规范高效的收入分配机制。

一是深化市场化选人用人机制改革。传统上城投公司董事会和管理层的成员一般由地方政府的行政部门干部任职或兼职，很少通过市场化招聘引进专业素养较高的管理人员。健全市场经营机制，要求城投公司在正确研判人力资源现状、做好人才规划的基础上，深入推行分级分类公开招聘，加快建立和实施以劳动合同管理为关键、以岗位管理为基础的市场化用工制度，实行有利于吸引和留住关键岗位核心骨干人才的政策，提高人力资源的综合素质，提升市场化人才比重，促进企业内人力资源的转型。持续加强经理层任期制和契约化管理，推动管理层人员的市场化、专业化和多元化，充分发挥不同类型人才的优势。健全管理人员岗位职级体系和综合考核评价制度，强化考核结果刚性运用，对考核评价不能胜任的，依法依规调整岗位、降职降薪。

二是完善市场化薪酬分配机制。对城投公司而言，选人用人难度不是最大的，最大的难题在于如何更好地留住高素质人才，并建立高素质人才与企业共同发展的相关制度。城投公司需要建立具有市场竞争优势的核心关键人才薪酬制度，推动薪酬分配向作出突出贡献的人才和一线关键苦

脏险累岗位倾斜，通过物质激励、精神激励提高企业对人才的吸引力，提高员工的工作积极性。

三是灵活开展多种形式的中长期激励。结合实际情况，统筹运用各类中长期激励政策，强化业绩考核和激励水平"双对标"，实现激励与约束相统一。以价值创造为导向，聚焦关键岗位核心人才，建立超额利润分享机制。对从事新产业、新业态、新商业模式的城投公司，或者在具有较高风险和不确定性的创新业务领域的城投公司，激励员工积极参股跟投，以实现风险共担、利益共享。

（三）加强财务管理，提高财务独立性

虽然大部分城投公司已经形成了独立的财务管理机制，但仍存在城投公司融资供地方政府使用等现象，大大降低了城投公司的财务独立性，也阻碍了城投公司转型的进程。提高城投公司的财务独立性可以从四个方面着力。

一是规范财务管理制度。城投公司应建立规范、独立的财务管理制度，确保财务信息的真实、准确和完整。同时，城投公司应遵守国家法律法规和会计准则，加强内部控制，提高财务管理水平。

二是明确财务责任与权益。城投公司应主动厘清自身和地方政府的财务责任和权益。对于城投公司的市场化经营业务，城投公司应独立承担其经营活动的财务后果，包括债务偿还和利润分配等；对于城投公司承接的公益性和准公益性项目，应事先与地方政府书面约定各自的财务责任与权益。

三是逐步实现城投公司市场化经营性业务与政府公益性和准公益性业务的财务分离。通过设立单独台账等方式，厘清与地方政府的财务往来，逐步实现分账管理，以有效隔离财务风险。

四是建立财务沟通协作机制。城投公司与地方政府之间应建立有效

的沟通协作机制，加强信息共享和协同工作，共同研究解决因承担政府项目产生的财务问题，推动城投公司的稳健发展。

第三节 城投公司业务转型方向与风险

城投公司转型中最具有代表性的当属业务层面的转型。由于不同城投公司面临的基础条件不同、所处的区域环境不同、地方政府可提供的支持不同，城投公司转型需要结合自身实际情况。例如，在东部沿海城市城投公司开展的市场化业务在中西部可能遭遇失败。由于国内行业内竞争激烈，盲目地复制其他地区做法只会带来产能过剩，导致一地鸡毛。对于城投公司来说，成功的转型不仅要求城投公司自身有转型的意识，还对区域资源禀赋、当地政府支持等外部条件要求较高。目前城投公司转型可拓展的业务方向有以下五大种类，但同时也存在较大风险。

一、向建筑工程企业转型

城投公司最传统的业务就是委托代建业务。过去城投公司背靠地方政府拿到项目后，进行收益包装、项目融资、委托分包，挣"简单"钱。随着基础设施从"增量"步入"存量"时代，这种模式难以为继。但城投公司作为区域内主要的基础设施建设主体，积累了丰富的建筑工程施工经验，拥有房建、道路、桥梁建设等专业资质，尤其部分省级和地市级城投的专业资质较为齐全，因此具备无缝转型为建筑工程企业的条件。这部分城投公司的转型可以从熟悉的工程项目着手，向上下游产业链延伸。向上游延伸就是不把政府委托项目转包或者分包出去，而是自行从事工程建设，赚取施工利润。向下游延伸就是承接完工项目的经营和管理，成立物业管理公司，收取管理费用。

典型案例：济南城建集团有限公司（简称"济南城建"）。济南城建是向建筑工程转型较为成功的城投公司之一。目前公司业务板块涉及工程施工、设计咨询、项目管理、试验检测、建筑产业化、物流贸易、投资运营八大领域，从前期投资规划到后期服务经济，公司致力于打通全产业链。同时，济南城建不断完善市场布局，在稳固本地市场的同时，积极向外地市场开拓。截至 2024 年 3 月，济南城建经营区域遍布全国 27 个省（自治区、直辖市）的 148 个城市及海外市场。

相较于民营企业，城投公司在项目承接、资金成本、回款洽谈方面具有竞争优势，向建筑工程企业转型难度相对较低。但建筑工程类企业普遍具有负债率较高、利润空间较小、现金流较差的行业特征。城投公司若想深耕建筑工程赛道，需要所在区域具有较多可供施工的新建、重建项目，或者通过跨区经营甚至跨国经营，发挥出规模优势。同时城投公司需要加强融资和回款管理能力，保障现金流的稳定。

二、向地产开发企业转型

土地开发整理、棚户区改造和保障房建设也是城投公司的主要业务之一。城投公司本身拥有大规模土地资产，拿地也更有优势，因此具备向房地产企业转型的基础。部分城投公司已经在此基础上开拓商品房开发业务，从一级土地整理向二级房地产开发延伸，实现一二级联动。具体来看，城投公司可开展的业务又可细分为三项：一是住宅，自行开发建设或者与大型房地产企业合资开发，将城投公司具有的土地资源、政商关系优势与大型地产企业拥有的人才、技术、经验等优势相结合，向区域性房地产企业转型。二是商业地产，通过在核心地段建造写字楼、商场等商业地产，租售并举获取收入。三是产业地产，建造产业园区并招商引资，获取租金收入和其他服务收入。

典型案例：北京城建集团有限责任公司（简称"北京城建"）。北京城建是以房地产开发经营为主业的大型品牌地产商。在发展战略上，北京城建坚持立足于北京、拓展周边和一、二线城市及中心城市的拿地策略，开发区域遍布北京、天津、重庆等一、二线城市以及三亚、青岛等热门旅游城市。在产品格局上，北京城建坚持别墅产品高端化、商品房产品品质化以及保障房产品标准化的发展方向。

但须注意的是，向住宅或商业地产转型要求城投公司拥有核心区位土地资源，但核心区域的土地资源属于不可复制资源，竞争较为激烈。同时，房地产开发前期资金需求较大，可能会进一步加剧城投公司的债务风险。更为重要的是，目前房地产行业仍处于调整转型期，在大量房地产企业暴雷的情况下，城投公司贸然进入房地产业的风险较大，需要更加谨慎。向产业地产转型则对产业发展前景、区域规划、招商引资要求较高，同时地方政府需要给予入住企业租金、税收、担保等方面的优惠，目前产业园区空置现象也较为普遍。

三、向公用事业企业转型

供水电热气、污水处理、垃圾处理、公共交通等公用事业具有较高的准入门槛和较强的规模效应，民营企业很难获得特许经营权进入相关领域经营。城投公司在经营公用事业上具有天然优势，也可为自身提供稳定现金流。一方面，城投公司可以整合区域内资源，成为集供水、供电、供热等为一体的全方位公用事业运营商，发挥规模优势、降低经营成本，增厚公用事业利润。另一方面，公用事业事关民生，整体利润较低，容易获得地方政府的补贴，亦是城投公司重要的收入来源。

典型案例：上海城投（集团）有限公司（简称"上海城投"）。上海城投自成立以来聚焦路桥、水务、环境、置业四大业务板块。根据上海城投发布的 2023 年公司债券年度报告，2023 年水务、置业、环境和路桥四大板块的营收占比分别为 43.2%、19.2%、31.2% 和 11.5%，板块毛利率分别达到 15.4%、28.4%、18.5% 和 20.6%。经过多年积累，上海城投运营收费高速公路占全市 75%，原水供应能力占全市 98%，自来水生产、污水处理能力占全市 75%，防汛排水能力占全市 60%，承担全市 80% 的生活垃圾转运和 100% 的医疗废物转运处置。[①]

此外，城投公司在长期经营公用事业的过程中积累了大量的交通类数据（如路网车流量数据、停车场数据等）和市政类数据（如供热、供气、供水等数据及社会治理数据等）。城投公司可通过探索数据资产入表，降低企业的资产负债率，拓宽融资渠道；通过数据资产运营，拓展市场化业务范围，进一步优化市政服务，提升自身的盈利水平。2023 年 8 月，财政部制定印发了《企业数据资源相关会计处理暂行规定》，为数据资产入表及后续的资本化操作提供了指引。2024 年年初至 4 月末，已有临沂城市建设投资集团有限公司、德阳发展控股集团有限公司、天津临港投资控股有限公司等多家城投公司完成数据资产入表。须注意的是，目前数据资产的入表及运营处于初级阶段，我国数据要素市场竞争"白热化"和资源"碎片化"并存，数据如何定价及交易、数据产权如何确认、政府应当扮演的角色等诸多问题尚未达成共识[②]，为城投公司此类业务的开展增加了不确定性。

但是向公用事业转型对城投公司所在城市规模及地区经济财政实力要求较高，城市规模大才能发挥出规模效应，地区财力强地方政府才有能力提供补贴。绝大部分二、三线城市的经济发达程度、人口规模、居民收

---

① 详见本书第十二章案例分析。

② 《发改委价格监测中心王建冬：数据要素市场制度建设的三个关键问题》，2024 年 4 月 16 日，见 https://www.163.com/dy/article/IVTN3FJV0552A9XP.html。

入水平都远达不到让其可以实现自负盈亏的水平，因此大部分公用事业类城投公司基本长期处于亏损状态，严重依赖于政府补贴。

四、向产业投资类企业转型

城投公司转型为产业类企业的方式主要有两种：一是若城投公司已经部分涉及经营性业务，可将这部分业务发展壮大，提升经营性业务占比。二是城投公司可以通过收购或地方政府划转的方式，获得优质产业公司的股权，进入相关业务领域。近年来，城投公司控股或持股优质工商企业的现象较为普遍，例如泸州市兴泸投资集团有限公司参股泸州老窖股份有限公司、株洲市国有资产投资控股集团有限公司持股株洲千金药业股份有限公司等。

但收购产业公司于城投公司而言是机遇也是挑战。一方面，城投公司可以通过持股产业公司拓展经营性业务或与自身业务形成协同效应，从而实现多元化经营，增加经营性现金流。但另一方面，该转型方向要求区域内具有优质的工商企业，同时要求城投公司具有一定的市场化管理经验，贸然进入反而容易加大自身亏损甚至需要为其持股企业输血。

五、向资本运营类企业转型

一方面，城投公司可以通过直接控股或间接控股的方式成为控股型集团。另一方面，通过设立产业引导基金，布局重点产业和战略性新兴产业。相较直接入股，产业引导基金可以结合财政资金、自有资金，并撬动社会资本，发挥出财政资金的引导效应和乘数效应，近年来受到地方政府的青睐。

典型案例： 广州开发区控股集团有限公司（简称"广开控股"）。广开控股以科技金融为主业，涵盖金融、科技、园区三大板块，致力于打造国内一流科技金融平台。截至 2024 年 3 月，广开控股已控股 14 家企业，参股超 110 家企业，是粤开证券股份有限公司、上海泰胜风能装备股份有限公司、广州恒运企业集团股份有限公司和北京利德曼生化股份有限公司等公司的控股股东。①

但这种模式不仅要求城投公司具有充足的资金，更要求城投公司拥有市场化的运行机制、专业的投资能力及完善的风控制度，能够提高投资胜率，控制风险敞口。

———————————

① 详见本书第九章案例分析。

第八章
城投公司参与政府引导基金：理想与现实

　　在房地产市场下行、土地财政难以为继的背景下，以政府引导基金为主要表现形式的"股权财政"受到地方政府青睐，引起众多经济学家和财政人士的关注。一方面，政府引导基金作为政府投融资体制的重大创新，以少量资金投入达到扶持当地产业、推动当地中小企业发展的目的，有利于提高财政资金使用效益，发挥财政资金的杠杆作用；另一方面，政府引导基金产生的分红收益，可以成为新的财政收入增长点，在一定程度上缓解财政收支矛盾。在实际操作中，城投公司作为载体之一，主要以普通合伙人（GP）身份参与政府引导基金，采用产业基金的形式投向实体企业，通过资金与政策"组合拳"推动地区产业发展。通过参与政府引导基金，城投公司可以获得稳定的现金流、改善资产负债表，形成"投资政府引导基金—现金流增加—所有者权益增长—融资渠道扩张—提高城市综合服务—优化地区产业结构—吸引更多产业投资基金"的良性循环，在促进城市经济增长和产业升级的同时，完成城投公司的转型。然而城投公司参与政府引导基金，也需要遵守市场规则，提高合作的合规性与透明度。政府需要加强对城投公司的监督和指导，确保城投公司能够更好地发挥作用，推动政府引导基金健康发展。

第一节 政府引导基金的理想：作为城投转型与股权财政的抓手

近几年，"股权财政"成为热门讨论话题，结合城投公司临转型的背景，本节分析了股权财政接替土地财政的可能性、股权财政的重要表现形式、城投公司参与政府引导基金的情况，以及出现的问题和建议，旨在为读者提供理论和实践参考。

一、市场和社会提出股权财政接替土地财政，但是概念似是而非

在房地产市场下行、土地财政难以为继的背景下，寻找新的财政收入增长点、弥补财政资金缺口成为地方政府迫在眉睫的问题，股权财政受到众多经济学家和财政人士的关注和讨论，希望国有资本和国有资源能在国家财政中发挥更大作用。

市场对股权财政的讨论越来越多，并认为未来的方向就是股权财政取代土地财政，但何谓股权财政并未有明确、清晰的概念。实际上，这是一种不严谨的提法，容易引发公众对政府权力过度干预市场的认知和预期。

（一）关于股权财政的两个流行观点

一方面，部分观点认为股权财政是提高国有资产的收益率。根据《国务院关于 2022 年度国有资产管理情况的综合报告》，2022 年全国国有企业（不含金融业）资产总额为 339.5 万亿元，负债总额为 218.6 万亿元，国有资本权益为 94.7 万亿元。有专家经过简单测算后指出，通过提质增

效、提高国有企业总资产收益率 1 个百分点，则可产生超 3 万亿元的收益，弥补土地财政减少带来的收入缺口。但实际情况是，根据国务院国资委数据，2022 年国有企业利润总额为 43148.2 亿元，同比下降 5.1%，据此计算的国有企业总资产收益率 [①] 为 1.3%，提高 1 个百分点意味着利润总额要增长 75% 以上，实现难度较大。从上市公司来看，由于国有企业大多分布在重资产行业、公用事业等领域，其盈利能力长期低于民营企业（见图 8-1）。提高国有企业利润率一直在推进中，但这是一个中长期课题，短期内难以迅速见效。

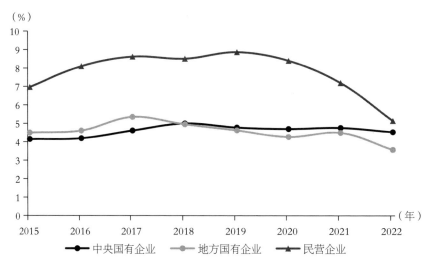

图 8-1　2015—2022 年不同属性上市公司总资产收益率（ROA）中位数变化趋势

资料来源：Wind、粤开证券研究院。

　　另一方面，部分观点认为股权财政就是发挥国有资本的引领和带动作用，吸引社会资本参与投资具有核心竞争力的高新产业，在资本市场有序退出后，投向下个产业，实现国有资本保值增值和良性循环。简而言之，政府将原项目中的财政拨款补助变为投资和股权，即"拨改

---

① 　总资产收益率 = 利润总额 /（期初总资产 + 期末总资产）×2。

投"，实际上这种形式就是政府引导基金，地方政府实践早已有之。

(二) 股权财政的实质

本章认为，谈及股权财政，必须先厘清概念本身以及不同语境下股权财政的实质，有必要从政府权利来源的角度，认识政府获得收入的两种方式。

一是税收，即政府为满足社会公众的需要，凭借政治权力，按照法律规定强制地、无偿地获取财政收入的一种方式。近年来随着宏观经济持续下行、政府推出大规模减税降费，宏观税负持续下行，财政汲取能力下降，财政收支矛盾持续凸显、紧平衡成为常态。2023 年税收收入为181129 亿元，增速为 8.7%，[①] 两年平均增速仅为 2.4%。

二是产权收入，即政府以产权所有人身份，凭借其所拥有的土地、国有资产、国有资源等获取收入的方式，主要体现在政府性基金预算中的国有土地使用权出让收入和国有资本经营预算收入。土地财政是地方政府筹集资金的重要渠道，但随着城镇化进程放缓、人口老龄化加速、少子化现象加剧导致房地产市场低迷、土地财政收入持续削减。2023 年国有土地使用权出让收入为 57996 亿元，在 2022 年下降近 2 万亿元的基础上继续下降 8858 亿元，同比下降 13.2%；国有土地使用权出让收入占 GDP 的比重在 2023 年为 4.6%，分别较 2022年和 2021 年下降 0.9 个和 2.8 个百分点（见图 8-2）。相较而言，国有资本经营预算收入规模较小，2023 年为 5688.6 亿元，占 GDP 比重仅为 0.45%。

[①]　《关于 2023 年中央和地方预算执行情况与 2024 年中央和地方预算草案的报告》，2024 年 3 月 14 日，见 https://www.mof.gov.cn/zhengwuxinxi/caizhengxinwen/202403/t20240314_3930581.htm。

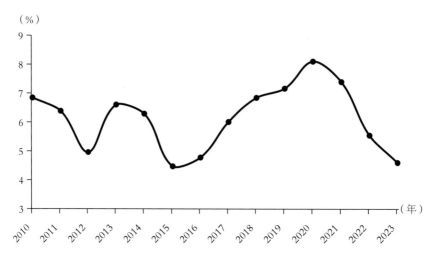

图 8-2　2010—2023 年国有土地使用权出让收入占 GDP 比重

资料来源：Wind、粤开证券研究院。

综上所述，真正意义上的股权财政实质上是指政府凭借产权所有人和出资人身份从国有资产使用中获得的收入，集中体现在我国目前四本预算中政府性基金预算中的国有土地使用权出让收入和国有资本经营预算收入。至于市场和社会提及的股权财政，并非真正意义上的股权财政；各方提及的股权财政取代土地财政，实际上是想表达未来的财政收入不能再高度依赖土地财政，而是要依靠经济发展方式转型，从以地引资的模式转向"政府引导基金重塑税基"。具体而言，基金招商、政府股权投资的意图是发挥国有资本的引领作用和放大功能，吸引社会资本参与投资具有核心竞争力的高新产业，实现国有资本保值增值的同时，优化产业结构，重塑税基，实现税收与经济的同步增长。

城投公司是地方政府推动政府引导基金的重要抓手。一方面，城投公司具有深厚的政府背景和资源优势，在资本运作、项目管理等方面具备丰富的经验，可以发挥出自身的比较优势；另一方面，城投公司通过设立或参与政府引导基金，可以进一步拓宽融资渠道、提升专业技能，也有助于推动城投公司的转型升级和市场化运作。

（三）"政府引导基金重塑税基"难以取代土地财政，难以完全解决财政问题

股权财政取代土地财政是个伪命题，因为土地财政本身就是股权财政的一部分，至于各方面寄予厚望的"政府引导基金重塑税基"能否取代土地财政，总体来看难度较大。主要是基于以下三点。

一是从收入体量来看，"政府引导基金重塑税基"与土地财政相差巨大。2023 年全国国有土地使用权出让收入为 57996 亿元，即使连续两年大幅下降，仍相当于地方一般公共预算收入的 49.5%；国有资本经营预算收入 5689 亿元，与土地出让收入体量相去甚远。2023 年全国国有土地使用权出让收入加上土地和房地产相关的五项税收收入，二者合计占全国一般公共预算和政府性基金预算收入之和的 26.6%，占地方本级一般公共预算和政府性基金预算收入之和（28.6 万亿元）的 41.7%。①

二是土地财政对经济的拉动作用是"政府引导基金重塑税基"无法达到的。土地财政与房地产业相伴相生，作为国民经济的重要支柱，2023 年房地产业增加值接近 7.4 万亿元，占 GDP 的比重达到 5.8%。同时，房地产业还间接带动了建材、家具、黑色金属、有色金属、水泥等制造业以及金融、商务服务等第三产业。地方政府为了推动产业转型升级，新成立的政府引导基金更加聚焦新一代信息技术、高端装备制造、生物医药、新能源、新材料等重点领域，短期内规模有限。

三是"政府引导基金重塑税基"尚没有成熟的机制，容易引发隐性债务问题。当前地方政府主导的股权投资存在优质项目稀缺、专业管理人才缺乏、投资限制较多等问题，实际国有资本经营收益率较低甚至为负。同时，为了吸引社会资本进入，政府往往在募资阶段承诺最低收益，容易产

---

① 详见本书第三章第二节"土地财政式微要求城投公司另谋出路"。

生地方隐性债务问题。2017 年 5 月，财政部等六部门发布的财预〔2017〕50 号文要求，"地方政府及其所属部门参与 PPP 项目、设立政府出资的各类投资基金时，不得以任何方式承诺回购社会资本方的投资本金，不得以任何方式承担社会资本方的投资本金损失，不得以任何方式向社会资本方承诺最低收益"，但在实践中这种操作仍然存在。

二、"股权财政"的重要表现形式是政府引导基金

（一）政府引导基金的定义

政府引导基金是一种由政府发起设立、引导社会资本参与的政策性私募基金。政府引导基金只是一种习惯称谓，尚无官方定义。进入 21 世纪后，政府希望解决创投企业股权融资市场失灵问题，又不希望以传统直接财政补贴的形式耗费大量财政资金，政府引导基金模式应运而生。2002 年我国第一只真正意义上的政府引导基金——中关村创业投资引导基金成立以来，政府引导基金已经从初步探索、规范发展，走到目前的精耕细作阶段。在财政资金紧张和经济结构转型升级背景下，各地政府通过政府引导基金招商引资的需求不断增强。2015 年 12 月，财政部在《政府投资基金暂行管理办法》中首次明确了政府投资基金的定义，即政府投资基金是指各级政府通过预算安排，以单独出资或与社会资本共同出资设立，采用股权投资等市场化方式，引导社会各类资本投资经济社会发展的重点领域和薄弱环节，支持相关产业和领域发展的资金。2016 年 12 月，国家发展改革委发布的《政府出资产业投资基金管理暂行办法》指出，政府出资产业投资基金是指有政府出资，主要投资于非公开交易企业股权的股权投资基金和创业投资基金。

综合多个政策文件可知，政府引导基金是一种政府发起的，吸收银

行、非银金融机构及民间资本等社会资本共同设立的政策性私募基金，多以产业基金的形式投向特定行业。政府引导基金不完全以营利为目的，利用政府资金撬动社会资本，发挥政府资金的杠杆放大效应，引导资本投资方向，以达到招商引资、促进当地产业发展等目的。

（二）发展历程与现状：从遍地开花到精耕细作

2002 年以来，政府引导基金行业已经历了三个阶段。

1. 2002—2007 年：初步探索阶段

进入 21 世纪以来，解决中小企业特别是高新技术企业融资难问题成为政府的重要任务之一，而直接补贴形式又对财政资金的消耗较大，所以政府引导基金逐渐受到政府的青睐。2002 年，中关村创业投资引导基金成立，成为我国第一只真正意义上的引导基金，此后政府引导基金开始进入摸爬滚打的初步探索阶段。这一时期法律文件仅提出设立政府引导基金设想，但对基金的组织架构、风险控制、推出机制等尚未作出规定，对实际操作缺乏指导意义。2002 年 6 月，《中小企业促进法》提出国家设立中小企业发展基金，引导和带动社会资金支持初创期中小企业，促进创业创新，确立了政府引导基金的法律基础。2005 年 11 月，国家发展改革委等十部委发布《创业投资企业管理办法》，明确国家和地方可以设立创业投资引导基金，通过参股和提供融资担保等方式扶持创业投资企业的设立与发展。2007 年 7 月，财政部和科技部联合制定了《科技型中小企业创业投资引导基金管理暂行办法》，规定科技型中小企业创业投资引导基金专项用于引导创业投资机构向初创期科技型中小企业投资。

2. 2008—2016 年：规范发展阶段

这一阶段有关政府引导基金的专门性规范陆续出台，明确了引导基金的性质与宗旨、设立与资金来源、运作原则与方式、基金管理、监督与指导、风险控制等，全方位规范引导基金的设立与运作。2008 年 10 月，

《国务院办公厅转发发展改革委等部门关于创业投资引导基金规范设立与运作指导意见的通知》（国办发〔2008〕116号），为各级地方政府设立引导基金明确了操作指引，并明确引导基金的性质——由政府设立并按市场化方式运作的基金。在这一阶段，政府引导基金的受重视程度明显提高，常出现在国务院常务会议的议题中。2014年5月，国务院常务会议提出，"要成倍扩大中央财政新兴产业创投引导资金规模，加快设立国家创投引导基金，完善市场化运行长效机制，实现引导资金有效回收和滚动使用，破解创新型中小企业融资难题"[1]。2015年1月，国务院常务会议决定设立总规模400亿元的国家新兴产业创业投资引导基金，助力创业创新和产业升级。2015年9月，国务院常务会议又提出中央财政出资150亿元发挥杠杆作用和乘数效应，建立总规模为600亿元的国家中小企业发展基金，重点支持种子期、初创期成长型中小企业。政府引导基金的聚焦领域也在创业创新的基础上不断扩大，根据2016年12月国家发展改革委发布的《政府出资产业投资基金管理暂行办法》，引导基金应主要投资于非基本公共服务、基础设施、住房保障、生态环境、区域发展、战略性新兴产业和先进制造业、创业创新等七大领域。

3. 2017年至今：精耕细作阶段

随着各级政府批准设立的政府引导基金的规模逐渐扩大，政策目标重复、资金闲置和碎片化等问题日益突出，政策目标开始转向加强对设立基金或注资的预算约束、提高财政出资效益。2019年5月，国务院公布的《政府投资条例》提出，国家加强对政府投资资金的预算约束，政府及其有关部门不得违法违规举借债务筹措政府投资资金。2020年2月，财预〔2020〕7号文再次明确强化政府预算对财政出资的约束，对财政出资

---

[1] 《国家创投引导资金撬动创新型经济》，2014年5月22日，见 http://politics.people. com.cn/n/2014/0522/c1001-25050776.html。

设立基金或注资须严格审核，纳入年度预算管理，报本级人大或其常委会批准；禁止通过政府投资基金变相举债，地方政府债券资金不得用于基金设立或注资。同时，受资管新规①落地的影响，政府引导基金中的社会资本缺位，募资难问题制约引导基金的发展壮大。政府引导基金在设立阶段经历"遍地开花"的大规模增长后，在投资阶段面临着"政策性与市场化"的矛盾引起的投资步伐缓慢、财政资金利用率低下等问题。近年来多只政府引导基金修订管理办法，在出资比例、准入门槛与注册地要求、激励与返利政策、绩效评价体系等方面作出了修订，向精细化投资方向迈进。

近年来，随着我国股权投资市场调整过渡与地方财政收支矛盾加剧，政府引导基金设立步伐同步趋缓。根据清科研究中心统计，2023 年新设立的政府引导基金有 107 只，下降 25.2%；已认缴规模为 3118.5 亿元，下降 35.0%。截至 2023 年年底，我国累计设立政府引导基金 2086 只，目标规模为 12.2 万亿元，已认缴规模约为 7.1 万亿元（见图 8-3）。

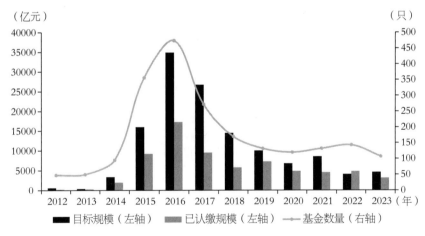

图 8-3　2012—2023 年政府引导基金设立情况

资料来源：清科研究中心、粤开证券研究院。

① 参见中国人民银行、银保监会、证监会、外汇局《关于规范金融机构资产管理业务的指导意见》（银发〔2018〕106 号）。

三、城投公司参与政府引导基金的情况

政府引导基金按照级别可分为国家级、省级、地市级和区县级四类，国家级产业引导基金资金主要来源于中央财政，主要支持重大科技任务、区域科技创新体系建设、科技创新基地建设、自由探索类基础研究等领域；省级产业引导基金主要落实省级产业规划和部署，地市级和区县级产业引导基金用于支持本地区产业发展。因此，通常情况下地市级和区县级政府引导基金为城投公司参与的主要类别，参与的形式通常为较为简单的平层基金或较为复杂的母子基金（FOF）。

（一）平层基金案例

在一些经济较为发达的区县，部分城投公司采用平层基金的方式出资参与产业基金，即城投公司作为有限合伙人，认购某只基金的份额，基金成立后直接投资于实体企业或项目。以肥西县城乡建设投资（集团）有限公司（简称"肥西城投"）为例，其本身主营业务为基础设施建设和安置房工程建设，近年来对应收入占比超过50%（见表8-1），属于典型的城投类企业。2017年以来，肥西城投作为有限合伙人，参与多只平层基金（见图8-4）。

表8-1 2022—2023年肥西城投营业收入构成情况

业务板块	2022年		2023年	
	营业收入（亿元）	占比（%）	营业收入（亿元）	占比（%）
安置房工程建设业务	8.2	22.5	26.8	58.7
道路工程建设业务	11.3	31.1	15.2	33.4
其他工程建设业务	0.2	0.5	2.1	4.6

续表

业务板块	2022 年		2023 年	
	营业收入（亿元）	占比（%）	营业收入（亿元）	占比（%）
保安服务收入	0.4	1.1	0.5	1.0
人才公寓租售	16.0	44.1	0.3	0.6
其他业务	0.3	0.7	0.8	1.7
合计	36.4	100.0	45.6	100.0

注：数据四舍五入保留一位小数导致存在微小偏差。

资料来源：《肥西县城乡建设投资（集团）有限公司公司债券年度报告（2023 年）》、粤开证券研究院。

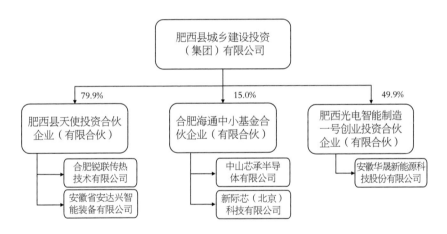

图 8-4　肥西城投参与的产业基金结构图

注：本图只显示了所涉及的部分产业基金。

资料来源：Wind、肥西城投债券募集说明书、粤开证券研究院。

（二）母子基金案例

为进一步放大资金杠杆，政府引导基金多采用母子基金（FOF）的形式，此类基金中的合伙人（普通合伙人或有限合伙人）可由地方国资企业或社会资本担任（见图 8-5）。城投公司在参与政府引导基金的过程中，本身或其子公司以有限合伙人（LP）身份参与子基金；若城投公司拥有具备资质和专业能力较强的子公司，则可以普通合伙人（GP）身份参与子基金管理，若城投公司不具备此条件，则须选聘外部机构担任此角色。作为普通合伙人的城投公司子公司获取管理费和投资收益分成，作为有限合伙人的城投公司或其子公司收回本金并获得剩余投资收益分成或者承担损失。

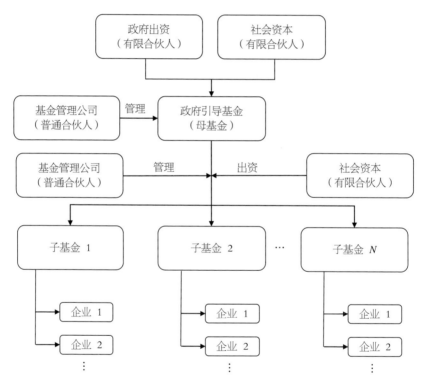

图 8-5　母子基金（FOF）模式的政府引导基金结构图

资料来源：Wind、粤开证券研究院。

以常州滨湖建设发展集团有限公司（简称"滨湖建发"）为例，其主要收入来源为代建工程，2022 年占比超过 60%（见表 8-2），属于城投类企业，其参与的子基金结构图见图 8-6。

表 8-2 2022—2023 年滨湖建发营业收入构成情况

业务板块	2022 年		2023 年	
	营业收入（亿元）	占比（%）	营业收入（亿元）	占比（%）
代建工程	7.4	62.0	7.4	30.2
贸易收入	1.2	9.6	5.7	23.3
租赁业务	1.9	15.7	2.4	9.8
土地一级整理服务业务	0.8	6.3	0.8	3.3
其他	0.7	6.1	0.7	2.9
房地产业务	0.0	0.4	7.5	30.6
合计	12.0	100.0	24.5	100.0

注：数据四舍五入保留一位小数导致存在微小偏差。

资料来源：Wind、《常州滨湖建设发展集团有限公司 2023 年度财务报表审计报告》、粤开证券研究院。

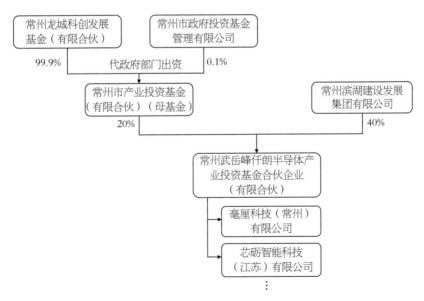

图 8-6 滨湖建发参与的 FOF 模式产业基金结构图

资料来源：Wind、滨湖建发债券募集说明书、粤开证券研究院。

（三）转型后的城投企业参与产业引导基金情况

近期转型的城投企业，如青岛经济技术开发区投资控股集团有限公司、杭州市拱墅区国有资本控股集团有限公司、新乡国有资本运营集团有限公司等均以 LP 身份参与产业基金出资，产业基金投资的公司涉及众多高科技企业（见表 8-3）。

表 8-3　部分转型的城投公司参与的产业基金投资

城投公司名称	基金名称	基金规模（亿元）	投资方向	已投资企业
青岛经济技术开发区投资控股集团有限公司	青岛西海产业投资基金合伙企业（有限合伙）	50.0	新一代信息及高端装备等	安徽省国信壹号股权投资基金合伙企业（有限合伙）
	青岛华资汇志股权投资基金合伙企业（有限合伙）	0.7	汽车交通、材料、生产制造等	青岛三祥科技股份有限公司、江苏天工工具新材料股份有限公司
杭州市拱墅区国有资本控股集团有限公司	杭州长津股权投资合伙企业（有限合伙）	23.2	消费零售、现代服务、医疗健康、数字产业化	北京博辉瑞进生物科技有限公司、广东恒翼能科技股份有限公司、先导电子科技股份有限公司、深圳市凯迪仕智能科技股份有限公司、河北金力新能源科技股份有限公司
	杭州求创凤栖谷股权投资合伙企业（有限合伙）	1.2	生命健康	杭州吉蕊科技有限公司、微脉技术有限公司、浙江天迈文化科技有限公司
	杭州财通领芯股权投资基金合伙企业（有限合伙）	1.0	半导体	浙江泓芯半导体有限公司、无锡前诺德半导体有限公司

续表

城投公司名称	基金名称	基金规模（亿元）	投资方向	已投资企业
新乡国有资本运营集团有限公司	河南省战新氢能产业投资合伙企业（有限合伙）、河南省战新氢能二期产业投资合伙企业（有限合伙）	25.0	燃料电池、能源矿产、汽车交通、新基建、信息技术、生产制造等	河南欧新特新能源科技有限公司、势加透博（北京）科技有限公司、上海骥翀氢能科技有限公司、未来（北京）黑科技有限公司、上海氢枫能源技术有限公司、上海骥翀氢能科技有限公司
	新乡数智产业投资基金合伙企业（有限合伙）	2.0	生产制造、电子信息产业、节能环保、能源矿产、材料等	新乡市慧联电子科技股份有限公司、河南中鑫新材料有限公司

资料来源：Wind、PEDATA MAX、粤开证券研究院。

（四）政府引导基金管理新趋势

为更好地管理政府引导基金，地方政府会结合本地的发展情况和产业规划，制定对应的政府引导基金管理办法。本章收集了 2023 年 1 月至 2024 年 3 月 16 个省（自治区、直辖市）（北京、河北、山东、安徽、辽宁、浙江、广西、江苏、山西、江西、黑龙江、湖北、广东、福建、四川和新疆）陆续发布的产业引导基金管理办法，涉及 19 个地级市及区县，反映了地方政府根据本地区具体情况进行的调整。

1. 明确投资方向

（1）从过往的情况来看，大部分基金管理办法仅大致划定可投资的产业范围。2023 年以来，部分基金管理办法明确了重点投资的具体行业。以《青岛市政府引导基金管理办法》为例，重点投向以下领域：

①智能家电、轨道交通装备、新能源汽车、高端化工、海洋装备、

食品饮料、纺织服装等七大优势产业；

②集成电路、新型显示、虚拟现实、人工智能、生物医药及医疗器械、智能制造装备、先进高分子及金属材料、通用航空、精密仪器仪表、氢能与储能等十大新兴产业；

③现代金融、现代物流、现代商贸、软件和信息服务、科技服务、文化旅游、会展等七大现代服务产业；

④市级以上重点人才创新创业、科技成果转化等项目。

（2）明确种子类、天使类和创投类基金的投资比例，"投早投小投科技"可操作性增强。以《临沂市政府投资引导基金管理办法》为例，相关规定如下：

①对种子类参股基金，市级引导基金出资不超过 50%，基金规模不超过 1 亿元，单个项目投资额度不超过基金规模的 10%。

②对天使类、创投类参股基金，市级引导基金出资比例不超过 40%、各级引导基金出资不超过 60%、基金规模不超过 2 亿元。

2. 降低返投要求

（1）下调返投比例，灵活认定返投比例。从早期的投资于本地的金额不低于引导基金对子基金实际出资的 2 倍或者 3 倍，大部分地方政府已经下调至 1.5 倍及以下，部分地方政府甚至降低到 0.6 倍，具体认定倍数可根据具体情况调整。例如，《青岛市政府引导基金管理办法》规定："引进经认定的国家级专精特新'小巨人'、国家级制造业单项冠军企业，可按认定金额的 1.5 倍计入投资青岛市企业的资金；引进经认定的拟上市企业主体、独角兽企业，可按认定金额的 2 倍计入投资青岛市企业的资金"，降低了返投的难度。

（2）放松子基金的注册地要求。以北京市《东城区政府投资引导基金管理办法》为例，要求"子基金应优先投资于东城区范围内的企业"，以下情形均可认定为投资东城区内项目或企业的金额：

①直接投资东城区内项目或企业；

②投资的东城区外企业将注册地和纳税地迁入东城区；

③投资的东城区外企业通过设立子公司形式将业务项目落户东城区；

④子基金管理人在管的其他基金投资满足上述①、②、③条的企业或项目；

⑤子基金管理人为东城区引进落地的具有实质性经营活动的法人企业，投资金额结合企业规模、纳税贡献等因素综合评判，经领导小组审议后予以认定。

3. 建立尽职免责和容错机制

在收集的 20 份基金管理办法中，10 份明确了尽职免责条款，部分以量化的形式明确了容忍的投资损失率。例如，《如皋市引导产业投资基金管理办法》规定，"'新三板'、省股交中心挂牌企业和拟挂牌企业等项目的投资损失容忍率最高可达 30%""市级以上各类创新创业大赛获奖项目等项目的投资损失容忍率最高可达 50%"。

第二节　政府引导基金的现实：不是万能钥匙，要因地制宜

一、政府引导基金在实践中存在的问题

"种下梧桐树，引得凤凰来"，目前各级政府高度重视资本招商、基金招商。在实践层面，财政通过股权投资带动经济发展、产业升级的案例并不罕见，典型的如合肥模式、深圳模式和苏州模式，但大多数产业引导基金存在一些不敢投、投不准、效益低等问题，亟待破局。

（一）募资困境：前期隐性担保问题仍存，资管新规后社会资本缺位

政府引导基金中社会资本的主要出资人为银行、保险等金融机构，募资对象较为单一。前期本着不与市场争利、吸引社会资本进入的理念，部分政府引导基金通过直接让利和优先回购来满足银行、保险等金融机构的风险收益需求。地方政府直接背书，对未来的基金股份回购资金来源作出连带担保的承诺，增加了地方政府的隐性债务。2018 年 4 月，在资管新规"去通道、破刚兑"的要求下，银行、非银机构投资受限，社会资本募资不足，导致许多政府引导基金无法如期成立。

（二）投资困境：投资限制较为严苛，实际执行可能流于形式

部分政府引导基金的目标在于促进地方产业发展，因此政府引导基金在投资地区与领域都有较为严格的限制，最为常见的是通过设置返投比例（投资当地项目）限制引导基金的投资于本地区的投资额。一方面，一些地区尤其是非发达地区的地方政府往往对基金管理人提出了较高的返投比例要求，但实际上当地投资机会较少、挖掘周期较长，导致政府引导基金效率低下，资金闲置问题突出；部分基金管理人视其为"卡脖子"资金，参与政府引导基金的积极性下降。另一方面，很多基金在临近截止日才会着手返投事宜，或者通过在外地设立子公司，将部分资金转移到子公司，年末合并财务报表时将其计入本地，实际投资却发生在外地，使返投比例限制流于形式，并未真正达到促进当地产业发展的目的。

（三）绩效评价困境：管理人不敢大胆投资，资金沉睡问题突出，偏离政策目标

政府引导基金虽然不以营利为目的，但国有资产属性要求保值增值，

管理人怕出错担责，不敢将资金投入处于种子期、初创期的创新创业领域。大多数政府引导基金的资金来源于政府出资，是国家对企业各种形式的出资所形成的权益，也属于国有资产，需要参照《中华人民共和国企业国有资产法》进行监管，具有国有资产保值增值的责任。因此，政府性引导基金虽不以营利为目的，但也不能容忍大幅亏损。因此大部分政府引导基金实际投资于成熟期等偏后期的项目，或直接购买理财产品，甚至直接闲置，没有达到促进创新创业企业、引导产业结构升级的政策目标。

二、可能的解决方案

当前背景下，政策对于引导基金的监管从积极引导新基金设立转向盘活存量基金，主要通过以下三种途径：丰富资金来源解决社会资本募资不足的问题，修订返投比例、出资比例、准入门槛等诸多限制增加引导基金对优秀基金管理人的吸引力，完善容错机制和绩效评级体系激活基金管理人的主观能动性。

（一）实现社会资本来源从传统到新型、从境内到境外的多元化发展

以往政府引导基金的募资对象主要是银行、保险等传统金融机构，这些金融机构虽然资金量充足，但风险承担能力弱，更倾向于获得固定的投资回报率，与政府引导基金回收期长、回报率不稳定的特质不符。未来，政府引导基金的募资对象可转向私募投资（PE）或风险投资（VC）机构、主权财富基金、高净值个人等风险承担能力与投资项目更匹配的投资主体。同时，募集资金的范围也不应局限于国内，在金融高水平对外开放的背景下，引导基金可以尝试与境外金融机构联合设立基金，广泛吸收海外资本，再返投于国内。

（二）适当放宽返投比例、注册地限制等诸多限制，逐步放权给市场

实践证明，政府对引导基金设置的种种限制难以达到促进本地区产业发展的初衷，反而产生无法吸引优秀基金管理人、扭曲管理人投资行为、基金运营效率低下等问题。不如适当放开返投比例、注册地等限制，让基金按照市场化有原则运行。近几年来已有多只基金开始放宽返投比例、准入门槛、注册地、出资比例等限制。例如，青岛市新旧动能转换引导基金将返投倍数由2.0倍降至1.1倍，河南省省级政府引导基金将"80%投资于河南省相关产业"调整为"不低于引导基金对子基金实际出资的1.5倍"。

（三）落实尽职免责容错机制，充分发挥基金管理人的主观能动性

为了让基金管理人敢于按照真实的意愿进行投资，引导基金必须完善容错机制。一方面，对已尽职履行的投资决策因不可抗力、政策变动等因素造成的投资损失，不追究受托管理机构责任；另一方面，按照引导基金投资规律和市场化原则进行综合绩效评价，不对单只子基金或单个项目的盈亏进行考核。早在2019年1月《国务院办公厅关于推广第二批支持创新相关改革举措的通知》（国办发〔2018〕126号）就指出要"以地方立法形式建立推动改革创新的决策容错机制""推动政府股权基金投向种子期、初创期企业的容错机制"，目前还需要在实际操作中进一步落实。2020年之后，政府引导基金的管理办法中增加尽职免责机制。以2023年3月发布的《安徽省新兴产业引导基金管理办法》为例，主题母基金、功能母基金投资损失容忍率最高40%，省级种子投资基金二期、省科技成果转化引导基金、新型研发机构专项基金投资损失容忍率最高50%，雏鹰计划专项基金投资损失容忍率最高80%。

案 例 篇

第九章
广开控股：从融资平台向新兴产业投资运营公司转型

广州开发区控股集团有限公司（简称"广开控股"）是广州开发区区属国有企业。广开控股从政策性融资平台起步，逐步参与招商引资和基础设施建设运营等业务，后参投乐金液晶面板项目并发展担保、小贷等特色金融服务，如今聚焦双碳智造、生物医药、新能源汽车和光电显示等战略性新兴产业赛道，形成科技金融服务、科技战略投资、科技园区运营三大业务板块协同模式，实现市场化转型。广开控股利用广州开发区独特的区域资源禀赋，在发展过程中以产业思维谋划业务方向，构建"科技—产业—金融"良性循环，成功地将自身打造为一家将科技、产业与金融高度融合的市场化经营国有企业。本章分析了广开控股的转型发展历程，认为打造市场核心竞争力、开展新兴产业投资、提升园区运营能力，以及优化企业管理是广开控股转型成功的关键因素。

第一节　广州开发区、广州市黄埔区区情与广开控股概况

一、广州开发区、广州市黄埔区基本情况

广州开发区成立于 1984 年，是首批国家级经济技术开发区，成立以

来GDP年均增速超20%，是广州市乃至粤港澳大湾区实体经济主战场、科技创新主阵地、区域经济增长极之一。2017年9月，广州开发区、广州市黄埔区实行功能区与行政区深度融合。2023年，广州市黄埔区地区生产总值为4315.2亿元，排名全市第二，拥有汽车、电子、能源三个千亿级产业和化工、食品饮料、电气机械三个百亿级产业，生物医药产业发展水平在全国位居第一梯队。2023年，广州市黄埔区一般公共预算收入完成208.1亿元，超额完成年度预算目标，收入规模和收入质量均位列广州市各区首位。[①] 广州开发区以占广州市6.5%的土地面积，创造了全市40%的工业产值、15%的GDP和17%的税收收入，地区生产总值、规模以上工业总产值、固定资产投资、实际利用外资、外商直接投资金额等指标保持全国经济开发区第一。[②]

"十四五"以来，广州开发区、广州市黄埔区围绕知识城、科学城、海丝城、生物岛打造"三城一岛"发展空间，加快培育全球一流的新一代信息技术、生物技术、新材料、新能源汽车产业集群，巩固提升绿色能源、高端装备、美妆大健康等先进制造业集群，超前布局量子科技、类脑芯片、尖端生命科学等未来产业，迈向高度知识密集、科技创新驱动的全新层级，着力打造国家级经济功能区高质量发展的典范。

二、广州开发区、广州市黄埔区区属国有企业概况

广州开发区、广州市黄埔区现有10家区属国有企业，分别为高新区集团、科学城集团、知识城集团、开发区投资、广开控股、现代能源集

---

① 《黄埔区2023年一般公共预算收入完成208亿元再创新高》，2024年2月1日，见 https://www.hp.gov.cn/gzhpcz/gkmlpt/content/9/9474/mpost_9474020.html。

② 《打造"中小企业能办大事"创新示范区，广州开发区为什么行？》，2023年12月28日，见 http://www.hp.gov.cn/xwzx/zwyw/content/post_9411152.html。

团、广开基金、开发区交投、人才教育集团、黄埔文化集团（见表 9-1）。2023 年，区属国有企业合计营业收入 657 亿元，利润总额 27.3 亿元，年末资产总额 5584 亿元。①

具体来看，10 家区属国有企业业务有一定重合。如广开控股、科学城集团、知识城集团、高新区集团、开发区投资均开展产业投资业务，广开控股、科学城集团、知识城集团、开发区交投均开展基础设施运营业务，广开控股、科学城集团、知识城集团、广开基金均开展金融业务。从产业投资的投向来看，不同企业存在一定差别，如广开控股主要投资新型显示、生物医药、新能源等，产业跨度较大，高新区集团则相对聚焦生物医药和医美健康，知识城集团偏重新材料产业。相比之下，现代能源集团、人才教育集团、黄埔文化集团的业务与其他企业有一定差异，三家企业的主要业务分别为能源、人才服务和教育、文化产业资源开发。

表 9-1　广州开发区、广州市黄埔区主要区属企业情况

名称	简称	成立时间	主要业务	资产和经营情况
广州高新区投资集团有限公司	高新区集团	1984 年 8 月 3 日	生物医药、检验检测、医美健康	2023 年年末总资产 813.8 亿元，营业收入 58.8 亿元
科学城（广州）投资集团有限公司	科学城集团	1984 年 8 月 21 日	新一代信息技术、基础设施建设与运营、环境工程、先进制造、金融	2023 年年末总资产 1471.2 亿元，营业收入 256.6 亿元
知识城（广州）投资集团有限公司	知识城集团	1984 年 7 月 19 日	房地产、工程建设、产业投资、商旅服务、农业、金融	2023 年年末总资产 1011.8 亿元，营业收入 110.5 亿元

① 《2023 年 1—12 月区属企业经济运行情况》，2024 年 2 月 9 日，见 http://www.hp.gov.cn/gzhpgz/gkmlpt/content/9/9490/post_9490010.html。

续表

名称	简称	成立时间	主要业务	资产和经营情况
广州开发区投资集团有限公司	开发区投资	1992 年 1 月 28 日	先进制造、美妆大健康、产业投资、科技园区投资	2023 年年末总资产599.4 亿元，营业收入 62.3 亿元
广州开发区控股集团有限公司	广开控股	1998 年 11 月 6 日	新型显示、生物医药、新能源等科技投资，园区运营，金融	2023 年年末总资产1483.3 亿元，营业收入 138.1 亿元
广州高新区现代能源集团有限公司	现代能源集团	2018 年 11 月 20 日	绿色电力、新能源等	2023 年年末总资产251.3 亿元，营业收入 52.5 亿元
广州开发区产业基金投资集团有限公司	广开基金	2017 年 7 月 5 日	基金投资、招商服务、园区运营、融资租赁	未披露
广州开发区交通投资集团有限公司	开发区交投	2017 年 5 月 12 日	交通基础设施建设与运营，土地开发，低空、新能源、物流等产业投资	未披露
广州开发区人才教育工作集团有限公司	人才教育集团	2017 年 8 月 7 日	人才服务、教育	未披露
黄埔文化（广州）发展集团有限公司	黄埔文化集团	2017 年 8 月 31 日	文化产业资源开发	未披露

资料来源：Wind、广开控股网站、粤开证券研究院。

三、广开控股概况

广开控股是广州开发区区属国有独资公司，成立于 1998 年，前身为广州凯得控股有限公司。截至 2023 年年末，广开控股注册资本为 115 亿元，总资产为 1483.3 亿元，是广州开发区资产规模最大、经营实力最强的国有资本运营实体。广开控股现有科技战略投资、科技园区运营、科技金融服务三大业务板块，控股企业 14 家，参股企业超 110 家，是穗恒运A、利德曼、泰胜风能、粤开证券、凯云发展等公司的控股股东，连续四年入围中国服务业企业 500 强榜单。

从业务板块来看，广开控股主要开展生物医药、高端装备制造、热电供应、项目建设运营、金融服务等业务。生物医药业务主要由广州凯得投资控股有限公司、广州高新区科技控股集团有限公司负责运营；高端装备制造业务主要由上海泰胜风能装备股份有限公司负责运营；[①]热电供应业务由广州恒运企业集团股份有限公司和广州穗开电业有限公司负责运营；项目建设运营业务由广州开发区投资控股有限公司负责运营；金融业务主要由粤开证券股份有限公司、广州凯得金融服务集团有限公司等负责运营。

从营业收入来看，广开控股 2017—2023 年营业收入分别为 35.1 亿元、37.0 亿元、64.4 亿元、63.5 亿元、81.1 亿元、93.4 亿元、142.0 亿元，呈现较快增长速度。2017 年转型启动之初，广开控股营业收入主要来源是热电供应，占营业收入的比重为 76.1%，至 2023 年新兴产业、热电供应、园区开发运营、金融与类金融营业收入分别为 52.0 亿元、47.0 亿元、25.3亿元、11.7 亿元，占比分别为 36.6%、33.1%、17.8%、8.2%。广开控股营业收入规模、结构较 2017 年变化较大，主要原因为 2019 年以来，广开控股投资泰胜风能、粤开证券等企业，推动新兴产业、金融业务收入快速提升（见表 9-2）。

表 9-2　2017 年和 2023 年广开控股营业收入构成（合并报表口径）

板块	2017 年		2023 年	
	营业收入（亿元）	占比（%）	营业收入（亿元）	占比（%）
新兴产业	0.0	0	52.0	36.6
热电供应	26.7	76.1	47.0	33.1

---

① 参见"24 广州控股 MTN001"募集说明书。

板块	2017 年		2023 年	
	营业收入（亿元）	占比（%）	营业收入（亿元）	占比（%）
园区开发运营	6.1	17.3	25.3	17.8
金融及类金融	2.3	6.6	11.7	8.2
其他			6.0	4.3
合计	35.1	100.0	142.1	100.0

注：新兴产业含高端装备、生物医药等；2017 年营业收入数据未区分"金融及类金融"和"其他"。

资料来源：Wind、粤开证券研究院。

第二节　广开控股发展历程：建设"金科园"协同的新兴产业投资运营公司

广州开发区、广州市黄埔的发展历程可概括为"因改革而生，因开放而长，因创新而强"。广开控股承继了广州开发区"杀出一条血路"的精神，从政策性融资平台起步，随后开始承担招商、项目代建等功能。随着国家加大对城投公司的监管力度，广开控股逐步剥离政策性融资业务，积极拓展科技投资和金融服务。2017 年以后，广开控股全面转型，在推动经营市场化和管理高效化的基础上，围绕科技金融、科技投资、科技园区运营三大业务板块，着力打造以科技金融为主业，涵盖"金融、科技、园区"三大板块的综合性企业集团。

一、融资平台阶段（1998—2010 年）：开展以政府融资为中心的多项政策性业务

1998 年，我国金融市场形势出现较大变化，外有金融危机席卷亚洲，

内有监管部门对信托等行业长期弊病开展整顿。为抵御外部冲击、提升融资能力、加快经济发展，广州开发区决定搭建投融资平台。1998 年 11 月，广州开发区管委会[①]组建广州凯得控股有限公司（简称"凯得控股"），该公司是广开控股的前身。在成立之初，公司的主要业务是为广州开发区建设进行融资，承担招商引资、担保和投资等管委会交办的任务，2006 年以后根据广州开发区及驻区企业的需要，开展了项目代建、金融等业务，体现了"立足开发区、依托开发区，服务开发区"的公司宗旨。

（一）开展传统城投业务

1. 承担政府性融资业务

1999 年 12 月，凯得控股与中国银行广东省分行签约，获得了 15.8 亿元贷款授信额度，该项融资是广州科学城起步建设取得的第一笔大额融资。此后，凯得控股一直承担贷款、偿还利息、申报中央财政贴息等工作，资金用于广州开发区道路桥梁等各项基础设施建设。截至 2010 年年末，凯得控股累计为广州开发区经济建设完成融资 126 亿元，为企事业单位提供担保 78.6 亿元，累计获得中央财政贴息 1.6 亿元。[②]

2. 参与招商引资，服务广州开发区发展

凯得控股 2005—2009 年连续五年获得广州开发区管委会颁发的"合同引进外资和实际引进外资双金牌"[③]，先后完成中外运华南冷链全球采购中

---

① 2005 年，广州市在广州开发区基础上成立了萝岗区，2014 年萝岗区与原黄埔区合并为新的黄埔区。2017 年 9 月后，广州市黄埔区、广州开发区深度融合。本章不作特殊区分，将广州开发区管委会作为广州经济技术开发区管理委员会（萝岗区人民政府）或广州经济技术开发区管理委员会（黄埔区人民政府）的简称。

② 广州开发区、萝岗区地方志编纂委员会编：《萝岗年鉴 2011》，中华书局 2011 年版，第 253 页。

③ 广州市黄埔区地方志编纂委员会编：《广州市萝岗区志》，广东人民出版社 2020 年版，第 389 页。

心、富大地产公司等开发区重点招商项目。2009 年，凯得控股代表广州开发区参与中新广州知识城项目具体工作，与新加坡雅思柏设计事务所签署《知识城概念性总体规划研究合作协议书》、与广东省城乡规划设计研究院签署《知识城总体规划（2009—2025）设计合同》。2010 年，旗下广州凯得科技发展有限公司①作为中方投资主体，与韩国 LG 显示公司签约投资乐金 8.5 代液晶面板生产线项目。项目于 2010 年 11 月获得国务院批准和国家发展改革委核准，为广州建设全球重要平板显示基地打下了重要基础。

3. 进入基础设施建设（代建）和运营领域

在广州开发区管委会推动下，凯得控股 2006 年开始进入工程建设领域。凯得控股设立子公司广州永龙建设投资有限公司(简称"永龙建设")②，作为开展交通、园区等基础设施项目建设运营业务的主体。建设方面，永龙建设实施了广州科学城总部经济区一期、萝岗中心区凯云楼等项目建设，具体模式是永龙建设与广州开发区管委会共同出资，建成后由永龙建设负责经营管理。永龙建设还实施了科技企业加速器一至五期等项目的代建，具体模式是由广州开发区管委会作为业主，永龙建设不垫付资金，根据施工进度收取代建管理费。运营方面，永龙建设负责萝岗会议中心、总部经济区一期等物业的运营管理。截至 2010 年 3 月，永龙建设拥有物业建筑面积合计约 66.4 万平方米③。2008 年，凯得控股还投资设立了广州凯得文化娱乐有限公司和广州凯得交通发展有限公司。前者主要负责广州国际羽毛球培训中心建设，以及广州国际体育演艺中心④的建设运营；后者重点负责开展广州国际生物岛科技中心项目、广州开发区捷运系统项目。

这一时期，凯得控股开展基础设施业务形成亏损时，可获得财政补

---

① 2019 年 1 月更名为广州高新区科技控股集团有限公司，简称"高新科控"。
② 后更名为广州开发区投资控股有限公司。
③ 参见"10 凯得 MTN1"债券募集说明书。
④ 该场馆是 2010 年广州亚运会篮球比赛场馆，现名宝能广州国际体育演艺中心。

贴。例如，园区类基础设施建设项目因减租、免租、计提折旧、支付银行贷款本息等造成的政策性亏损，由开发区财政给予补贴。①

（二）初步踏入资本运营和金融业务

1. 按照广州开发区管委会要求，开展上市公司资本运营

1999 年，经广州开发区管委会批准，凯得控股与广州开发区国际信托投资公司签约，受让广州恒运企业集团股份有限公司（简称"穗恒运"，为深交所主板上市公司）36% 的股份，成为穗恒运的第一大股东，并实现了相对控股②。穗恒运是广州重要的发电企业，凯得控股持有优质上市公司股份，有利于增强融资能力、降低融资成本。

2002 年，凯得控股收购上市公司乌江电力，将其更名为南方科学城，2007 年凯得控股推动完成南方科学城的股权分置改革，获得 1.5 亿元的税前收益。

2. 为驻区企业提供融资担保、科技投资等服务

2008 年，美国次贷危机引发全球性金融危机，我国推出"四万亿"的大规模投资计划。凯得控股把握时代脉搏，在原有业务基础上大力探索金融、投资等业务，设立了一批开展金融服务的子公司，具体包括担保、基金投资、科技投资等。截至 2010 年年末，旗下广州凯得投资担保有限公司（简称"凯得担保"）③ 累计为阳普医疗科技股份有限公司等 113 家企业提供 174 笔贷款担保服务，累计实现经营净利润 3439 万元；旗下广州凯得科技创新投资有限公司设立中科白云、广州力鼎凯得等子基金，共投资 18 个项目，投资总额超过 7.8 亿元；旗下广州科技创业投资有限公司投

---

① 参见"10 凯得 MTN1""12 凯得 MTN1"债券募集说明书。

② 穗恒运实际控制人为广州开发区管委会，凯得控股实际上不参与穗恒运日常经营管理。

③ 2011 年 4 月更名为广州凯得融资担保有限公司。

资的达意隆、博云新材、阳普医疗等企业已成功上市，3 家上市企业投资回报率超 3 倍。①

二、转型过渡阶段（2011—2016 年）：剥离政策性融资业务，拓展科技金融和投资业务

2010 年，国务院印发《关于加强地方政府融资平台公司管理有关问题的通知》（国发〔2010〕19 号），国家对融资平台管理趋严。根据新的监管要求，凯得控股退出政策性融资业务，向经营性公司转型。"十二五"期间，凯得控股结合广州开发区经济发展和企业培育需要，不断提升园区建设和运营能力，大力开展新兴产业股权投资和招商引资，并面向驻区企业提供融资担保、小额贷款等金融服务。科技与金融的融合成为凯得控股发展过程中的一大亮点。2012—2014 年，凯得控股连续 3 年入选中国综合服务类 500 强企业。

（一）调整原有融资业务

在这一时期，凯得控股的政策性融资业务面临内外部两方面压力。一方面，广州开发区政府融资平台功能主要由凯得控股和开发区投资②两家政策性国有企业承担，2008 年年末两家公司资产负债率已经较高，分别达到 72% 和 86.5%，融资难度增大。③ 另一方面，2011 年 8 月，凯

---

① 广州开发区、萝岗区地方志编纂委员会编：《萝岗年鉴 2011》，中华书局 2011 年版，第 253 页。

② 当时公司名为广州经济技术开发区国有资产投资公司，2017 年更名为广州开发区投资集团有限公司。

③ 广州市黄埔区地方志编纂委员会编：《广州市萝岗区志》，广东人民出版社 2020 年版，第 358 页。

得控股被银监会列入地方政府融资平台名单。受此影响，凯得控股融资活动减少，但仍进行了一定规模的融资。2012 年，凯得控股发行"12 凯得 MTN1"中期票据，发行规模 16 亿元，旗下永龙建设获得兴业银行 5 亿元贷款。2015 年 8 月，凯得控股正式退出政府融资平台，从"平台类"变更为"一般类"公司。2015 年 11 月，凯得控股发行"15 凯得控股 MTN001"中期票据，发行规模 4 亿元。

（二）投资乐金显示等企业，布局战略性新兴产业

凯得控股开展科技投资业务的子公司，包括广州凯得科技发展有限公司[①]、广州凯得科技创业投资有限公司、广州凯得新兴产业投资基金有限公司[②] 等。

凯得控股与韩国 LG 显示公司、创维数码共同投资乐金广州 8.5 代液晶面板生产线。项目投资规模为 40 亿美元，是韩国 LG 显示公司首座海外面板工厂，也是当时广州引进外商投资规模最大的项目。该生产线主要用于生产 45—55 英寸超高清液晶电视面板，设计月产能为 12 万片玻璃基板。项目于 2012 年 5 月开工，2014 年 7 月投产。

广州凯得科技创业投资有限公司运营广州开发区设立的创业投资引导基金（包括引导基金和种子基金），主要投资初创期、成长期科技企业。截至 2015 年年末，累计出资参与或发起设立中科白云等 5 只子基金，合计出资 4.1 亿元，带动社会资本近 16.5 亿元，累计投资额 19.2 亿元，所投项目涵盖信息技术、生物技术和现代医药、新材料、现代制造、新能源等新兴技术领域。[③]

[①]　该公司为乐金广州 8.5 代液晶面板生产线的中方国资股东。

[②]　2020 年 2 月更名为广州凯得投资控股有限公司，简称"凯得投控"。

[③]　广州市黄埔区地方志编纂委员会编：《广州市萝岗区志》，广东人民出版社 2020 年版，第 387 页。

广州凯得新兴产业投资基金有限公司于 2016 年成立。截至 2017 年年末，公司参与设立 5 只子基金，累计投资项目 10 个，决策投资额 4587.5 万元；申请市级政府引导基金对瞪羚基金（由凯得基金自主募集）出资 5000 万元；受托管理的广州国家级文化和科技融合示范基地建设专项资金，决策项目 9 个，完成投资金额 2925 万元。

（三）发展各类金融服务，满足驻区企业金融需求

一是发展小额贷款业务。2012 年，为解决区内中小企业的融资难题，凯得控股发起设立广州凯得小额贷款股份有限公司（简称"凯得小贷"）。凯得小贷实行混合所有制，凯得控股占股 30%。至 2014 年 8 月末，小额贷款业务累计投放贷款 93 笔，投放金额 2.6 亿元，平均每笔贷款投放金额 274 万元。

二是参投设立广州股权交易中心。凯得控股参投的广州股权交易中心于 2013 年 8 月开业试运行，开业前首批挂牌公司达 80 家。至 2014 年，交易中心累计挂牌企业 804 家，133 家企业实现融资交易 30.6 亿元，其中 61 家挂牌企业实现增资扩股 7.5 亿元，64 家挂牌企业实现股权质押融资 10.4 亿元，4 家企业通过知识产权质押融资 12.4 亿元。[1]

三是加快原有担保业务发展。凯得担保经过多年发展，成为广州地区获得银行授信支持最高的担保机构之一，获得银行总授信额度超过 26.5 亿元，累计为 301 家企业提供 415 笔贷款担保服务，总担保金额为 33.7 亿元。

（四）服务园区发展，继续开展项目代建、物业运营等业务

凯得控股开展园区建设运营业务的子公司，主要有承担重点项目建

---

[1] 广州市黄埔区地方志编纂委员会编：《广州市萝岗区志》，广东人民出版社 2020 年版，第 387 页。

设、代建业务的永龙建设，以及开展物业管理业务的广州凯云物业管理有限公司（简称"凯云物业"）①。永龙建设实施了总部经济区等项目建设，开展了乐金液晶面板生产线、广汕公路改造、知识城南安置项目等代建工程。2013 年，永龙建设"暗补改明补"市场化经营方案获得广州开发区管委会批准。② 截至 2014 年年末，凯云物业管理物业总面积达 138 万平方米，入驻企业 490 家。2017 年，凯得控股向深圳市钜盛华股份有限公司转让广州国际体育演艺中心，此后开发区财政不再对这一项目提供运营补贴。

三、科技投资阶段（2017 年至今）：以科技为中心，构建"金融、科技、园区"协同模式

2017 年 4 月，《国务院批转国家发展改革委关于 2017 年深化经济体制改革重点工作意见的通知》（国发〔2017〕27 号）公布，要求深入推进国企国资改革，加快推动国有资本投资、运营公司改革试点。广州开发区、广州市黄埔区大刀阔斧进行国有企业改革，推动了凯得控股公司定位和经营模式的重要转变。凯得控股从公益类企业转变为竞争类企业，并实施重组整合，组建广州开发区金融控股集团有限公司（简称"开发区金控"），步入转型升级新阶段。2020 年，《国务院关于实施金融控股公司准入管理的决定》（国发〔2020〕12 号，2024 年 1 月 13 日已被修改）、《金融控股公司监督管理试行办法》（中国人民银行令〔2020〕第 4 号）先后出台，"金融控股"成为一类金融牌照，且具有一定的准入标准及监管要求。由于开发区金控的发展愿景与"金

---

① 2020 年 9 月更名为广州凯云发展股份有限公司，简称"凯云发展"。

② 广州开发区、萝岗区地方志编纂委员会编：《萝岗年鉴 2014》，广东人民出版社 2014 年版，第 192 页。

融控股"的内涵并不完全吻合，开发区金控按照"科技金融，和合共赢"的发展理念，再度转型、重新出发，于 2021 年年初正式更名为广州开发区控股集团有限公司（简称"广开控股"）。在新的阶段，广开控股的发展重点转向投资世界顶尖重大产业项目、加快培育综合金融服务。广开控股锚定战略性新兴产业投资，推进高质量园区运营和招商引资，发展多层次金融业务，建设以科技金融为主业、具有市场竞争力的综合性科技控股公司。2020—2023 年，广开控股连续 4 年入围中国服务业企业 500 强榜单。

（一）打造独特的"金科园"协同模式

2017 年以来，广开控股聚焦科技发展，打造独特的"金科园"模式。在"科技金融服务、科技战略投资、科技园区运营"三大业务板块的基础上，聚焦双碳智造、生物医药、新能源汽车、新型显示等战略性新兴产业赛道，发挥板块间协同作用，凝聚企业创新活力，实现"以实体产业创造企业价值、以企业价值服务产业发展"的良性循环。

"金科园"的协同作用主要体现在三个方面：一是在科技战略投资板块，通过"私募股权投资＋产业控股"实现产业链细分赛道的投资、并购与经营，并为科技金融板块、科技园区板块储备客户资源、业务资源。二是在科技金融服务板块，通过"券商＋金服"提供全链条金融服务，赋能科技战略投资板块被投企业及科技园区入驻企业发展，并发挥牌照金融优势协同科技战略投资板块、科技园区板块开展资本运作。三是在科技园区运营板块，以战略性新兴产业为主导，通过精细化运营、联动科技战略投资板块及科技金融服务板块，围绕企业生命周期获取投资增值空间、兑现产业发展收益，并通过公募 REITs 等创新路径实现资金回笼（见图 9-1）。

图 9-1　广开控股三大业务协同的"金科园"模式

资料来源：广开控股、粤开证券研究院。

（二）锚定新型显示、生物医药、双碳智造等赛道开展科技战略投资

广开控股凝聚粤开证券、高新科控、凯得投控、凯得资本①、粤开资本②、广开首席产研院③等"广开产投军团"的力量，成功打造了"私募股权投资＋产业控股平台＋混改平台"协同模式。近年来，广开控股对投资板块重新进行战略定位，解决了过去存在的子平台定位混乱、投资模式重叠、专业化分工不足等问题，明确了各平台的投资赛道和投资风格。其中，高新科控是聚焦生物医药、光电显示的核心产投平台；凯得投控是聚焦双碳智造和新能源汽车的核心产投平台；凯得创投是市场化混改 GP 投资管理平台，组建的 3 家市场化混改 GP 已设立综合型、专项型基金共 12只，基金规模 4.8 亿元；粤开资本以成长期和 Pre-IPO 阶段企业为投资重点，

① 广州凯得资本运营有限公司，成立于 2020 年 9 月。

② 粤开资本投资有限公司，成立于 2016 年 1 月。

③ 广开首席（上海）企业管理有限公司，成立于 2023 年 12 月。

逐步向 VC 以及一级半（含并购）市场延展，并发挥向产投平台输送项目的作用，粤开资本已设立粤凯智动基金、粤凯医健基金及粤凯专精特新基金。2022 年至 2023 年，广开控股的战略性产业投资占总投资金额的 47%。参与投资的企业中，广汽埃安、蜂巢能源、立景创新、奥动新能源、重塑集团、星河动力等多个明星项目荣登"2024 年全球独角兽"榜单，芯片独角兽企业粤芯半导体完成数亿元 B 轮战略融资，动力电池企业蜂巢能源已获得科创板 IPO 受理。整体来看，广开控股累计出资约 200 亿元，撬动区域产业项目总投资超 1200 亿元，缔造超 7000 亿元的产业生态圈，在双碳智造、生物医药、新能源汽车、新型显示等赛道取得了优异的投资成绩，各投资平台的市场影响力不断提升，助力资本市场"黄埔板块"加速崛起。

1. 引进乐金 OLED 面板项目，巩固广州"全球显示之都"产业优势

第一，在广州开发区招商部门的大力支持下，推动乐金广州 8.5 代 OLED 面板生产线项目落地广州开发区科学城。项目由高新科控与韩国 LG 显示公司共同投资，总投资约 460 亿元，2017 年 7 月开工，2019 年 8 月建成投产，主要生产 55—77 英寸超高清电视 OLED 面板。该项目不仅是中国首条大尺寸 OLED 面板生产线，也是当时全球最先进、最大尺寸的 OLED 生产线。广开控股持股的乐金广州 8.5 代液晶面板项目，在 2014 年投产后逐步进入稳定生产阶段，2017 年广开控股获得项目利润分红约 2.1 亿元。

第二，以乐金液晶面板项目、乐金 OLED 面板项目为龙头，吸引更多上下游企业落户广州开发区。例如，2018 年 1 月，韩国 LG 化学公司决定在广州开发区科学城投资约 3 亿美元（约合 19.3 亿元人民币）建设偏光片生产线，创维集团决定在广州开发区中新广州知识城投资约 70 亿元，建设年产智能家电 3000 万台的智能产业创新基地。

第三，支持和辉光电①建设大湾区总部及制造基地项目。和辉光电为

———————————

① 上海和辉光电有限公司。

国内刚性 AMOLED 显示面板产能最大的面板厂商，2021 年 5 月在科创板成功上市。凯得投控作为投资额最大的战略投资者，投资 4.4 亿元，成为和辉光电第四大股东。凯得投控投资和辉光电后，全力支持和辉光电实施大湾区总部及制造基地项目，进一步推动广州"世界显示之都"建设。

第四，投资上海兆芯项目。上海兆芯是国内唯一掌握中央处理器（CPU）、图形处理器（GPU）和芯片组核心技术的国资控股公司，承担了我国"核心电子器件、高端通用芯片及基础软件产品"重大科技专项。

2. 创新债股结合投资模式，深耕生物医药产业赛道

第一，打造债股结合的"百济神州模式"，取得突出的投资回报。百济神州专注于开发和推广靶向和免疫肿瘤治疗，是小分子口服靶向类和单克隆抗体类抗癌药物制造商。2017 年 2 月，广州开发区与百济神州签署投资协议，签约 38 天后即实现项目落地开工，速度刷新了广州开发区项目之最。在快速落地的背后，该项目却一度经历艰难的谈判过程。经过磋商和探索，广开控股走出了一条"科技风投式"的招商新路，结合财政专项注资与国有企业市场化发债融资，最终达成包含股权与债权投资结合、债转股安排、贴息贷款等灵活安排的投资协议。在招商和企业发展过程中，广开控股灵活选用银行贷款、基金、广州市战略性产业直投资金、融资租赁等多种金融工具，积极联系高校设立各层次的生物制药专业方向，为引进项目提前谋划资金、人才等要素的解决方案。2020 年，高新科控结合自身发展需要和百济神州资金情况，推动百济神州股权退出及回购。截至 2020 年年末，高新科控已收回股东贷款本息合计约 11.5 亿元，实现股权投资 95.3% 的收益率。该项目用不足 3 年的时间顺利完成股债回收，实现较高收益回报，成为债股结合成功退出的标杆项目。

第二，借鉴百济神州项目经验，以"债股结合"方式引进诺诚健华项目。诺诚健华是靶向肿瘤治疗及自身免疫疾病药物的研发制造企业。项目总投资为 21 亿元，广开控股投入 10 亿元，占股 7%。诺诚健华项目在广州开发区投资建设涵盖新药研发、人才培养、生产、销售的产业化基地，将加快开发区打造千亿级生物医药产业集群，助推广州打造世界级生命健康产业领军城市。

第三，布局特色细分产业链，完善产业生态圈。2018年以来，广开控股聚焦广阔细分市场，布局核药、骨科创新药、血液瘤创新药等领域领先标的，促进与医药龙头企业在产业协同、基地建设、股权投资等层面的多元合作。同时，广开控股推动建设服务医药企业全生命周期的科技价值园区，满足医药企业对"研发—中试—产业—临床"的专业需求，逐步引入专业CRO、中心实验室提升园区专业配套，加快打通"孵化—投资—陪伴—增值—运作"产业全链条，推动生物医药龙头企业创新孵化器持续发挥作用。

3.构建"双碳智造"产业生态圈

第一，战略投资小鹏汽车，助力打造万亿级智能汽车城。2020年8月，凯得投控制定了"美股战略投资＋港股战略投资＋国内股权投资＋固定资产投资"的40亿元投资方案，打入国内头部战略投资圈，并超预期完成小鹏汽车智能网联汽车智造基地建设，总工期仅为289天，打破上海特斯拉的全球速度纪录，成为"开发区速度"的最新体现。

第二，围绕整车生产、零部件和换电蓄能等环节，全面布局新能源汽车产业链。上游投资布局林立新能源、嘉元科技、宁波韵升、立景创新、立得空间、芯聚能等，抢占产业制高点；中游投资细分领域产业化进程前列的国产供应商奥动新能源、重塑科技、鸿基创能、蜂巢能源、时代高科等，强化细分赛道投资布局，完善新能源汽车产业链布局；下游投资整车生产与智能驾驶企业小鹏汽车、广汽埃安、阿维塔科技等。相关投资项目拓展和打通了新能源汽车领域的产业链条，助力广州开发区打造一流的现代化新能源汽车产业集群，为建设万亿制造强区奠定坚实基础。

第三，完成泰胜风能①并购重组并融入集团战略版图。2022年，凯得投控通过"协议转让+定向增发"的交易模式取得上市公司泰胜风能26.9%的股权，成为其控股股东。泰胜风能从事陆上与海上风电装备、海洋工程装备制造、销售等业务，并围绕风电产业链上下游投资了天马轴承、望江齿轮箱等项目，多次填补国内陆上及海上风电装备的行业空白，是国内资质优良、技术优势明显的行业引领者。为确保泰胜风能并购后顺利融入广开控股发展战略，选派优秀管理团队融入泰胜风能，深入生产一线开展工作，主导战略规划，全面完善组织体系、人才体系、内控体系，并发挥广开控股集团资源与多地政府部门及企业开展战略合作，大力拓展风电场运营业务和风电价值链投资并购业务。积极支持泰胜风能开拓华南市场、融入粤港澳大湾区发展，设立广东泰胜风能设备有限公司、广东泰胜投资有限公司，并积极谋划建立泰胜广东制造基地。

第四，响应国家"双碳"目标，推动工业绿色低碳循环发展。穗恒运定位为能源、新能源、新材料及节能环保领域的投资建设综合运营商，重点发展新能源、新材料及节能环保产业，打造能源环保产业创新集群，大力发展天然气发电等清洁能源和光伏、分布式等新能源，着力推动能源生产消费方式绿色低碳变革，加快构建清洁低碳、安全高效的能源体系。

（三）发展涵盖证券、基金、担保等的多层次金融体系

广开控股大力发展金融服务，促进广州开发区科技型中小企业发展壮大。科技金融服务板块业务包括证券、股权投资、担保、小额贷款、融资租赁等。

1. 证券

以投资为引领、投研投行特色发展的"三投协同引擎"作为粤开证

---

① 上海泰胜风能装备股份有限公司。

券的战略方向，打造一流精品特色券商。2019 年 3 月，广开控股收购联讯证券，并将其更名为粤开证券。粤开证券拥有主要证券业务的全部牌照，成为广州开发区首家总部级证券公司、广开控股核心金融业务平台。粤开资本重点发力碳中和与新能源、医药、新一代信息技术等区域优势产业，2022 年 9 月成了广州市首家获合格境内有限合伙人（QDLP）、合格境外有限合伙人（QFLP）双试点资格的私募股权投资机构。2023 年 9 月，在国内市场股权融资收紧、证券行业股权融资基本暂停的背景下，广开控股联合 3 名机构投资者完成粤开证券的定向增资，募集资金主要用于信用交易业务（含融资融券）、自营业务等。

2. 资本运作

一是开展多元化融资。广开控股采用中期票据、公司债、海外债等多元化融资手段，创下多项融资业务首创纪录，获评国内最高"AAA"信用评级等级，成为国内第一家获评穆迪 Baa1 的区属国有企业。2018 年，广开控股发行 50 亿元公司债；2019 年，发行首笔境外美元债；2020 年，发行 20 亿元广东省内首笔私募疫情防控债；2022 年，发行 4.9 亿美元绿色债券，为全国首单香港、澳门、新加坡三地挂牌上市的非银企业绿色债券；2023 年年初，于上海自贸区成功发行 2 亿美元等值外币的绿色债券，创广东省自贸区"明珠债"发行历史最低利率。

二是收购及并购。2018 年，广开控股收购利德曼①29.9%的股份，打通了广州开发区对接生物医药产业与资本市场的通道；2019 年，收购联讯证券 47.2%的股份，并将联讯证券更名为粤开证券，实现广州开发区国资系统内券商牌照零的突破；2022 年，并购泰胜风能，成为持有其 26.9%股份的控股股东，支持泰胜风能在区内设立全资子公司，进一步拓展双碳智造产业上下游。泰胜风能并购项目获得了"金牛最佳并购案例"奖，是广

---

① 北京利德曼生化股份有限公司。

州开发区国资首次入选中国股权投资金牛奖。

三是推动旗下凯云发展挂牌"新三板"。2021年，凯云发展成功在"新三板"挂牌，成为黄埔区物业行业首家在"新三板"挂牌的国有企业，踏上了国有企业创新改革发展道路的新一段里程。

3.股权投资和基金管理

截至2021年年末，凯得投控投资总额超80亿元，投资范围涵盖新一代信息技术、智能制造、新能源等产业。广州凯得创业投资股份有限公司主要开展母基金投资、股权直投、受托管理政府资金等业务，截至2021年年末累计参与设立子基金17只，基金总规模215.6亿元，并负责管理广州开发区创业投资基金（包括引导基金、种子基金）。广州科技创业投资有限公司是全国最早成立的政府投资基金之一，拥有20余年投资管理经验，所投项目总投资回报率达到4.5倍，年化收益率约为53%，居全国前列。广州高新区产业投资基金有限公司（简称"高新区基金"）成立于2019年6月，以"定制化投行服务＋产业投资"的发展模式，面向高新区优质企业和有落户意向的企业开展股权投资和金融服务。

4.整合担保、小额贷款、融资租赁等业务

2020年1月，广州凯得金融服务集团有限公司（简称"凯得金服集团"）成立。凯得金服集团深度整合旗下广州科创、高新区基金、凯得小贷、凯得租赁、凯得担保、凯得商贸、股交中心、金交中心、知识产权中心等板块，致力于打造创新型金融服务集团。其中，凯得担保开展知识产权质押贷、科技易贷、企业流动资金贷款担保、工程保函担保、连锁酒店加盟贷等业务，现有合作银行10多家，银行授信余额超40亿元；凯得小贷具有准跨区域经营的特批许可，提供安居贷、厂房贷、商业承兑汇票质押贷等多项小额贷款业务；广州凯得融资租赁有限公司（简称"凯得租赁"）成立于2017年9月，主要围绕"高端智能装备制造与节能环保""现代物流

与大数据""大消费与生命健康"三大行业企业提供直接融资租赁、售后回租租赁、经营性租赁等服务。

2019 年 9 月，凯得租赁成功发行"兴业圆融——广州开发区专利许可资产支持计划"。凯得租赁选取金发科技、高新兴科技等 11 家驻区科技型企业，构建了包括 103 件发明专利、37 件实用新型专利在内的纯专利资产池，共实现融资 3 亿元。该产品债项评级达到 AAAsf，为结构化产品信用等级最高级。该产品是全国首单纯专利知识产权 ABS 产品。

（四）推进高质量园区运营和招商引资

广开控股围绕"苗圃（众创空间）＋孵化器＋加速器"的企业成长链条，打造"产业孵化＋创新投资＋科技服务＋园区管理"四位一体的科技生态圈和完整的价值投资服务链条，在广州开发区重点产业导入、园区企业服务等方面发挥了重要作用，以高质量园区运营和招商引资推动广州市高质量发展，实现园区产业转型升级、城市蝶变发展"双向奔赴"的愿景。

1. 打响园区运营品牌影响力

2018 年 10 月，习近平总书记亲临广州开发区科技企业加速器园区，视察了解中小型科技企业发展情况。为深入贯彻落实习近平总书记重要讲话精神，广开控股在加速器园区建设"中小企业创新金融服务超市"，目标是打造科技金融综合性服务平台，将其作为广州开发区对外服务的重要形象窗口。该超市集金融产品、物理载体、中介服务、政策咨询、信息共享等综合性科技金融服务于一体，整合集团旗下证券、保险、风险投资、股权投资、融资担保、小额贷款、融资租赁等金融服务链条，有效支撑创客空间、孵化器、加速器和总部经济区等园区物业。

打造"凯得"园区运营品牌，初步形成城市服务、物业服务、酒店公寓、商业、孵化器及园区等六大板块，构建"产业招商＋产业服务＋空间运营＋企业管家＋智慧园区"园区运营体系。凯得资本以培育科技园区创新生态系统为目标，搭建产业服务平台，形成企业孵化服务、产业金融服务、科技创新服务、产业协同服务四大中心，形成"一平台四中心"的产业运营服务标准化体系。同时，根据各园区特点打造全周期"陪伴式"特色服务链条、定制化圈层活动，为项目招商引进、落地服务、运营提升、价值放大全方位赋能，强化品牌虹吸效应，吸引重点产业链上下游企业走进园区、聚在园区。同时，凯得资本凭借国资与市场的双重背景，高效率链接政企资源，聚焦新兴产业提供招商引资服务，实现"大招商"与园区运营资源共享。截至 2024 年年初，广开控股旗下拥有的园区及配套物业约 400 万平方米（含在建），管理服务面积超 1600 万平方米，入驻企业超 700 家，大部分为数字经济、生物医药、新一代信息技术、新能源、智能制造等高新技术企业。

2. 升级打造"投行招商"模式

实现招商理念的再次跃升。近年来，广开控股从"风投式入股合作＋股债结合融资服务＋人才培育"的招商模式，升级为"战略性投资合作＋金融综合服务＋专业产业服务＋资本运作赋能"的"投行招商"模式。广开控股总结推广小鹏汽车等项目引进经验，充分挖掘前瞻科技产业投资机会，注重平衡战略性任务与市场化效益，打通项目招商引进、项目落地服务、项目运营提升、项目价值放大等项目全周期贴身服务链条。

保质保量地完成广州开发区下达的招商任务。广开控股协助百济神州及文远知行项目增资 6.1 亿美元，力促东华能源、中俄合作航空产业园、T3 出行等项目落户黄埔区，引进百亿级高新产业大项目，彰显了广州开发区招商先锋力量，提高了产业链协同和带动作用，促进了产业结构优化提升。

3. 通过资产证券化加快园区建设资金回流

2024 年 4 月，易方达广州开发区高新产业园封闭式基础设施证券投资基金（简称"易方达广开产园 REIT"）获批。该项目是广州首单、全国第 9 单产业园区 REITs 产品，底层资产包括广开控股旗下的创新基地、创新大厦园区和创意大厦园区，总面积约为 27 万平方米。通过发行 REITs 产品，资金回笼周期由 15—20 年缩短至 5—7 年，有助于盘活广开控股存量资产，形成投融资良性循环，并有效缓解产业园资金回收周期长等问题，吸引社会资本投入，为广州开发区建设和区域经济发展提供资金支持。

（五）建立高效开放的企业运营管理机制

2017 年以来，广开控股在管理机制上实现了市场化转变，建立了高效开放的运营管理机制。坚持向世界一流企业学习先进管理思想和管理举措，强化精益运营和精益管理，着力提升企业经营效益。

1. 设立四大管控中心提升管理效能

广开控股先后设立资产运管中心、财务资金中心、人力资源中心、风险控制中心四大管控中心，并完善各类业务规章制度，有效理顺集团与子企业业务流程，强化各类业务的标准化管理。

一是设立资产运管中心，实现"一企一策"资产分类精细考核。资产运管中心以经营绩效考核为工具，通过虚拟资产分类考核，推动二级企业加快市场化、专业化转型；探索与考核企业共同制定提升内部 ROE 的有效措施，建立鼓励企业 ROE 提升的考核机制。

二是设立风险控制中心，全面践行风控前置机制。风险控制中心深度参与项目全流程，制定和完善重大风险事项报告制度、展业负面清单制度，优化风险监测、评估、分析和处置流程，提高重大风险信息报告报备的有效性、及时性。

三是设立财务资金中心，构建集团化管控、集约化运作财务管理体系。财务资金中心筹建以来，以集团本部为融资主体累计实现外部融资 841.4 亿元，通过借款、注资、担保等方式为下属企业提供资金支持约

532.8 亿元；新增融资成本由 2020 年的 4.3% 降低至 2022 年的 3.2%，有效降低综合融资成本；通过贷款置换等措施有效节约利息约 6.4 亿元；截至 2022 年年底获得金融机构累计授信额度超 1300 亿元。

四是设立人力资源中心，形成"1+N"人力资源制度模式。制定人力资源中心管理办法、面试官手册等规定，实现管控关键事项与给予下属企业人力资源灵活度之间的统筹兼顾，大幅提高人力条线的协同效率。设立"金粤计划"搭建人才梯队，通过体系化培养为各业务条线输送业务骨干。

2. 推进薪酬激励体系改革

2018 年开始，广开控股推进薪酬激励体系改革，向市场化机制迈出了重要一步。通过对标大湾区同行及国有企业，结合企业战略目标与不同发展阶段，制定明晰且适配的薪酬策略，逐步向市场化过渡。以薪酬引进优秀人才，用人才推动战略落地，引导员工树立凭绩效取酬理念。通过岗位价值分析，实施差异化激励，薪酬向核心关键岗位倾斜，吸引和留住核心专业人才。通过薪酬激励体系改革，实现了从财政拨款薪酬制向市场化薪酬制的转变。2020 年后，广开控股探索建立员工跟投机制，强调员工与企业收益共享、风险共担的发展理念，合理选取实施中长期激励业务板块与激励工具，明确跟投项目适用特定范围、管理重点和权责关系，并根据企业实际薪酬情况设定强制跟投规模。

3. 开展岗位选聘和岗位考核改革试点

一是开展职业经理人改革试点。例如，凯得租赁先试先行开展职业经理人选聘，按照"市场化选聘、契约化管理、差异化薪酬、市场化退出"原则进行选聘和管理，借鉴行业先进经验合理设定考核指标，引导职业经理人关注中长期价值创造，促进企业可持续发展。2021 年，凯得租赁净资产收益率达 15.4%，远高于 8% 的考核目标，且处于市场较高水平。同时，进一步扩大职业经理人制度试点范围，在集团层面持续推进职业经理人市场化制度，进一步激发企业发展活力。二是完成经理层任期与契约化工作全覆盖。广开控股在广州开发区范围内率先开展经理层任期与契约化工作，并较快地实现了全覆盖。截至 2023 年年底，完成 12 家二级企业、30 家三级及以下企业的经理层任期制契约化管理工作，实现董事长、总经理、副总经理 100% 完成任期制和契约化管理签约，签订 120 份聘书及 350 个经营绩效考核指标，确保任期制契约化与经营业绩考核相统一。三是试点全员竞聘。例如，旗下凯得担保探索开展全员竞聘工作，参与竞聘对象扩大到广开控股系统内企业。四是以"实绩论英雄"促考核。广开控股全面推进和落实全员绩效考核，实现员工参与绩效考核 100% 全覆盖，强化责任担当意识，加大绩效拉差，员工绩效系数拉差最高达 2.5 倍，绩效结果直接与薪酬挂钩，并对年度考核结果为不合格的员工视情况考虑调岗或降薪。

第三节　广开控股转型的启示

成立 26 年来，广开控股密切响应广州开发区发展需要，不断迭代业务板块，先后承担政策性融资、招商引资、基础设施建设、科技投资、园区运营、金融服务等任务使命，在广州开发区经济发展与产业升级中发挥了重要作用。在新的发展阶段，广开控股紧紧抓住广州东部中心建设"现代活力核"的重大发展机遇，主动融入广州开发区经济发展大局，聚焦科技金融主业培育企业核心竞争力，谋划符合国家产业导向的新兴产业项目，提升产业园区综合服务能力，实现企业管理能力的变革提升，成为城投公司转型发展的典型案例。

一、结合自身能力建立商业模式，打造市场化经营的核心竞争力

在业务发展上，广开控股结合广州开发区资源禀赋和产业基础，重新谋划商业模式和布局业务体系，并对各个业务进行模式重构。通过合理配置资源，增强市场化经营能力，提高自身的防风险能力，实现企业可持续发展。一是依托区域资源，将产业投资与招商引资结合，培育市场竞争力。广开控股用产业投资的思维运作重大招商引资项目，主要有两种路径：第一种路径是，依托广州开发区的营商环境优势，以招商引资的形式与企业牵线搭桥，在此过程中探索战略投资和项目融资方案，继而在完成招商引资任务的同时，培育自身在新型显示、生物医药、新能源等赛道的竞争力，典型案例包括乐金显示、百济神州、小鹏汽车等。第二种路径是，在资本市场上寻找有潜力的标的，在收并购或战略投资的基础上推动招商引资，优化广州开发区产业布局，典型案例包括利德曼、粤开证券、泰胜风能等。二是突出市场化导向，完善内部管理机制。广开控股对于各项重点业务分别培育了具有市场化竞争能力的专业子公司，支持子公司培育差异化竞争优势。三是通过推进薪酬激励体系改革，完成市场化蜕变。例如，通过对标所在区域同类企业，结合战略目标与不同发展阶段，制定明晰且适配的薪酬策略，逐步向市场化过渡，以薪酬引进优秀人才，用人才推动战略落地；实现从财政拨款薪酬制向市场化薪酬制的转变；通过差异化薪酬激励吸引和留住核心专业人才等。

二、顺应产业导向和发展趋势，谋划新兴产业赛道

在新的关键发展时期，广开控股主动融入区域经济发展大局。广开控股高度关注国家战略性前瞻产业导向，利用在区位、资本、公共关系等

方面积累的优势，综合运用各类金融工具，引入有发展潜力的科技企业，形成产业链重点企业、关键环节、核心要素集聚之势，推动区域经济内涵式增长与外延式扩张。对于国内其他城投公司而言，可依托自身资源禀赋，引进培育一批优势企业、细分市场头部企业，打造高新技术产业上市公司矩阵，提高产业链上下游话语权，打造企业可持续发展之路；重点围绕产业链空白薄弱环节和国家"卡脖子"技术领域，谋划实施一批重大科技创新项目，集中力量突破一批核心技术并形成知识产权，推动关键技术突破和产业提质增效，实现产业链强链延链补链。对于科技链、生态链初创期企业，可用 VC 或 PE 基金进行前瞻化布局；对于成长期企业，要建立企业全生命周期投资体系，打造轮动投资和接力培育机制；对于支柱型产业，可通过 IPO、并购、定向增发等手段，支持其做强做大。

三、提升产业园区综合服务能力，支持驻区中小企业创新发展

广开控股长期服务广州开发区经济社会发展，承担招商引资、园区运营等重要任务，以"打造企业离成功最近的地方"为理念，配合广州开发区做好"营商环境改革 5.0"等工作。广开控股的园区运营服务以科技成果转化、孵化为服务特色，积极完善产业招商、空间运营、内容运营及产业服务等各项职能，完成搭建以"一平台四中心"为主旨的产业运营服务标准化体系，促进园区与企业之间的深度互联。同时，广开控股及早布局金融业务板块，抓住机遇获得证券、担保、融资租赁等金融牌照，且长期向中小企业提供担保、小贷、融资租赁等金融服务，积累了大量经验。城投公司在转型过程中，可结合自身情况借鉴上述经验，大力加强对所属区域产业集群发展的服务能力建设。在加强创新型企业培育方面，依托现有产业园区，适时通过扩建、改造、收购、合作运营等多种方式扩大产业园区覆盖面及影响力。畅通内外部科技创新资源交流渠道方面，须不断提

高科技资源的汇聚和转化能力，可结合所在区域实际及企业发展需要，通过培育、引进专业服务企业，建立针对高新技术企业、专精特新企业、科技型中小企业、领军企业等创新主体的全过程培育方案，搭建与所在区域相关职能部门及其他行业组织、服务平台、市场机构的联动工作机制，为区域内企业提供投融对接、产业链对接、科技成果转化、资本市场对接等服务。如配合当地科技、工信、金融等部门，搭建政企桥梁，加强信息共享，助推利企政策的落地服务，辅助构建"专精特新"生态产业圈；协助当地初创企业与大院大所"握手"，促进科创成果转化；协助当地工信、发改等部门构建"产业地图"，助推形成协同、高效、融合、顺畅的大中小企业融通创新生态。

四、完善管理体系提升价值创造能力，持续打造转型升级新动能

广开控股加强管理创新，建立制度化、标准化、流程化的企业管理体系提升价值创造能力。一是完善党委会、股东会、董事会、监事会和经营层"四会一层"的企业法人治理，贯彻落实集团战略部署。二是合理界定董事会与经理层的权力边界，实行清单管理，形成《权责清单》，明确董事会对经理层的授权原则、管理机制、事项范围、权限条件、调整方式等主要内容，保障经理层依法履行职权，激发经理层活力，充分发挥经营管理作用。三是组建财务、人力、资产、风控四大中心，在集团与子企业之间建立良好的管控与协同关系。四是探索和鼓励有条件的企业推行职业经理人改革，强化刚性约束，激发经营管理层的积极性，为推动高质量发展注入新动能。

第十章
深投控：从产业园区开发主体
向国有资本投资公司转型

深圳经济特区是我国改革开放的排头兵、先行地、实验区，是创新发展的沃土，深圳城投公司在转型发展过程中积累了丰富的创新举措和典型经验，这对于正在加快推动分类转型的融资平台具有启发意义。其中，深圳市投资控股有限公司（简称"深投控"）设立早期作为深圳市国有经济布局优化的载体，配合深圳市顺利完成 199 家国有企业的市场化改制退出和 341 家党政机关企事业单位接收整合工作；"十二五"期间定位为城市发展战略的执行者，完成深圳湾科技生态园、深圳市软件产业基地等六大园区开发和 100 余项市政项目投融资的任务；2016 年以来，深投控向国有资本投资平台转型，打造了科技金融、科技园区和科技产业三大产业集群体系。2020—2023 年，深投控连续四年上榜《财富》世界 500 强榜单，2023 年年末，资产规模超 1.1 万亿元。本章分析了深投控向国有资本投资公司转型的历程，总结出其快速转型发展中的四点关键要素，即适宜的转型路径、具有竞争力的业务体系、市场化经营机制和政府发挥的积极作用。

第一节　深圳市情与深投控概况

一、深圳市基本情况

深圳市是经济特区、计划单列市、副省级城市，是全国性经济中心城市和国家创新型城市，是粤港澳大湾区核心引擎城市之一。1980 年 8 月深圳经济特区成立时，特区总面积为 395.8 平方千米，2010 年扩容至全市范围，总面积 1952.8 平方千米。[①]2018 年，国务院同意深圳撤销经济特区管理线，特区内外一体化加速发展。

2023 年，深圳市地区生产总值达到 3.5 万亿元，一般公共预算收入为 4112.8 亿元[②]，增长 2.5%。战略性新兴产业增加值达 1.5 万亿元，增长 8.8%，占地区生产总值比重达 41.9%。规模以上工业总产值达 4.9 万亿元，全部工业增加值达 1.2 万亿元，蝉联全国城市"双第一"。[③]2023 年深圳市新增国家高新技术企业约 2.5 万家，国家高新技术企业密度达每平方千米 12 家，列全国城市第一位。深圳拥有国家级专精特新"小巨人"企业 742 家，居全国城市第二位。[④]

深圳以"加快建设具有全球重要影响力的产业科技创新中心"为目标，近年来系统性布局壮大产业集群的动作不断且成果显著。2022 年 6

---

① 《特区 40 年 l 深圳经济特区 40 年大事记》，2020 年 10 月 14 日，见 https://www.sz.gov.cn/cn/xxgk/zfxxgj/zwdt/content/post_8172758.html。

② 《关于深圳市 2023 年预算执行情况和 2024 年预算草案的报告》，2024 年 3 月 11 日，见 https://www.sz.gov.cn/zfgb/2024/gb1323/content/post_11186666.html。

③ 徐松：《深圳"20+8"产业集群上线 2.0 版本！加快发展新质生产力　奋力推进高质量发展》，2024 年 3 月 14 日，见 https://www.dutenews.com/n/article/8046043。

④ 《赛迪创新百强区（2024）发布　深圳四区跻身前十》，2024 年 4 月 1 日，见 http://www.sz-qb.com/PC/content/202404/01/content_69465.html。

月，深圳市人民政府印发《关于发展壮大战略性新兴产业集群和培育发展未来产业的意见》（深府〔2022〕1号），明确布局发展以先进制造业为主体的"20+8"产业集群，力争到2025年实现战略性新兴产业增加值超过1.5万亿元。2023年，产业集群发展战略确立不到两年的时间，深圳战略性新兴产业增加值增长近5000亿元，达到1.5万亿元。2024年3月，深圳市印发《关于加快发展新质生产力进一步推进战略性新兴产业集群和未来产业高质量发展的实施方案》，深圳"20+8"产业集群发展战略升级。该方案提出，到2025年，深圳市战略性新兴产业增加值超1.6万亿元，打造形成四个万亿级、四个五千亿级、一批千亿级产业集群。升级后的深圳"20+8"产业集群包括新一代电子信息、数字与时尚、高端装备、绿色低碳、新材料、生物医药与健康和海洋经济等七大类共20个战略性新兴产业集群，以及合成生物、光载信息、智能机器人、细胞与基因、脑科学与脑机工程、深地深海、量子信息和前沿新材料八个未来产业。

当前，深圳市在网络通信、智能终端、超高清视频显示、高端医疗器械、新能源汽车等领域有着带动能力极强的龙头企业，产业发展优势明显。其中，新一代信息通信、先进电池材料、高端医疗器械、智能装备四个集群入选国家先进制造业集群[1]，数量居全国城市首位；高端智能车载设备、新型显示器件、智能终端芯片设计、锂电池设备制造四个集群入选国家中小企业特色产业集群[2]。

---

[1] 《工业和信息化部公布45个国家先进制造业集群名单》，2022年11月30日，见 https://www.miit.gov.cn/jgsj/ghs/gzdt/art/2022/art_fa5bd57e9f364b65ae48de37a319046f. html。

[2] 《关于2023年度中小企业特色产业集群名单的公示》，2023年9月27日，见 https:// www.miit.gov.cn/zwgk/wjgs/art/2023/art_6ad7fae28f214a3ebba5751489b4e543.html。

二、深圳市主要城投公司简介

深圳市主要城投公司包括深圳市地铁集团有限公司、深圳市特区建设发展集团有限公司、深圳市人才安居集团有限公司、深圳市特区建工集团有限公司、深圳市水务（集团）有限公司等。2020 年，原深投控下属深圳市建安（集团）股份有限公司、深圳市综合交通设计研究院有限公司被深圳市国资委划拨至深圳市国资委其他下属企业后①，深投控无公益性、准公益性业务，因此按照最新业务分类不再归属为城投公司。

从主要业务来看，深圳市城投公司主要包括交通建设运营、基础设施建设、公用事业、产投平台四类（见表 10-1）。深圳市地铁集团有限公司为深圳市轨道交通建设项目的主要投融资平台，承担深圳市主要轨道交通项目的融资、投资、运营、资产管理、资源开发等职责。深圳市特区建设发展集团有限公司作为深圳市基础设施投资建设运营平台，主营业务包括基础设施投资建设运营、产业园区开发建设运营、战略性新兴产业投资、区域经济合作、PPP 项目实施等。深圳市人才安居集团有限公司是深圳市专责从事保障性住房投资建设和运营管理的市属国有独资公司，具有政策性和功能性属性。深圳市特区建工集团有限公司是深圳市国有独资大型建工产业集团，业务涵盖工程建设、"工业上楼"、城市服务、综合开发、建材贸易五大板块。深圳市水务（集团）有限公司是深圳市综合水务服务商，业务包含自来水生产及输配业务、污水收集处理及排放业务、水务投资及运营、水务设施设计和建设等。深投控定位深圳市国有资本投资公司，主业包括科技金融、科技园区和科技产业三大板块。

---

① 《深圳市投资控股有限公司 2022 年度第三期超短期融资券续发募集说明书》，见 https://hwfile.finchina.com/MRGG/BOND/2022/2022-11/2022-11-15/18063241.pdf?attachmentName=18063241.pdf。

表 10-1　深圳市主要城投公司情况

名称	成立时间	功能定位	经营情况（2023 年）
深圳市地铁集团有限公司	1998 年 7 月 31 日	轨道交通建设项目的主要投融资平台	年末总资产 7160.1 亿元，营业收入 251.5 亿元，净利润 7.9 亿元
深圳市特区建设发展集团有限公司	2011 年 9 月 9 日	深圳市基础设施投资建设运营平台	年末总资产 706.0 亿元，营业收入 89.9 亿元，净利润 -43.7 亿元
深圳市人才安居集团有限公司	2016 年 6 月 30 日	从事保障性住房投资建设和运营管理的市属企业	年末总资产 1964.9 亿元，营业收入 101.0 亿元，净利润 -0.7 亿元
深圳市特区建工集团有限公司	2019 年 12 月 25 日	深圳市国有独资大型建工产业集团	年末总资产 904.0 亿元，营业收入 385.7 亿元，净利润 14.6 亿元
深圳市水务（集团）有限公司	1981 年 6 月 30 日	深圳市综合水务服务商，公用事业类型	年末总资产 412.2 亿元，营业收入 106.3 亿元，净利润 1.7 亿元
深圳市投资控股有限公司	2004 年 10 月 13 日	国有资本投资平台	年末总资产 11528.6 亿元，营业收入 2904.3 亿元，净利润 170.2 亿元

资料来源：各公司年报、债券募集说明书，粤开证券研究院。

三、深投控概况

截至 2023 年年底，深投控注册资本为 326.9 亿元，资产总额 11528.6 亿元，合并报表包括 47 家子公司。[①]2020—2023 年深投控连续四年入榜《财富》世界 500 强，2023 年位列榜单第 391 位。从三大主业来看，深投控金融产业拥有国信证券、高新投集团、担保集团、国任保险、深圳资产管理公司以及深圳天使母基金，金融服务体系基本完备；园区板块已规划

---

① 参见《深圳市投资控股有限公司 2023 年年度报告》。

建设 50 余个产业园区，总建筑面积约 3000 万平方米，依托"圈层梯度、一区多园"战略实现海内外创新要素的聚合导入；产业投资板块布局半导体、新材料、环保科技、供应链、智慧城市和电子信息等领域，拥有赛格集团、深纺织、力合科创、深化科技、怡亚通、天音控股、电子元器件和集成电路国际交易中心等诸多平台机构（见图 10-1）。

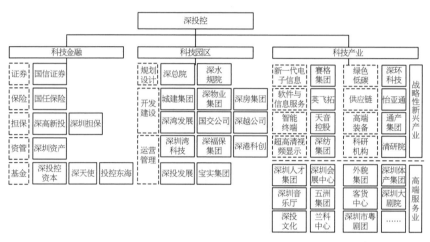

图 10-1　深投控三大业务板块布局

资料来源：《深圳市投资控股有限公司债券年度报告（2022）》《深圳市投资控股有限公司2022 可持续发展报告暨环境、社会及治理（ESG）报告》，粤开证券研究院。

深投控三大业务板块并购扩张步伐不停，资产规模、营业收入快速提升。2023 年年底深投控总资产较 2015 年年底提升 165.7%（见图 10-2）。2023 年年末，深投控资产负债率为 65.8%。尽管近年来资产负债率随业务规模扩张小幅上升，但总体处于可控范围，公司连续多年获得惠誉 A+、标普 A、穆迪 A2 国际评级，债务风险较低。2023 年深投控营业总收入达2904.3 亿元，较 2015 年增加近 4.9 倍（见图 10-3）。2019 年实施产业并购后，深投控营业收入大幅增长，但由于科技产业板块利润率偏低，对公司整体利润总额的贡献不大。受行业政策和市场环境变化影响，2022 年金融板块和园区板块收入分别为 319.5 亿元和 240.4 亿元，降幅分别达 21% 和

33%，两大板块营业收入合计减少 202.0 亿元，当年科技产业板块实现营业收入 1988.7 亿元，增长 325.5 亿元，增幅近 20%，有效对冲另外两大板块业务下滑造成的缺口（见图 10-4）。

图 10-2　2010—2023 年深投控资产变化情况

资料来源：历年《深圳市投资控股有限公司债券年度报告》、粤开证券研究院。

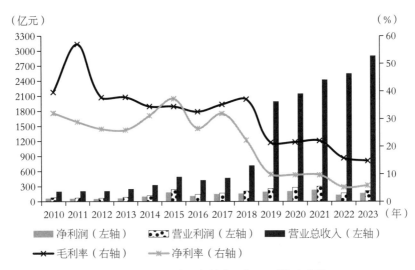

图 10-3　2010—2023 年深投控营业收入及利润变化情况

资料来源：历年《深圳市投资控股有限公司债券年度报告》、粤开证券研究院。

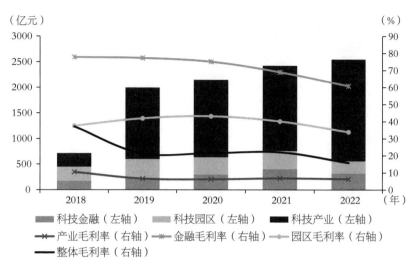

图 10-4　2018—2022 年深投控分业务营业收入及毛利率情况

资料来源：历年《深圳市投资控股有限公司债券年度报告》、粤开证券研究院。

第二节　深投控发展历程：建设国际 一流国有资本投资公司

深投控自 2004 年成立以来，经历了"国有经济布局优化载体"到"城市发展战略'执行者'"，再到"国有资本投资公司"三种定位的转变。在不同阶段，深投控的主要任务也不尽相同。

一、国有经济布局优化载体（2004—2010 年）：国有企业改制退出、事业单位划转整合

2004—2010 年，深投控充当深圳国有经济布局优化载体的角色，主要辅助深圳市委、市政府深化国资国企改革，辅助深圳市国资委履行出资人职责，重点完成了竞争性领域低效国有企业改制退出和事业单位转企划

转接收的工作。企业内部层面，深投控在法人治理、组织架构等方面开展现代化企业制度建设，为后续市场化经营打下基础。

（一）深投控由三家国有资产经营公司重组合并成立，天然带有解决国有股权退出、处置历史遗留问题和不良资产的使命

21 世纪伊始，为解决多头行使所有者权利的问题，党的十六大确定了"管人、管事、管资产"结合、"责、权、利"统一的新型国有资产管理体制，2003 年国务院国资委正式成立，次年已有 12 年历史的深圳市国有资产管理委员会及其下属的办事机构"国资办"被撤销，深圳市国资委随之成立。同期，为深化国资国企改革，推进国有经济布局战略性调整和国有企业战略性改组，深圳市三家国有资产经营公司（深圳市投资管理公司、深圳市建设投资控股公司、深圳市商贸投资控股公司）重组合并，深投控由此诞生。2004 年深投控成立之时，原由三家国有资产经营公司控股的 16 家上市公司及部分小、散股权分别被划拨至深圳市国资委和深投控。其中，深深房（彼时证券简称，下同）、ST 深物业、深纺织、深国商、特发信息、ST 深特力 6 家上市公司及小、散股权由深投控管理①，标志着深圳原有三层国资管理体制调整为直接管理的双层体制，也体现了深投控解决国有股权退出、历史遗留问题和处置不良资产的天然使命。

（二）深投控配合深圳市完成国有企业改制退出和事业单位转企划转的任务

2005 年，深圳市大力推进国资国企改革，加快推动竞争性领域低效企业的有序退出，同时思路上从"卖股抽金"转为增资扩股、推动企业发展

---

① 邹愚、谢飞：《16 家上市公司国有股权整体划拨　深圳国资委削藩》，2004 年 11 月 6 日，见 https://finance.sina.com.cn/stock/y/20041106/15021136904.shtml。

的方式。深投控先行先试，承担了探索市场化方式处置不良资产、推动国有企业改制退出的任务。2006 年，深圳市启动事业单位改革，深投控被指定为事业单位转企划转平台，接收 341 家党政机关企事业单位，约占全市划转总数的 91.4%①，接收安置员工超 6.2 万人②。此后数年间，深投控持续发挥深化国资国企改革的载体作用。深投控通过全力做好员工安置、资产处置和债务承接等工作，优化市属国有经济布局结构，顺利完成 22 家一级企业、177 家二级企业的改制退出任务③；创新在管及划转企业的整合重组路径，按照整合发展、产权转让、关闭注销等方式将所接收的企事业单位大幅整合缩减为 50 余家，有效实现优化市属国有经济布局的阶段性战略任务。

（三）深投控同步建立现代化企业制度、完善法人治理结构，奠定了市场化经营的基础

深投控加快自身现代化企业制度建设，持续完善总部及下属子公司法人治理结构，大力培育企业文化，为后续提升市场化经营竞争力打下基础。以深投控控股子公司深圳市物业发展（集团）股份有限公司（简称"深物业"）为例，1996—2006 年，深物业进入蓬勃发展后的调整期，业绩快速下滑，仅 2004—2006 年三年间营业收入跌去 75.6%，集团品牌和实力受到明显影响。2009 年深物业启动第三次股改，最后以高赞成率成功完成股权分置改革。④

---

① 《373 个单位划转国资委系统》，2007 年 2 月 14 日，见 https://news.sina.com.cn/c/2007-02-14/051011237514s.shtml。

② 《深投控：赋能科创企业 培育新兴产业 加快创建国际一流国有资本投资公司》，2023 年 10 月 19 日，见 http://www.sasac.gov.cn/n4470048/n13461446/n15390485/n15769618/c29079979/content.html。

③ 《奋进十六年 深投控打造国企改革新样本》，2020 年 7 月 8 日，见 https://www.163.com/dy/article/FH0RFDVM0550037C.html。

④ 《深物业集团努力续写更多"春天的故事"》，2022 年 11 月 3 日，见 http://gzw.sz.gov.cn/gkmlpt/content/10/10214/post_10214427.html#1907。

自此，在采取加快处理历史遗留问题、加强内部管理、规范经营运作、探索市场发展规律等一系列动作后，深物业集团经营状况稳步回升，并于 2012 年再次回升到 1995 年时的资产规模顶峰水平，约为 39.5 亿元。

二、城市发展战略"执行者"（2011—2015 年）：科技产业园区开发运营

"十一五"期间，深投控较好完成国有经济布局优化平台的工作。进入"十二五"，围绕深圳建设国家创新型城市的战略目标，深投控实现城市发展战略执行者的定位转变，牵头完成了深圳湾科技生态园、深圳市软件产业基地等 6 个产业园区的开发运营和 100 余项市政项目投融资任务。在此过程中，深投控一方面依靠市场经营收入填补融资本息压力，另一方面接受政府注资维持稳定发展。依托区域发展优势和旗下金融、产业资源导入，深投控在管产业园区逐步形成品牌效应。

（一）顺利完成六大产业园区开发和 100 余项市政项目投融资任务，支撑深圳市建设创新型城市

2008 年，金融危机席卷全球，传统"三来一补"贸易陷入低谷，深圳亟须加快产业转型升级。在此背景下，深圳响应国家"提高自主创新能力，建设创新型国家"的号召，试点建设国家创新型城市，开启"腾笼换鸟"。但彼时，深圳建设创新型城市面临产业空间①的制约，尤其是适宜互联网、新一代通信技术等新兴产业发展的产业空间相对稀缺。针对该问题，《中共深圳市委深圳市人民政府关于加快建设国家创新型城市的若干

---

① 由于土地资源紧缺，深圳市产业发展空间较为有限，因此深圳市探索产业"飞地""工业上楼"的积极性较高。

意见》（深发〔2008〕8 号）、《深圳市人民政府关于印发深圳国家创新型城市总体规划实施方案（2011—2013 年）的通知》（深府〔2011〕195 号）等文件指出"拓展创新发展空间""加快创新企业孵化器和产业基地建设"。2011 年，在深圳市政府的支持下，深投控牵头负责推动坪山深圳国家生物产业基地核心区、国家软件产业基地、深圳湾区战略性新兴产业总部基地、创业投资大厦的建设，并承担深圳市准公益项目和部分财政资金不能保障的公益性项目的融资建设任务。

在深圳市委、市政府的部署下，深投控承担起以开发运营深圳湾科技生态园、深圳市软件产业基地等六大园区项目带动解决 110 个市政项目投融资的任务[①]，实现向城市发展战略执行者的定位转变。其中，2013 年深圳市软件产业基地、深圳市生物医药创新产业园一期竣工，2014 年年底深圳湾科技生态园投入运营，2015 年深圳湾创业投资大厦对外营运，深圳湾创新科技中心 2015 年年底开工建设，深投控创智天地大厦项目 2013 年 7 月开工建设。历经 5 年的开发建设和运营管理，深投控在管产业园区逐步形成品牌效应，又恰逢创新创业氛围大热，"北有中关村，南有深圳湾"的名声渐渐传播开来，深圳湾成为深圳乃至全国创新创业的热土和聚集地。

（二）在深圳市国资委多次、多形式的增资下，深投控投融资压力得以缓解，资本实力和市场化经营能力增强

六大园区的总投资（约 389 亿元[②]）和 100 余项市政项目融资任务给深投控带来了巨大的资金压力。2015 年深投控发行债券募集的现金高达

---

① 《科技园区"进化论"：深投控科技园区进化论》，2022 年 5 月 11 日，见 https://baijia-hao.baidu.com/s?id=1732519621526229745&wfr=spider&for=pc。

② 《深圳湾创新科技中心开工　深投控 6 大产业园区 5 个布局南山》，2015 年 12 月 31 日，见 http://home.china.com.cn/txt/2015-12/31/content_8489551.htm。

931.7亿元，较2011年的15.2亿元增加60余倍，同期偿还债务支付的现金也同比高增，2015年偿还745.6亿元现金，远超2011年的43.2亿元。[①]作为市政府主要的统筹融资平台之一，深投控一方面依靠房地产销售、出租所划拨的工业园区等方式填补融资本息压力；另一方面接受政府注资提升资金实力，推动稳定发展。2004年深投控设立之初注册资本为40亿元，到2010年年底为56亿元。"十二五"期间，深圳市国资委多次、多方式为深投控增加注册资本金，包括采取部分地价款转增注册资本金、资本公积转增注册资本金和现金出资等。例如，2013年2月，深圳市国资委对深投控增加注册资本金人民币14亿元，其中13.6亿元为深圳市软件产业基地部分地价款转增注册资本金，0.4亿元为资本公积转增；2014年12月，深圳市国资委对深投控增资26.7亿元，其中包括创新科技中心项目T205-0027宗地部分地价款转增注册资本金26.2亿元，资本公积转增注册资本金0.5亿元。截至2015年年底，深投控注册资本金总额为214.5亿元。政府采用土地作价入股、资本金转增注资和现金注资的支持方式，帮助深投控有效缓解资本和资金不足压力，使其在负债总额快速攀升的情况下保持企业资产负债率增长温和可控。

三、向国有资本投资公司转型（2016—2020年）：金融、园区、产业三大板块

2016年以来，深投控遵循深圳市发展战略和深化国有企业改革的要求，通过国资体系下的资源整合和外部资本运作等方式向国有资本投资公司转型。2015—2017年，深投控逐步剥离市政项目融资功能，相继划出深圳市建筑科学研究院、深圳市粤通建设工程有限公司和深圳市路桥建设

---

① 参见历年《深圳市投资控股有限公司债券年度报告》。

集团有限公司的股权。在"十二五"科技园区开发建设运营的基础上，探索以国有资产增信融资、以直接承债投资建设、以产业园区开发经营确保平衡的业务拓展模式，保障项目投融资动态平衡和长远可持续经营。此阶段，深投控的经营目标可以总结为通过市场化经营方式服务深圳市科技创新及产业培育，重点工作包括打造科技金融、科技园区、科技产业三大主业，通过对标学习新加坡淡马锡控股公司①，在战略规划、市场化业务布局和机制改革创新等方面开展综合改革。

（一）"十三五"初期，深圳市产业布局优化与新一轮国有企业改革推动深投控探索转型

进入"十三五"时期（2016—2020 年），我国经济发展从高速发展阶段向注重结构优化、创新提升、可持续和社会公平的高质量发展阶段转型。同时，国家"十三五"规划要求"加快深圳科技、产业创新中心建设"，深圳市"十三五"规划中也明确了建设"两区三市"和"国际科技、产业创新中心"的任务目标。2016 年，深圳市战略性新兴产业虽较五年前已有长足发展，但在市场扩张、产业集聚和要素降本等方面仍存在诸多限制，而此时作为产业发展平台的多数科技园区仅有空间规模，不能在定位、服务上匹配产业需求，甚至出现同质化发展的问题。在此背景下，深投控立足深圳城市发展战略，聚焦科技创新和产业培育，同时落实新一轮国有企业改革提出的试点工作②，力争转型发展为国际一流的国有资本投资公司。

（二）深投控对标淡马锡，主动谋求转型、深化国有企业改革

2016 年，深圳市国资委针对深投控提出学习淡马锡模式，打造国资

---

① 淡马锡控股公司是一家新加坡财政部 100% 控股的政府投资公司。

② 白天亮：《经济聚焦：国企改革　动真碰硬》，2016 年 2 月 26 日，见 http://theory. people.com.cn/n1/2016/0226/c49154-28151996.html。

监管运营"深圳模式"的要求，选取淡马锡作为对标对象开启综合改革。2018年，深投控入选国家国有企业改革"双百行动"，《深圳市投资控股有限公司对标淡马锡打造国际一流国有资本投资公司的实施方案》获深圳市政府审议通过。2019年，深投控开展区域性国资国企综合改革试验，国务院批复的《深圳市区域性国资国企综合改革试验实施方案》提出，要对深投控开展综合改革试点，将其打造成国际一流国有资本投资公司，加大对深投控在投资、资本运作、担保等方面的授权力度等。2020年，国务院国有企业改革领导小组在国资系统内以专刊形式推广深投控改革经验，深投控深化国有企业改革、探索转型发展之路取得阶段性成果。经过"十三五"时期的快速发展，2020年深投控成功跻身《财富》世界500强榜单，位列442位。2021以来，深投控持续发挥深圳特区"先行先试"的制度优势，深入探索以管资本为主的国有资本授权经营体制改革和完善市场化经营机制的可行路径。2023年，深投控作为7家地方国有企业之一，入选创建世界一流示范企业和专精特新示范企业"双示范"行动①。

（三）深投控在战略规划、业务布局和机制改革创新等方面多措并举，提升了企业管理效率和市场竞争力

1. 确定清晰的公司战略规划，为转型发展提供方向指引

深投控在"十三五"规划中确定实施"圈层梯度、一区多园"战略和打造综合型金融控股集团，此后又在发展过程中进一步完善。截至2024年3月，深投控围绕构建投资融资、产业培育、资本运营三大核心功能，结合深圳市国资委"一体两翼"（"一体"为基础设施、公用事业，"两翼"为金融和战略性新兴产业）的产业布局战略，着力打造科技金融、科技园

---

① 参见国务院国资委办公厅《关于印发创建世界一流示范企业和专精特新示范企业名单的通知》（国资厅发改革〔2023〕4号）。

区、科技产业三大产业集群和"高端科技资源导入＋科技园区＋金融服务＋上市平台＋产业集群"五位一体的商业模式。

2. 通过资源整合、外拓发展和资本运作等方式提升三大产业集群竞争力

一是科技金融产业集群方面，深投控采取"内优外拓"方式完善金融服务体系，通过搭建的科技金融平台为实体产业发展提供金融支撑。具体举措包括：做强下属国信证券、高新投集团和担保集团等企业；于2016年收购信达财险（后更名为"国任保险"）；于2020年设立化解不良资产风险的深圳资产管理有限公司；参与设立鲲鹏资本、国风投基金等助力战略性新兴产业发展等。

二是科技园区产业集群方面，深投控实施"圈层梯度、一区多园"战略强化科技园区产业。其中，核心圈层为深圳南山、福田园区等深圳湾核心园区，主要集聚信创研发企业；基石圈层为罗湖、坪山地区园区，主要培育高科技工业、现代物流业、新材料等。此外，珠三角区域园区为卫星圈层，内地省市园区为辐射圈层，国外创新高地园区为创新圈层，深投控在东莞、武汉、保定等地，美国硅谷、比利时布鲁塞尔等地区拓展多个园区项目，设立多个科创中心。

三是科技产业集群方面，基于国有资本投资公司的定位，深投控构建"本部直接投资＋产业集团投资＋投资基金投资"的三层投资架构，聚焦战略性新兴产业核心企业，通过资本运作和股权投资等方式做强科技产业板块。对于内部所属企业，深投控采取整合重组、混合改制和推动上市的方式集聚资源。例如，深投控推动旗下国信证券于2014年年底上市，易图资讯于2015年年底在全国股转系统挂牌公开转让（2020年摘牌），建科院于2017年上市，深水规院于2021年上市；2019年控股上市公司通产丽星与力合科创完成重大资产重组。同时，深投控积极参与外部并购，不断加强科技产业板块，2016年收购了电子销售渠道企业天音控股，2018 年收购供应链龙头企业怡亚通，2019 年控股电子安防龙头企业英飞拓等。近年来，深投控结合深圳市"20+8"产业集群规划，推动赛格集团拓展半导体、检测、光伏等新业务，推动深纺集团通过并购向超高清显示偏光片研发制造企业转型，旗下深环科技入选"世界一流专业领军示范企业""科改示范企业"。此外，深投控还并购了专研车用内燃机核心部件的北油电控，联合组建了电子元器件和集成电路国际交易中心等，积极攻克"卡脖子"难题，保障产业链供应链安全。

四是产业集群协同方面，深投控构建的科技金融、科技园区和科技产业三大业务体系中，科技金融为科技园区、产业投资提供资金支持和金融服务，科技园区为产业投资提供硬件设施配套，新兴产业投资为科技金融、科技园区提供资产内容。

3. 探索授权经营机制、法人治理、选人用人、激励约束和风险管控等改革

按照管资本的国资监管原则，深投控加大公司董事会对经理层、公司对下属企业的授权放权力度。深投控通过优化董事会成员结构、设立董事会执行委员会等方式健全法人治理结构。选人用人方面，深投控以契约化管理为核心探索管理层市场化选聘，通过建立职业发展双通道体系、后备人才库等方式推进人才强企。激励约束机制一直是深投控改革的重点，深投控采取强化业绩导向、增量贡献，设置宽幅薪酬等措施，加强了激励约束机制建设。例如，依据经营班子业绩表现对其考核结果进行强制分布，对前中台设置差异化薪酬固浮比，建立金融类企业项目跟投机制，设置园区类企业重大项目节点奖励等。[①] 风险管控方面，深投控针对快速发展过程中可能出现的业务性质变化、目标偏移等潜在风险设置指标上下限

---

① 《深圳投控：构建卓越管理治理体系　探索完善中国特色现代企业制度》，2022 年 4 月 21 日，见 http://www.sasac.gov.cn/n4470048/n13461446/n15390485/n15769618/c24282585/content.html。

额，进行限额管理，同时设置三重风险管控防线，内部风险控制体系趋于完善。

（四）深圳市政府的认可与支持助力深投控在转型路上行久致远

早在 2014 年，深圳市国资委就明确了深投控作为国有资本投资公司的功能定位，此后持续通过注资、股权划转等方式为其增强资本实力、优化产业布局。2015 年下半年，深圳市国资委对深投控增资共 53.3 亿元，其中现金形式注资 36.8 亿元，资本公积转增注册资本 16.5 亿元，"十三五"时期又多次向深投控增资共计 65.6 亿元。股权划转方面，深圳市国资委剥离了深投控原有建设施工等传统行业资产。例如，2017 年深投控全资控股的深圳市路桥建设集团有限公司被无偿划转至深圳市特区建设发展集团，2019 年将深投控控股的深圳市信息管线有限公司等子公司划出，2020 年将深投控持有建安集团 99.76% 的股权划出。与此同时，深圳市国资委将符合国有资本投资公司定位的战略性新兴产业等优质资产划转至深投控。例如，2019 年深圳市国资委将华润深国投信托有限公司 49% 的股权无偿划转至深投控，2020 年又将赛格集团 42.85% 的股权无偿划转。此外，依据《深圳市国资委授权放权清单（2020 年版）》，深圳市国资委对深投控董事会在投资、资本运作、担保等六方面给予充分授权，提高了公司层面决策运转效率。

第三节 深投控转型的启示

深投控的成长与深圳国资国企改革、城市发展战略关系紧密，反映了地方国有企业服务地方发展大局的定位；同时，深圳市的发展优势和深投控可获得的资源优势也为其发展提供助力。得益于深圳独特、优异的发展环境，深投控的园区运营和产业投资能够"有的放矢"，同时深投控雄厚的资金资源优势也使得其在稳定发展和业务开拓方面能够"行有余力"。因此，深投控的转型模式在一定程度上有不易复制的特殊性。除此之外，深投控在发展路径选择、业务体系打造、企业管理综合改革等方面有诸多可取之处，可以为其他地区的国有企业改革和城投转型提供借鉴。

一、基于地区禀赋和企业发展基础，选择转型方向

经过改革开放 30 多年的发展积累，"十二五"后期的深圳市依托政策、区位等优势，已形成电子信息产业、新能源产业、生物医药产业、金融服务业等多元产业优势，同时吸引了全球创新创业人才、资金要素集聚。在这样的背景下，深投控向国有资本投资公司转型能够充分借助本地优势，包括深圳市良好的营商环境、扎实的产业基础、强大的招商引资能力、丰富的产业园区资源和高质量的运营服务等。同时，深投控经历持续的资源整合后，2015 年年底其注册资本达到 214.5 亿元，资产规模超 4300 亿元，资产负债率为 61.9%，资金实力强大且债务负担可控，公司在管深圳湾科技生态园、深圳市软件产业基地等优质产业园区，控股国信证券等金融机构，拥有向国有资本投资公司转型的资金和业务基础。

国有资本投资的转型路径更加适合区域产业资源丰富、平台层级较高、业务涉及产业投资或资本运作、债务负担可控的主体。

二、围绕主业打造业务协同体系，盘活存量资产"先立后破"

依托金融业务、园区设计开发和运营能力、在管产业园区实体，深投控建立了"科技金融、科技园区、科技产业"三大产业集群。根据转型发展方向，深投控业务内涉及的施工建筑和部分制造业被剥离至深圳市国

资委下属其他企业，同时其通过资源整合和资本运作的方式强化金融服务体系，外拓做强产业园区，补充科技产业布局，踏出了转型发展的步伐。进一步地，金融、园区和产业之间相互促进，金融板块累计为 10 万家企业提供担保服务，金额 1.5 万亿元，服务上市企业 659 家，184 只基金规模超 1300 亿元；园区方面，仅深圳湾园区累计引入企业和机构就超千家，其中深圳湾科技园区以南山区 0.3% 的用地面积，吸引 191 家深圳专精特新中小企业入驻，占到南山区的 17.6%、深圳市总数的 4.0%①；产业板块又持续为金融和园区板块业务提供资产内容。市场化业务收入成为深投控盘活存量城建类资产和消化债务的重要支撑。因此，城投公司业务转型可选择"主业 +"的模式"先立后破"，以降低转型风险和"阵痛"。

三、开展综合改革，对标先进企业建立市场化经营机制

深投控对标淡马锡，学习先进治理管控模式，开展授权机制、法人治理、选人用人、激励约束和风控管理等方面的综合改革，建立匹配业务市场化经营的机制体制。深投控综合改革的目标在于合理管控风险、实现"管资本"目的的同时，尽可能提高公司运转效率、释放公司活力。例如，在授权放权机制改革方面，学习淡马锡"一臂之距"的管理模式，采取国资委对深投控、董事会对经理层、深投控对下属企业三个层面的授权放权；在选人用人方面，以契约化管理为核心进行市场化选聘，采取强化业绩导向和增量贡献、设置宽幅薪酬等措施；在风险管控方面采取风险指标限额管理等。

另一点需要注意的是，转型中的片面化改革通常治标不治本，唯有

---

① 《"种"出 191 家专精特新企业　深圳湾科技园区成为科创"高产田"》，2023 年 7 月 18 日，见 https://www.sznews.com/news/content/mb/2023-07-18/content_30343454.htm。

开展综合改革才能有效激发城投公司动力活力、全面提升其市场竞争力。例如，市场化选人用人需要配套符合市场期望的薪酬激励，否则选人用人机制将如"空中楼阁"般无法落地；再如，激励约束机制需要与公司治理匹配，空有激励而无市场化契约和权、责、利对等的约束考核，反而会增加公司运转成本。

四、政府可在战略、资源和制度层面为转型"保驾护航"

深投控作为市属国有企业，其业务开展主要立足深圳发展战略，围绕市属国资国企"服务大局、服务城市、服务产业、服务民生"的功能定位，密不可分的政企关系使得政府在深投控转型过程中扮演了重要的角色。深投控转型国有资本投资公司的决定一方面是企业自身发展的需要，另一方面也响应了市委、市政府及市国资委对其的定位要求。市政府认可深投控的转型战略，通过了相关实施方案，并持续为深投控注资，剥离其原有建设施工业务，注入战略性新兴产业优质资产，加大对深投控在投资、资本运作、担保等方面的授权力度。深圳市委、市政府和市国资委为深投控提供的战略、资源和制度支持帮助其转型发展提挡加速。

第十一章
合肥建投：从典型城投向跨产业投资平台转型

合肥市建设投资控股（集团）有限公司（简称"合肥建投"）是合肥市属国有独资公司，经营领域包括城市建设投融资、城市运营服务保障、产业投资运营等。公司设立以来，从城市服务走向产业投资与运营，先后开展了合肥京东方3条产线、晶合集成、顾中科技、蔚来汽车等重大项目及相关产业链配套企业投资，积累了丰富的产业投资经验，构建了"募、投、管、退"的完整投资循环，成功转型为兼顾城市建设运营与引领产业发展的国有资本投资平台。本章分析了合肥建投成立以来的转型发展历程，认为专业的产业研究、规范的投资管理、完整的投资闭环和敏锐的形势洞察是合肥建投转型成功的关键因素。

第一节　合肥市情与合肥建投概况

一、合肥市基本情况

2023年，合肥市地区生产总值为12673.8亿元，占全省的26.9%，在全国城市中位列第20位，较2012年前进11位。2023年，合肥市三次产业GDP比例为3.0∶36.6∶60.4（见图11-1）。新能源汽车和智能网联汽车产业链产值超 1700 亿元，新能源汽车产量达 74.6 万辆，光伏及新能源产业链产值超 1300 亿元。2023 年年末，全市户籍人口 805.3 万人，常住人口 963.4 万人，为人口净流入城市。2023 年，合肥一般公共预算收入达到 929.6 亿元，支出为 1411.3 亿元，财政自给度为 65.9%。政府性基金预算收入和支出分别为 652.3 亿元和 963.9 亿元。地方政府债务余额为 2259.2 亿元，负债率 17.8%，处于较低水平。①

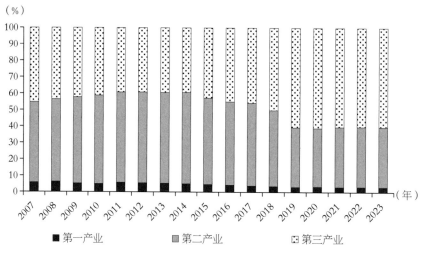

图 11-1　2007—2023 年合肥三次产业占 GDP 比重变化情况

资料来源：Wind、粤开证券研究院。

合肥是全国重要的先进制造业基地，"芯屏汽合""急终生智"② 成为现象级产业地标。2023 年，全市规模以上工业产值突破万亿元，其中光

① 本节合肥市主要经济社会发展数据来源：合肥市统计局发布的《合肥市 2023 年国民经济和社会发展统计公报》，2024 年 4 月 1 日，见 https://tjj.hefei.gov.cn/tjyw/tjgb/15120745.html；合肥市财政局公布的《一图读懂预算报告》，2024 年 1 月 19 日，见 https://czj.hefei.gov.cn/czdt/hfczdt/15087085.html。

② "芯"指芯片产业，"屏"指新型显示产业，"汽"指新能源和智能网联汽车产业，"合"指人工智能和制造业融合为代表的新兴产业。"急"指安全应急，"终"指智能家居等消费终端产品，"生"指生物医药产业，"智"指智能语音及人工智能产业。

伏及新能源、新能源汽车两个产业实现产值超千亿元，新型显示、集成电路、人工智能入选首批国家战略性新兴产业集群，大尺寸液晶面板、显示驱动芯片及存储芯片、白色家电、光伏逆变器等产品产量居全国第一位。

一是合肥汽车制造业实施整车、零部件、后市场"三位一体"布局，形成涵盖整车、关键零部件、应用配套的完整产业链条。截至 2023 年，合肥汽车制造产业共有企业 500 余家，包括合肥比亚迪、大众汽车（安徽）、蔚来汽车（安徽）、江淮汽车、合肥长安汽车、安凯客车等六家整车企业。2022 年，全市新能源汽车产量 25.5 万辆，占全国比重为 3.6%，居全国城市前十位。[1]

二是合肥集成电路产业拥有设计、制造、封装测试、设备材料及公共服务平台的完整产业链，打造了存储、显示驱动、智能家电、汽车电子等四个特色芯片产业板块。截至 2023 年，合肥集成电路产业共有企业 400 余家。主要企业中，长鑫存储 DRAM 芯片打破国际垄断，晶合集成一期和二期实现满产满销，芯片代工市场占有率居全球第九，芯碁微装双台面激光直接成像设备实现国产突破，全芯智造制造类 EDA 填补工业软件国内空白。

三是合肥新型显示产业实现从上游背光模组、材料、元器件、驱动控制到中游面板和模组、下游终端的完整产业链布局。全市拥有三条 TFT-LCD 批量生产线、一条打印 OLED 试验生产线、一条硅基 OLED 小尺寸生产线、一条 6 代 AMOLED 柔性生产线。京东方 3 条生产线、维信诺 6 代 AMOLED 生产线、维信诺模组生产线为投资超百亿元的重点项目。

四是合肥人工智能产业初步构建了从底层硬件、数据计算、基础应用技术到智能终端及行业应用的全产业生态体系。截至 2023 年，合肥人

---

[1]　中共合肥市委政策研究室编：《中国·合肥 2023》，安徽人民出版社 2023 年版，第 55 页。

工智能产业共有企业超 2000 家，拥有科大讯飞、华米科技、海康威视、四维图新、中科寒武纪、科大国创等行业龙头企业。

五是合肥光伏及新能源产业拥有高效 N 型 TOPCon 电池片、大尺寸组件、全面屏组件等先进产能生产线，光伏发电并网容量全国领先，全面打造"光伏第一城"。截至 2023 年，该产业共有企业 100 余家，汇集阳光电源、通威、晶澳、晶科等行业龙头企业。光伏发电累计并网容量超 2.8 吉瓦，居全国省会城市首位，产业规模在全国 22 个光伏产业典型城市中居第 6 位。[①]

六是合肥生物医药产业形成从上游原料药、医药研发，到中游药械制造、生物制造，再到下游医药服务、检测医疗、医药流通等的完整产业链。该产业集聚企业 800 余家，拥有安科生物、智飞龙科马、立方药业、欧普康视、华恒生物、中盛溯源、中科普瑞昇等生物医药全产业链企业。

七是合肥智能家电产业形成了集家电研发、生产、销售、物流和相关配套服务于一体的完整产业链。截至 2023 年，该产业共有企业约 200 家。2022 年，智能家电工业总产值约 900 亿元，其中合肥美的、合肥海尔、合肥格力 3 家企业实现产值超百亿元。冰箱、洗衣机、空调、彩电"四大件"产量占全国十分之一，2011—2022 年连续 12 年居全国城市首位，拥有"中国家电产业基地"的美誉。[②]

二、合肥市属投资运营类、公用事业类企业概况

合肥市属城投公司主要包括市属 8 家投资运营类国有企业，即合肥建投、合肥产投、兴泰金融、合肥滨投、合肥文旅、引江济淮、合肥工业

---

① 中共合肥市委政策研究室编：《中国·合肥 2023》，安徽人民出版社 2023 年版，第 58 页。

② 中共合肥市委政策研究室编：《中国·合肥 2023》，安徽人民出版社 2023 年版，第 59 页。

科技、合肥交投。从实际业务来看，合肥城建、合肥城改 2 家市场化经营企业以及合燃华润、合肥供水、合肥热电、合肥公交、合肥轨道、安徽交易集团、合肥大数据等公共事业类企业一定程度上也发挥了城投公司的功能。合肥还将合肥百货、丰乐种业、国风新材、合肥科技农商行、合肥客运等市场化经营企业的股权划入了部分投资运营类企业，用于充实相关投资运营类企业的资产。①2023 年，合肥市国资委监管企业营业收入为651.3 亿元，利润总额为 65.6 亿元，上交税费为 46.4 亿元。市属重点监管企业年末资产总额为 10678.2 亿元，净资产为 3463.9 亿元②（见表 11-1）。

表 11-1　合肥市国资委重点监管的部分企业情况

企业	简称	主要业务	资产和经营情况	股权结构
投资运营类企业 8 家				
合肥市建设投资控股（集团）有限公司	合肥建投	城市建设投融资、基础设施建设、战略性新兴产业投资	2023 年年末总资产 6625.8 亿元，营业收入 416.5 亿元	国资委全资控股
合肥市产业投资控股（集团）有限公司	合肥产投	投资建设长鑫 12 寸晶圆制造等项目，管理母基金，管理物流集团等企业	2023 年年末总资产 901.8 亿元，营业收入 91.6 亿元	国资委全资控股
合肥兴泰金融控股（集团）有限公司	兴泰金融	金融控股公司	2023 年年末总资产 878.1 亿元，营业收入 92.0 亿元	国资委全资控股
合肥市滨湖新区建设投资有限公司	合肥滨投	科技基础设施建设、产业投资、资产运营	2023 年年末总资产 734.9 亿元，营业收入 2.0 亿元	国资委全资控股
合肥文旅博览集团有限公司	合肥文旅	文化、旅游、会展、酒店、物业管理	未披露	合肥建投全资控股

---

① 相关的市场化经营公司、公用事业类公司由合肥市国资委直接监管，作为股东的投资运营类公司不参与日常经营管理。

② 《市国资委监管企业 2023 年 1—12 月经济运行简况》，2024 年 1 月 26 日，见 https://gzw.hefei.gov.cn/public/8561/109813833.html。

续表

企业	简称	主要业务	资产和经营情况	股权结构
投资运营类企业 8 家				
合肥市引江济淮投资有限公司	引江济淮	土地开发、产业投资、旅游发展、港口码头运营等	未披露	合肥建投全资控股
合肥工投工业科技发展有限公司	合肥工业科技	产业园区运营	2023 年年末总资产 60.5 亿元，营业收入 10.2 亿元	合肥城建全资控股
合肥交通投资控股有限公司	合肥交投	交通项目投资和运营	截至 2023 年，净资产 115 亿元	合肥建投全资控股
公用事业类企业 7 家				
合肥合燃华润燃气有限公司	合燃华润	燃气生产和销售	未披露	由合肥建投控股子公司持股 51%
合肥供水集团有限公司	合肥供水	供水	未披露	由合肥建投控股子公司全资控股
合肥热电集团有限公司	合肥热电	供暖、发电	未披露	由合肥建投全资子公司全资控股
合肥公交集团有限公司	合肥公交	公交运营	未披露	由合肥建投控股子公司全资控股
合肥市轨道交通集团有限公司	合肥轨道	轨道交通运营	未披露	合肥建投全资控股
安徽公共资源交易集团有限公司	安徽交易	采购、招投标	未披露	兴泰金融全资控股
合肥市大数据资产运营有限公司	合肥大数据	建设新型基础设施、数据领域政府应用工程、大数据产业基金等	未披露	兴泰金融持股 82%

资料来源：根据公开资料整理，Wind、粤开证券研究院。

近年来，合肥市主要城投公司大力布局新兴产业重大项目，为产业创新提供更多资源，同时对接资本市场，加快科技型企业首发上市。合肥市国资委深入推进国有资产整合重组，提升市属企业在融资市场认可度，并实现国有企业专业化运营。

第一，合肥市主要城投公司谋划新兴产业布局，推动国有资本向战略性新兴产业集中。2023年，合肥各城投公司引进投资战略性新兴产业项目达25个，其中百亿元以上项目6个，带动项目投资398.6亿元，晶合三厂、维信诺模组等项目进展顺利[①]。合肥市国资委出资参与组建了城市生命线、聚变能源、场景应用、算力科技等一批新公司，抢先布局新兴业态，为全市科技、产业创新积蓄动能。

第二，合肥市主要城投公司对接资本市场，国资国企上市工作实现重大突破。合肥市国资委在已控股合肥百货、丰乐种业、合肥城建、国风新材等4家上市公司的基础上，2023年推动了顾中科技、晶合集成在科创板成功上市，市属国有控股上市公司数量增加至6家。其中，晶合集成首发募资近百亿元，成为安徽企业史上最大IPO项目。恒烁股份、汇成股份等国资参股企业IPO首发上市。

第三，合肥推进国有资产深度整合，有利于盘活国有资产。合肥将多数市属重点监管企业的股权注入到合肥建投、兴泰金融、合肥产投3家城投公司，有利于做大城投公司资产规模，从而提升市场认可度、降低融资成本。此外，近年来合肥市国资委继续推动专业化整合重组，如整合泊车集团和中安智通组建合肥市智慧泊车产业集团，整合陆港公司、地铁公司、航投公司组建合肥物流控股集团等。

---

① 《2023年工作总结和2024年工作安排》，2024年3月21日，见 https://gzw.hefei.gov.cn/public/8561/109969115.html。

三、合肥建投概况

合肥建投是合肥市属的国有独资公司，由合肥市国资委 100% 持股。2023 年年末，合肥建投注册资本为 133.0 亿元，资产总额为 6625.8 亿元，资产总额在市属企业中排名第一。公司自 2006 年组建以来，从设立之初市政基建融资主体的定位，成功转型为一家服务城市建设和运营、引领产业发展的国有资本投资公司。

合肥建投控股及参股企业合计 60 余家，其中控股上市公司 4 家。公司主要职能包括城市重大项目建设投融资、城市基础设施重点项目建设、产业投资运营、城市运营服务保障等。旗下公司经营领域涉及工程建设、产业投资、城市运营服务、乡村振兴、现代农业、商业百货、文旅博览等。从合并报表口径营业收入来看，合肥建投前三大业务板块是公共事业、集成电路和百货零售，2022 年营业收入分别达到 117.5 亿元、100.3 亿元、58.1 亿元，占全年营业收入的 30.5%、26.0%、15.1%（见表 11-2）。

表 11-2　2022 年合肥建投营业收入构成（合并报表口径）

板块	营业收入（亿元）	占比（%）	部分代表性子公司
百货零售	58.1	15.1	合肥百货★
农业	30.1	7.8	丰乐种业★、合肥乡投
公共事业	117.5	30.5	合肥公交★、合肥供水★
房地产	5.6	1.4	合肥城改★、合房股份
城市基础设施及配套	6.1	1.6	合肥充电、泊车集团
集成电路业务	100.3	26.0	合肥建投资本
其他	68.0	17.6	金太阳
合计	385.6	100.0	

注：标★为合肥市国资委重点监管企业；数据四舍五入保留一位小数导致存在微小偏差。

资料来源：Wind、粤开证券研究院。

第二节　合肥建投发展历程：打造产业赋能型国有资本投资平台

合肥建投的诞生正值城投公司高歌猛进之时，其前身是三家市属城投公司，业务则与城市基础设施投资关联密切。合肥建投落实"工业立市"决策和"全民大招商"战略，以城投公司的身份进军产业投资，签约投资了京东方 6 代生产线项目，又顶住"加剧面板产能过剩""财务回报不佳"等批评声音开展京东方 8.5 代生产线投资，并在股市上涨期完成减持，增加了投资收益。通过成功的产业投资实践，合肥建投积累了城投转型的有益经验，随后在进一步转型的过程中，推动京东方 10.5 代生产线、晶合集成、康宁合肥、蔚来汽车、欧菲光等项目落户投产，并参投股权投资基金、撬动社会资本。近年来，合肥建投通过龙头项目牵引配套企业，合力构建产业集群，有力地推动了合肥新型显示、芯片代工制造、新能源汽车等产业的发展。

一、融资平台阶段（2006—2010 年）：主要承担公益性业务，初步进入产业投资

2006 年 5 月，合肥市政府整合城市投资和交通建设领域 3 家市属国有企业，并注入财政资金 5 亿元，组建合肥建投，作为全市统一的市政基础设施投融资主体。合肥建投的主要职能包括公益性项目建设和承担地方政府投融资任务，而在合肥招商引资大潮中，合肥市政府支持合肥建投完成了京东方 6 代生产线的引进与参投，合肥建投首次进入产业投资。

具体来看，合肥建投这一时期的业务具有三个特点。

（一）初期业务以城乡建设、土地开发、水务和环境治理等公益性业务为主，收入主要来源于财政资金

合肥建投受政府委托实施基建项目，资金主要来自同级财政。经合肥市人大常委会批准，2006年起市财政每年安排15亿元建设资金，用于合肥建投投资城市基础设施项目和偿还贷款本息，自2008年起市财政再增加20亿元偿债准备金，用于其子公司合肥城建投资控股有限公司（简称"合肥城投"）投资重大项目和本息偿还[①]。从主要项目来看，合肥滨湖新区于2006年四季度正式动工，滨湖新区启动区项目由合肥建投承建，2007年合肥建投委托两家设计单位开展合肥市城市快速轨道交通建设规划等规划设计。此外，合肥建投还实施了路网建设和改造工程、环境及河道综合治理工程、防洪治涝工程、污水处理厂等一批公益性项目。从经营模式来看，合肥建投基础设施类项目建设和偿还融资本息的资金直接由政府财政安排，土地开发和环境治理类项目形成的经营性土地的出让收益按照收支两条线原则通过市财政全额拨付给合肥建投。

（二）通过债券融资、银行贷款等各种渠道为项目建设进行融资

其一，债券方面，合肥建投及子公司合肥城投发行了"06合城投债""08合肥建投债""09合肥建投债"，发行总额分别为10亿元、17亿元、20亿元。据发行公告披露，公司以供水、供气、公交等取得的经营收入和财政补贴作为还本付息来源[②]。

---

① 参见《"09合肥建投债"债券募集说明书》《合肥市人大常委会关于同意对城市基础设施建设给予财政补贴的函》（合人常〔2006〕24号）、《合肥市人大常委会关于同意市政府〈关于同意增加城市基础设施等重大项目建设财政预算的批复〉的函》（合人常〔2008〕17号）。

② 参见"06合城投债""08合肥建投债""09合肥建投债"债券募集说明书。

其二，信贷方面，2008 年 4 月，合肥建投分别与中国工商银行、中国农业银行、浦发银行等金融机构达成信贷合作意向，对接总金额达 270 亿元，资金主要用于合肥市环境综合治理工程、合肥市路网建设、轨道交通、危旧小区改造、出城口道路工程等。

其三，合肥市政府将上市公司合肥百货、丰乐种业的股权划入合肥建投，进一步充实合肥建投资产规模，提升了合肥建投的融资能力。合肥建投组建时，已拥有一批公用事业资产，如供水、燃气、公交、热力等公司①。2008 年，合肥决定撤销合肥商控公司、合肥市种子公司，商控公司持有的合肥百货 23.7%股权、种子公司持有的丰乐种业 37.75%股权过户到合肥建投，合肥建投成为合肥百货、丰乐种业第一大股东。

（三）参与投资京东方 6 代生产线，标志着公司迈出了探索产业投资的重要一步

2005 年，在工业基础薄弱、短板突出的背景下，合肥市作出"工业立市"重大决策，启动前所未有的"全民大招商"战略，全市各部门、各区县掀起招商引资的热潮。2008 年 10 月，合肥京东方 6 代生产线落户合肥经开区，该生产线是中国内地首条第 6 代 TFT-LCD 生产线，主要生产 37 英寸以下电视和电脑显示器用 TFT-LCD 显示屏。项目投资为 175 亿元，其中项目资本金为 90 亿元。根据京东方集团披露的投资计划，项目资本金原计划由 5 家合肥国有企业②以及社会资本通过认购京东方集团定向增发股票的方式提供，剩下的 85 亿元投资由银团贷款解决。但实际上，京

---

① 相关公司原为合肥城投的控股公司。在合肥建投组建时，这些公司的股份随合肥城投一并划入合肥建投，但在业务和管理方面仍然保持相对独立。

② 这 5 家企业分别是合肥鑫城国有资产经营有限公司、合肥蓝科投资有限公司（简称"合肥蓝科"）、合肥市国有资产控股有限公司（简称"合肥国资控股"）、合肥市滨湖新区建设投资有限公司、合肥市庐翔光电科技投资有限公司。

东方集团定向增发受到投资者的认可，其他省份的国有资本和社会资本取代了 3 家合肥国有企业的份额。合肥最终仅有合肥蓝科（合肥建投控股子公司）、合肥鑫城（合肥新站开发区投融资平台）两家公司分别出资 15 亿元参与了定向增发项目，其余国有企业则无缘参与该项投资。

二、过渡调整阶段（2011—2014 年）：业务端重仓面板制造，融资端完成"平台贷款退出"工作

在这一阶段，合肥建投落实政府部署，在继续开展公益性基础设施业务的同时，实施了京东方 8.5 代生产线的重大项目投资，向产业投资的转型迈出重要一步，呈现出较好的产业投资理念。在国家加强对融资平台监管的背景下，合肥建投完成了"平台贷款退出"工作。

（一）从业务端来看，在产业低谷中投资合肥京东方 8.5 代生产线

2012 年 8 月，合肥市政府、合肥建投代管的巢湖建投与京东方集团签署合肥京东方 8.5 代生产线项目投资框架协议，该项目投资总额为 285 亿元，是国内第 4 条 8 代以上大尺寸面板生产线。该项目投资过程中，全球面板产业处于周期性低谷，市场竞争激烈、企业盈利困难，京东方集团股价较 2008 年 10 月几乎没有增长。但是，京东方集团和合肥方面快速推进项目建设。京东方集团相关的定向增发方案在 2013 年 11 月刚刚获批，12 月合肥 8.5 代生产线就已点亮投产，2015 年一季度实现满产。随着显示面板市场需求改善，京东方集团销售业绩不断提升、股价持续走强，合肥建投前期的投资回报也日益受到关注，为合肥建投加快向产业投资平台转型打下基础。除此之外，合肥建投继续从事土地开发、城市建设等传统的公益性项目。2011 年，合肥建投与新加坡国浩置地集团签订备忘录，

约定合作开发合肥新桥国际临空产业园项目。2013年12月，与杭州德贵投资公司共同出资设立城建发展基金，首期规模50亿元，目的是解决县域城市基础设施建设的资金需求。

（二）从融资端来看，完成了银监会"退出平台贷款管理"的监管要求，但债券发行仍存在一定的财政支持

贷款方面，在银监会指导满足条件的平台贷款退出平台贷款管理的背景下，2011年11月安徽省银行业协会召开会议，各债权银行和监管机构一致同意将合肥建投满足条件的贷款整改为一般公司类贷款管理，标志着合肥建投完成了"平台贷款退出"工作。2013年4月，合肥建投与国开行就合肥城市轨道交通2号线项目签订135亿元意向融资合作协议。

债券方面，2012年至2014年3月，合肥建投先后发行一批债券①，期限为2—5年不等。在2014年国家加强城投公司监管、限制城投公司发债前，合肥建投完成"14合肥建投债""14合建投MTN001""14合建投MTN002"3项债券的发行，共融资75亿元，期限大幅延长到10年，实现了"以时间换空间"、缓解短期财务压力的效果，又为企业的中长期资金运用奠定基础。然而，合肥建投的债券发行仍存在一定的财政支持。据"14合建投CP001"募集说明书披露，合肥市政府分三种方式对合肥建投提供财政支持：存量债务，按实际还本付息总额分12年（2012—2023年）等额补助；重大项目，按2012年签署的《差额补助协议》补助；年度新增投资，按投资资金及资金占用费总额分10年（2012—2021年）等额补助。后来，合肥建投在"17合建投MTN001"募集说明书中表示，2012年《差额补助协议》的财政专项补助模式体现了"财政购买服务的平等民事主体

---

① 包括"12肥建投MTN1""12合建投PPN001""13合建投PPN001""13合建投PPN002""14合建投PPN001"。

关系",但也承认《差额补助协议》以"全额补助、纳入预算"为原则。

三、全面转型阶段(2015年至今):开展多领域产业投资,挖掘资本市场等金融资源

合肥建投将2015—2017年确定为"转型发展年",公司定位明确为既要服务城市建设,又要做好国有资本投资运营。转型发展的总体思路为"以市场化方式参与城市基础设施建设,继续为政府提供服务;通过实施专业化的国资运营管理,充分发挥在国有资本投资及运营方面的作用",目标是"三年时间内从单一承担基础设施项目投融资职能的政府融资平台,转变为服务于城市建设的市场主体以及国有资本投资运营主体"。从中长期来看,"要用8至10年的时间完成基础设施、水务环保、交通运输、能源等业务板块搭建工作,并按照市委市政府要求妥善做好战略性新兴产业项目投资,实现资本运作效益最大化"。在这一阶段,公司不断推广产业链重大项目投资经验,实现控股芯片企业首发上市,并继续承担城乡基础设施建设运营的功能。

(一)坚守基础设施建设主业,承担城市运营功能

根据合肥市级投融资管理制度,合肥成立以市委书记为第一主任的市投融资管理委员会,由设在财政局的投融资办统筹管理政府项目融资,对政府性债务实行"借、用、还"一体化管理[①]。合肥建投继续承担基础设施领域的工程建设、城市运营等具体功能。在工程建设领域,合肥建投依托合肥城投、合肥管廊、合肥水投等子公司,发展基础设施项目总承包、

---

① 王琢等:《我市市级投融资机构创新转型发展的调研与思考》,2016年4月7日,见 https://www.luan.gov.cn/zwzx/ztzl/zxzt/szfblxyzzt/hdnr/dywz/108451.html。

全过程咨询、总运营维护等核心技术能力，打造具有市场竞争力的优秀城市建设供应商。在城市运营领域，合肥建投依托合肥充电、泊车集团等子公司，开拓城市充电、智慧停车等业务。

（二）复制京东方 8.5 代生产线投资成功经验，投资京东方 10.5 代生产线、晶合集成、蔚来汽车等产业链重大项目，同时以链引链开展上下游企业招商

一是抓住股市上涨时机减持京东方集团股票，确保产业投资"募、投、管、退"全流程顺利完成。2015 年 4 月，合肥建投通过两个结构化产品持有的京东方集团股票解除限售。合肥建投抢抓股市稳定上涨的时间窗口，减持了全部 52.4 亿股京东方集团股票，实现投资净收益 120 亿元，实现投资回报率约 343%。合肥建投将投资收益迅速投入京东方 10.5 代生产线项目，该项目是全球首条 10.5 代液晶面板生产线，进一步巩固了合肥新型显示产业优势地位。项目总投资 400 亿元，资本金 220 亿元，其中 180 亿元由合肥建投筹集。该项目于 2017 年 12 月建成投产，2019 年 10 月达到设计产能，每月可产 12 万片基板，良率达到 96%—97% 的高水平。

二是围绕集成电路、新型显示、新能源汽车等合肥优先发展的产业开展投资。集成电路领域，2015 年 5 月，合肥建投与力晶科技签约引进 LCD 显示驱动芯片代工相关的 90—150 纳米晶圆制造技术，共同投资晶合集成项目。该合资公司于 2017 年 6 月投产，现已成为 LCD 显示驱动芯片代工领域市场占有率第一的企业。2016 年，合肥建投通过旗下产业基金出资 10 亿美元参与投资安世半导体（合肥）项目，16 个月后即转让股权退出，成交额较初始投资增值 131.62%，实现高额收益。新型显示领域，合肥建投推进的合肥维信诺 6 代 AMOLED 生产线项目于 2018 年 12 月正式开工，填补合肥 OLED 面板制造的空白。汽车领域，2020 年 4 月合肥建投、国投招商投资、安徽高投等战略投资者签约向蔚来中国投资

70亿元，蔚来中国总部则入驻合肥经开区，2021年9月蔚来首款轿车下线，2023年全年交付新车超16万辆。

三是以龙头企业为链主，大力引进新型显示、芯片等产业上下游企业。截至2019年年末，京东方集团在合肥的投资项目已带动70多家配套企业来合肥发展，推动合肥成为世界上最大的显示面板生产基地之一。例如，根据康宁中国、合肥新站开发区、合肥建投的三方协议，康宁合肥10.5代液晶玻璃工厂项目于2015年12月与京东方10.5代生产线同步开工，该项目是合肥京东方10.5代生产线的上游配套项目，总投资15亿美元，首期投资13亿美元，于2017年9月投产。2017年12月，合肥建投参与投资的颀中科技芯片封测项目成功签约。

（三）利用金融资源，推动控股企业首发上市

2015年3月，根据合肥国有资本营运机构调整方案，兴泰控股持有的合肥百货股权、合肥国资控股持有的商业大厦、鼓楼商厦、国控旅游国有股权划入合肥建投。这一举措响应国家投融资体制改革，同时促进合肥建投改革转型，推动各市属国有企业进一步明确功能定位。划转后，合肥建投持有合肥百货2.9亿股，占合肥百货总股本的36.7%，合肥建投的资产规模、质量进一步提升。

一是推动控股科技企业上市。2023年4月，合肥建投控股企业颀中科技在科创板挂牌上市，成为合肥市属国有企业科创板上市"第一股"。颀中科技定位于集成电路先进封装业务，专业从事8英寸、12英寸显示驱动芯片全制程封测服务。2017年合肥建投参与颀中科技项目后，其子公司合肥建投资本①通过自主管理的芯屏产业投资基金给予该项目股权投资，并运用专业经验和资源优势，提供融资咨询和规划，抓住国内先进封

---

① 合肥建投资本管理有限公司。

测行业景气度攀升的机遇，推动顾中科技成功登陆科创板。2023 年 5 月另一家合肥建投控股企业晶合集成成功在科创板首发上市。晶合集成募集资金规模达 114.6 亿元，居科创板上市公司融资规模第 3 位。

二是成立或参与产业投资基金，撬动社会资本开展产业投资。近年来，政府出资产业投资基金发展加快，有利于通过政府之手弥补市场不足，助力构建现代化产业体系、科技型企业发展壮大。2016 年年初，合肥建投参与发起组建总规模近 300 亿元的合肥芯屏产业投资基金，该基金在京东方 10.5 代生产线增资项目中共引入社会资金 79.5 亿元。此外，合肥建投还投资了合肥蔚来投资、合肥城市发展建设基金、合肥乡村振兴投资等产业投资基金。

第三节　合肥建投转型的启示

合肥将产业投资与招商引资、园区运营一系列手段有效结合起来，多措并举、久久为功，用十余年时间将一个以家电制造为主的轻工业城市转变为新型显示、芯片、新能源汽车等新兴产业的重要集聚地，使合肥的产业结构乃至经济面貌焕然一新。对于合肥建投而言，未雨绸缪方能有备无患。要抓住产业风口来实现城投公司转型，既要充分把握全球市场环境、国家战略部署和当地资源禀赋，也要对产业趋势、企业管理及风险防范等重要问题做好充足的功课，探索构建完整的投资闭环。此外，还应当认识到，合肥建投的成功转型背后，存在一定的偶然性因素和不可复制性。

一、产业布局重"研究"，科学研判每一轮新兴产业投资方向

合肥建投设立以来，三个阶段的公司业务均包含城市建设投资与新

兴产业投资。合肥建投在城市建设方面具有充足经验，而提升在新兴产业投资方面的专业能力也同样重要。在开始阶段，市级机关部门参与了合肥建投新兴产业投资项目的筛选，而随着时间的推移，合肥建投已形成一定的投资能力，能够自行组建产业研究、商务谈判等团队及委托财务、法务外部机构，完成整套投资方案，投资分析不再依赖于政府。早在 2008 年，合肥方面认识到，京东方 6 代生产线项目虽不能与日韩先进技术相匹敌，但已达到国内技术领先的水平，符合国家产业政策方向。国家"十一五"规划提出，"促进高技术产业从加工装配为主向自主研发制造延伸"，且北京京东方 8.5 代生产线在 2011 年投产，表明京东方集团技术路线基本成熟、风险较低，合肥在 2012 年敏锐地意识到全球显示面板需求可能触底，此时布局建设大尺寸面板有利于把握市场回暖的良机。到了第三阶段，合肥建投在新型显示、芯片、新能源汽车三大领域同时发力，对京东方 10.5 代生产线、晶合集成、蔚来汽车等项目进行投资，显示出合肥建投已经具备了较为专业的投资把控和项目统筹能力。"十四五"期间，合肥市将"芯屏器合、集终生智"发展方向调整为"芯屏汽合、急终生智"①。合肥布局新能源汽车、引进蔚来中国总部的背后，有合肥建投经调研分析、细致商业谈判基础上形成的一套投资方案作为支撑。合肥围绕"芯屏汽合、急终生智"产业导向优选项目，同时推动发挥好合肥建投作为国有资本的引领带动作用，实现了战略性新兴产业蓬勃发展和国有资本保值增值的双赢。

二、投资管理要"规范"，注重识别和控制各类投资风险

城投公司在产业投资过程中，应当遵循市场规律，不断优化自身和

---

① 将代表装备制造和机器人的"器"改为代表汽车的"汽"，将代表集成电路的"集"改为代表安全应急的"急"。

被投资企业的公司治理，并加强经营风险、法律风险、行业风险，甚至股票市场风险的识别和管控。一是合肥市政府和合肥建投对项目运作进行了通盘考虑。在政府层面，要鼓励有能力的城投公司开展产业投资，并制定好相应的指引、尽职免责等制度。在城投公司层面，要确定国有资产注入和退出的方式，不能只考虑项目落地而忽视了后期的资金退出问题，具体可以优先考虑与管理治理较为规范、资金退出较为便捷的上市公司开展新建项目的合作。二是合肥建投规范参与项目运营管理，尤其是要做到适度（而非过度）参与所控股企业的日常经营。一方面，合肥建投向被投企业委派董事、监事以及财务、采购、销售等部门高级管理人员，参与重大事项决策和掌握经营情况；另一方面，合肥建投合理界定所有权和经营权的关系，支持初创型科技企业培育独立的经营管理能力。三是合肥建投跟踪投资项目经营情况，参与被投企业中长期战略规划。四是城投公司要为被投企业提供各种力所能及的帮助，帮助被投企业降低经营风险。例如，合肥建投协调地方政府在地块配套条件、土地价格、能源供应等方面为被投项目提供政策性支持，为被投企业市场拓展提供支持，提供借款或担保等财务支持。

三、股权财政须"闭环"，要将资金退出看作完整构建"募、投、管、退"循环的关键

股权退出是国有资本参与风投、创投面临的一大难题。IPO 的周期相对漫长，而未上市股权的协议转让未必能够找到报价合理的交易对手。近年来社会热议的"股权财政"，同样面临这一问题。股权财政不等同于投资一个企业后长期持有，而是通过在投入和退出之间形成循环获取财政收益，因此国有资本参与风险投资、创业投资后的股权退出问题必须纳入考虑。在合肥京东方 6 代生产线投资中，合肥市通过两家城投公司共

拿出 30 亿元进行战略投资，撬动社会资金、银行资金 145 亿元，后通过二级市场减持完成投资退出，实现国有资产增值近 15 亿元，投资收益率 50%。在合肥京东方 8.5 代生产线项目中，总投资 285 亿元，通过债转股、采用结构化产品募集资金参与京东方集团定向增发等方案，解决了 170 亿元项目投资资金，在股权锁定期满以后抓住牛市机遇减持退出，实现国有资本增值 120 多亿元。在合肥京东方 10.5 代生产线项目中，合肥建投出资 68 亿元，其所属的合肥芯屏基金出资 152 亿元，京东方集团出资 20 亿元，撬动社会资金、银行资金 160 亿元。虽然股市牛熊存在一定的随机性，合肥建投超高的投资收益未必每次都能复制，但这一举措仍应视为合肥建投完成国资投资平台"募、投、管、退"循环的出色尝试。经过长期探索，合肥建投建立了"国资引领→项目落地→股权退出→循环发展"的产业投资运作模式，其中股权退出方面已有公开转让、回购、定向增发装入上市公司、IPO 上市等资本市场退出多样化实践落地，在国有资产保值增值方面已取得良好经验，为后续项目滚动投资提供有力保障。近年来，合肥市属国有企业从京东方各条生产线、安世半导体（合肥）等项目获得的退出收益超过 300 亿元，推动国有资产规模进一步扩大。

四、城投转型应"乘势"，抓住宏观环境、产业政策等带来的机遇

合肥建投从主营城市建设的融资平台向国有产业投资平台的成功转型，一个重要原因在于，合肥建投对于入场、退出时机的判断，以及对市场环境、政策环境的准确把握。其一，合肥作为长三角省会城市，财政收入和土地出让收入具有一定体量，能够为合肥建投提供"启动资金"，而合肥在城镇化浪潮中吸纳了外来人口，支撑产业发展，做大经济基础，为合肥财力形成补充，进而为城投公司的财政补贴提供了保障。合肥将

原有的千亿级规模的国有资产注入合肥建投，提高了合肥建投的信用水平，也使其得以完成低成本的市场化融资。其二，合肥京东方6代生产线作为合肥建投产业投资的"处女作"，实际上是由合肥市政府主导，考虑到合肥滨投等企业退出了定向增发项目，合肥建投最终幸运地成为唯一一家参与该项投资的合肥市属企业。其三，合肥建投投资京东方8.5代生产线，背后依靠的是上级领导对面板产业发展的坚定支持，投资项目起初遭遇了"产能过剩""未来财务回报预期不佳"的批评，后来却出现了面板产业从"产能过剩"到"需求释放"的超预期表现，以及股票限售解禁恰逢牛市的双重利好，以上这些都是京东方8.5代生产线这一项目成功的关键。相似的是，合肥建投与力晶科技共同投资晶合集成，时间点刚好出现在国内芯片产业生态已初具规模、美国对华芯片产业制裁打压还未成势之时。

五、理性辨识城投公司转型过程中的偶然性因素和不可复制性

合肥建投向战略性新兴产业投资转型的探索，在某种意义上推动了合肥中长期产业结构的演变。与此同时，有必要认清这一成功案例背后的偶然性因素和不可复制性。第一，合肥建投在显示面板领域的投资胜绩，高度依赖于全球市场周期的波动上行。如果当初显示面板的消费需求未能见底回升，对面板制造这一重资产行业的投资将面临很大风险。第二，合肥建投转型的成功，仰赖于合肥的地理区位和资源禀赋。合肥地处长三角范围内，可享有长三角G60科创走廊相关创新成果的辐射效应，同时临近皖北、皖南等重要劳动力输出地，劳动力成本较低，两方面因素共同造就了良好的投资机遇。第三，合肥建投成功转型，还基于政府和市场关系的清晰界定。一方面，要建立经验丰富的市场化招商谈判团队和专业化产业研究团队；另一方面，要对国有企业参与产业投资

建立相应的尽职免责制度。第四，合肥建投投资的项目只占到了合肥经济中的一小部分。合肥实现跨越式发展的背后，还要看到其他国有企业、民营企业、外资企业的贡献，以及合肥市政府在优化营商环境、市场秩序等方面的努力。

第十二章
上海城投：从融资平台向城市综合运营服务商转型

上海市在 20 世纪 90 年代曾面临市政建设资金的巨大缺口，在此形势下，上海城投（集团）有限公司（简称"上海城投"）应运而生。作为我国最早成立的城投公司之一，上海城投成立初期为典型的政府融资平台，业务单一，偿债主要依靠政府支持。为走出融资及偿债困境，上海城投在上海市政府支持下谋求转型。上海城投以城市运营为主线，通过深入参与市政项目建设、资产梳理及资本运作，形成水务、环境、置业、路桥四大核心板块，逐步剥离政府融资平台职能，厘清政府与企业边界，成为全国率先实现转型的城投公司之一。2021—2023 年，上海城投平均营业收入为 371.5 亿元，平均净利润为 24.6 亿元；2023 年年末，上海城投总资产达到 7983.5 亿元，资产负债率为 52.6%。[①]

上海城投的成功转型，最根本的推动力是上海市政府理念的与时俱进。上海市政府根据上海城投不同阶段的发展特点，向其注入经营性资产，使得上海城投能够在围绕城市运营功能理顺公益性业务资金闭环的同时，做强做大市场化业务。在目前监管政策收紧、倒逼城投公司转型的形势下，上海市政府的理念变迁以及上海城投围绕城市运营功能的不断升级为其他地区的城投公司转型提供了经典思路。

---

① 参见 2021—2023 年《上海城投（集团）有限公司年度报告》。

第一节　上海市情与上海城投概况

一、上海市基本情况①

上海市是我国四个直辖市之一，地处我国经济发展活跃、开放度高、创新能力强的长江三角洲区域，是我国最大的经济中心及重要的国际金融城市。2023 年，上海地区生产总值达到 47218.7 亿元，在全国各省份中排名第 10 位，在四个直辖市中居首位；人均 GDP 为 19.1 万元，在全国排名第 2 位，仅次于北京市（20.0 万元）。2023 年年末，上海市常住人口为 2487.5 万人（见图 12-1），户籍人口为 1480.2 万人。

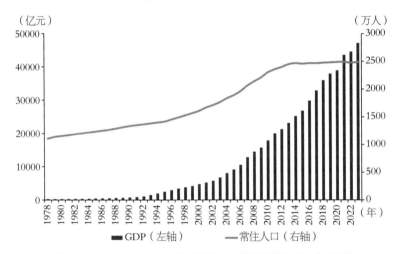

图 12-1　1978—2023 年上海市地区生产总值及常住人口变化趋势

资料来源：Wind、粤开证券研究院。

---

① 参见上海市统计局、国家统计局上海调查总队：《上海市 2023 年国民经济和社会发展统计公报》，2024 年 3 月 21 日，见 https://tjj.sh.gov.cn/tjxw/20240320/c98b13811e024f-f7abbd796842647c18.html；《龚正市长在上海市第十六届人民代表大会第二次会议的政府工作报告（2024 年）》，2024 年 1 月 29 日，见 https://www.shanghai.gov.cn/nw12336/20240129/2dfb672cc8b840f1b97788f74fb403cd.html。

上海市财政实力强，区域债务负担轻。2021年10月，上海市正式启动"全域无隐性债务"试点工作，成为国内首批启动隐性债务清零试点的城市；2022年三季度末，上海市下辖浦东新区、松江区、奉贤区、崇明区等已实现隐性债务清零。2023年，上海市一般公共预算收入为8312.5亿元（见图12-2），排名全国第4位，其中税收收入7109.1亿元，税收占比高达85.5%；政府性基金预算收入为3466.7亿元。2023年年末，上海市政府债务余额为8832.3亿元，负债率18.7%。

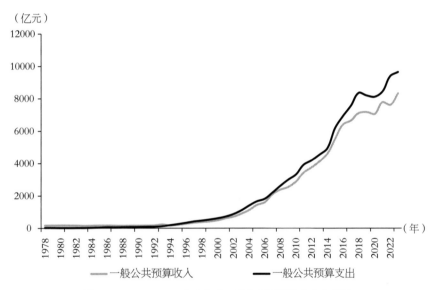

图 12-2　1978—2023 年上海市一般公共预算收支变化情况

资料来源：Wind、粤开证券研究院。

近年来，上海市工业发展呈现良好趋势。2023年，上海市工业战略性新兴产业总产值占规模以上工业总产值比重达到43.9%，集成电路、生物医药、人工智能三大先导产业规模达到1.6万亿元；全社会研发经费支出占全市生产总值的比例达到4.4%左右，每万人口高价值发明专利拥有量提高到50.2件；科创板功能进一步提升，上海上市公司首发募资额、总市值位居全国首位。

上海市营商环境持续优化。2023 年，上海市日均新设企业 1904 户，增长 28.1%；企业总数 289.2 万户，占全部经营主体的比重达到 85%；每千人企业数量增加到 116.8 户，居全国第 1 位。上海市建立重点企业"服务包"制度，强化政策集成发布、精准推送和服务便利获取，新增减税降费及退税缓费超过 1100 亿元。

二、上海市主要城投公司概况

20 世纪 90 年代，与全国其他地区类似，上海市的基础设施建设资金缺口较大，倒逼上海市推行城建投融资体制改革。在此背景下，上海市陆续成立各类城投公司，利用土地出让、特许经营权转让等方式，为基础设施建设筹集了大量资金。本章重点梳理了上海市市属的五家主要城投公司的概况（见表 12-1）。上海久事是上海市最主要的交通基础设施投融资主体；上海城投主要业务包括水务、环境、置业、路桥四大核心板块，是上海市最重要的市政运营主体；上海地产主要从事房地产开发业务；临港集团负责临港新片区和漕河泾开发区等多个产业园区；长三角投资（上海）有限公司成立时间较短，代表上海市参与长三角一体化示范区开发建设。

表 12-1　上海市国资委下属主要城投公司情况

名称	简称	成立日期	主要业务	经营情况（2023 年度）
上海久事（集团）有限公司	上海久事	1987 年 12 月 12 日	上海市最重要的公共交通基础设施投建主体，公益属性较强	总资产 7145.3 亿元，营业收入 257.1 亿元，净利润 −67.1 亿元
上海城投（集团）有限公司	上海城投	1992 年 7 月 21 日	主营业务涉及水务、环境、置业、路桥四大核心板块	总资产 7983.5 亿元，营业收入 349.7 亿元，净利润 19.9 亿元

续表

名称	简称	成立日期	主要业务	经营情况（2023年度）
上海地产（集团）有限公司	上海地产	2002年11月15日	政府功能类板块：长江三角洲区域一体化建设、城市更新建设、旧区及城中村改造、长租房运营和建设、保障房建设运营管理等；市场竞争类板块：建筑材料板块、房地产综合开发、不动产经营与管理等	总资产4297.0亿元，营业收入372.7亿元，净利润21.7亿元
上海临港经济发展（集团）有限公司	临港集团	2003年9月19日	负责开发与经营的产业区包括临港新片区和漕河泾开发区等多个产业园区，主要板块包括园区开发、园区物业租赁、现代服务业	总资产2183.7亿元，营业收入132.6亿元，净利润18.7亿元
长三角投资（上海）有限公司	长三角投资	2020年7月1日	代表上海市参与长三角一体化示范区的基础设施项目投资和建设，承担了长三角一体化示范区发展核心项目的投资建设与经营	总资产205.1亿元，营业收入18.4亿元，净利润0.4亿元

资料来源：根据公开资料整理，粤开证券研究院。

三、上海城投概况

上海城投成立于1992年，是上海市成立较早的城投公司之一，成立时名称为上海市城市建设投资开发总公司，早期主要承担重大市政项目的融资功能，经过不同阶段的整合，上海城投聚焦路桥、水务、环境、置业四大业务板块。近两年，上海城投的水务、环境、置业营业收入合计占比超过90%，路桥业务相对占比较少（见表12-2）。

表 12-2　2022—2023 年上海城投业务主要构成情况

业务板块	2022 年				2023 年			
	营业收入（亿元）	营业成本（亿元）	毛利率（%）	收入占比（%）	营业收入（亿元）	营业成本（亿元）	毛利率（%）	收入占比（%）
路桥	32.4	27.2	16.1	8.5	40.1	31.8	20.6	11.5
水务	141.9	120.9	14.8	37.3	151.0	127.7	15.4	43.2
环境	107.8	87.7	18.6	28.3	108.9	88.8	18.5	31.2
置业	116.8	102.3	12.4	30.7	67.2	48.1	28.4	19.2
投资	0.9	0.4	50.9	0.2	0.9	0.4	52.9	0.3
其他	9.0	5.9	34.7	2.4	9.2	6.4	30.3	2.6
抵消	−28.1	−26.8	4.6	−7.4	27.5	−26.3	4.5	−7.9
合计	380.7	317.6	16.6	100.0	349.7	276.9	20.8	100.0

注：数据四舍五入保留一位小数导致存在微小偏差。

资料来源：《上海城投（集团）有限公司 2023 年年度报告》、粤开证券研究院。

上海城投集中了上海市大部分重要的市政运营资源：路桥板块，运营收费高速公路占全市的 75%；水务板块，原水供应能力占全市的 98%，自来水生产、污水处理能力占全市的 75%，防汛排水能力占全市的 60%；环境板块，承担全市 80% 的生活垃圾转运和 100% 的医疗废物转运处置。[①]

（一）路桥板块

路桥板块主要由子公司上海城投公路投资（集团）有限公司（简称"城投公路"）负责运营。城投公路主要负责投资、建设和运营管理越江设施、快速路网、高速公路、内河航道等大型市政交通设施。从分板块构成情况来看，收费公路业务（通行费）为城投公路收入最主要的来源，占比超过

---

① 数据来自上海城投官网（www.chengtou.com）。

70%（见表 12-3）。

表 12-3　2022—2023 年上海城投路桥板块主要构成情况

业务板块	2022 年				2023 年			
	营业收入（亿元）	营业成本（亿元）	毛利率（%）	收入占比（%）	营业收入（亿元）	营业成本（亿元）	毛利率（%）	收入占比（%）
通行费收入	24.0	21.7	9.3	73.8	31.8	26.3	17.3	79.4
隧道收入	3.4	2.6	25.3	10.5	3.4	2.6	23.9	8.5
其他收入	5.0	2.9	42.0	15.7	4.9	2.9	40.8	12.1
合计	32.4	27.2	16.1	100.0	40.1	31.8	20.6	100.0

资料来源：《上海城投公路投资（集团）有限公司 2023 年年报》、粤开证券研究院。

　　路桥业务按照是否收费分为收费路桥业务和非收费路桥业务。其中，收费路桥项目可以分为经营性收费还贷高速公路和政府收费还贷高速公路，收费定价参照上海市高速公路通行费收费标准；非收费路桥主要为市内部分干线道路和过江隧道，以及郊区部分开放式公路等，属于公益性项目，此类项目资金来源于财政，城投公路收到财政拨款后再进行投资建设。

（二）水务板块

　　上海城投水务板块由上海城投水务（集团）有限公司（简称"城投水务"）负责，以自来水销售、工程施工与排水服务及污水处理为核心主业（见表 12-4），按原水、制水、供水、排水、污水处理五个专业对水务产业链进行重组，全面主导上海水务产业链。城投水务是上海市中心城区原水、自来水、防汛排水、污水污泥处理的主要服务商，水务领域重大项目建设主体和城市安全运营主体。

表 12-4　2022—2023 年上海城投水务板块业务主要构成情况

业务板块	2022 年				2023 年			
	营业收入（亿元）	营业成本（亿元）	毛利率（%）	收入占比（%）	营业收入（亿元）	营业成本（亿元）	毛利率（%）	收入占比（%）
自来水销售	51.0	53.5	−5.1	37.1	52.8	55.4	−4.9	36.9
工程施工与管理	40.2	22.4	44.3	29.3	40.6	22.0	45.8	28.4
排水服务及污水处理	39.8	36.0	9.6	29.0	43.3	39.2	9.5	30.2
其他	6.3	4.9	22.2	4.6	6.5	4.6	29.2	4.5
合计	137.3	116.8	14.9	100.0	143.2	121.2	15.34	100.0

资料来源：Wind、粤开证券研究院。

　　上海城投水务板块具备完整的原水收集和供应产业链，自来水生产和供应产业链以及污水处理全产业链。水务业务的前端包括原水收集与供应（水利工程）、水务工程项目、管网等水务设施建设、自来水的生产、供水；后端包括防汛、污水收集与输送、污水处理、中水回用及污水排放等（见图 12-3）。

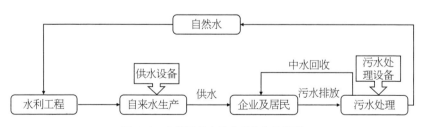

图 12-3　上海城投水务业务产业链情况

资料来源：《上海城投水务（集团）有限公司 2023 年度第一期绿色中期票据募集说明书》、粤开证券研究院。

（三）环境板块

环境板块主要由上海环境集团股份有限公司（简称"上海环境"）负责，2022 年上海环境主营业务包括固体废弃物处理（以生活垃圾处理为主）、城市污水处理、承包及设计规划等环境市政项目投资、建设与运营，其中固体废弃物处理收入占比超过 60％，为最主要的收入来源，其次为承包及设计规划收入和污水处理收入；2023 年上海环境重新划分业务统计口径，环保项目建设及运营收入占比超过 70％，为最主要的收入来源（见表 12-5）。

表 12-5　2022—2023 年上海环境业务主要构成情况

业务板块	2022 年				2023 年			
	营业收入（亿元）	营业成本（亿元）	毛利率（％）	收入占比（％）	营业收入（亿元）	营业成本（亿元）	毛利率（％）	收入占比（％）
固体废弃物处理	39.9	26.3	34.1	63.4	—	—	—	—
承包及设计规划收入	13.2	11.4	13.7	21.0	—	—	—	—
污水处理	5.3	2.4	54.0	8.4	—	—	—	—
其他业务	4.5	6.1	−36.9	7.1	—	—	—	—
环保项目建造及运营	—	—	—	—	48.7	33.1	32.0	76.3
建设及运营咨询服务	—	—	—	—	5.5	5.0	9.1	8.6

业务板块	2022 年				2023 年			
	营业收入（亿元）	营业成本（亿元）	毛利率（%）	收入占比（%）	营业收入（亿元）	营业成本（亿元）	毛利率（%）	收入占比（%）
设计、工程承包及生态修复	—	—	—	—	9.5	8.7	8.4	14.9
租赁业务	—	—	—	—	0.2	0.1	50.0	0.3
合计	62.9	46.2	26.4	100.0	63.8	46.8	26.6	100.0

注：数据四舍五入保留一位小数导致存在微小偏差。

资料来源：iFinD、粤开证券研究院。

环境板块主要以 BOT 和 TOT 模式开展。其中，BOT 模式下上海环境在项目初期须投入大笔资金以完成项目建设，后续通过特许经营期的运营获得收入，收回投资并获得投资收益，期限到期后进行移交；TOT 模式下上海环境与业主签署资产转让协议，为业主提供投资、建设和运营等服务，并在项目所在地设立项目公司作为投资运营的主体，按照处理量和约定的价格收取处理服务费用，取得运营管理业务收入。

固体废弃物处理业务涉及垃圾焚烧发电、垃圾中转、垃圾填埋等，其中垃圾中转和垃圾填埋业务集中于上海地区，在上海地区处于主导经营地位；垃圾焚烧发电在国内具有较强市场竞争力，业务区域已经覆盖上海市、浙江省、山东省、四川省等地。

（四）置业板块

置业业务主要包括城市保障性住房、住宅和商业地产开发、超高层建筑等项目的经营，主要集中在上海地区。上海城投的置业业务主要由下属子公司上海城投控股股份有限公司（简称"城投控股"）开展，其主要业务为保障性住房及商品房开发。2022—2023 年，城投控股房地产销售业务收入占比超过 75%，为最主要的收入来源（见表 12-6）。

表 12-6　2022—2023 年城投控股业务主要构成情况

业务板块	2022 年				2023 年			
	营业收入（亿元）	营业成本（亿元）	毛利率（%）	收入占比（%）	营业收入（亿元）	营业成本（亿元）	毛利率（%）	收入占比（%）
房地产销售	79.9	72.1	9.8	94.4	19.3	11.3	41.7	75.4
特许经营权项目（环保业务）	1.1	0.3	69.0	1.3	2.3	0.7	70.7	9.0
代建业务	3.1	3.0	3.8	3.7	2.1	2.1	0.4	8.3
其他业务	0.6	0.9	−50.0	0.6	1.9	1.2	36.8	7.3
合计	84.7	76.3	9.9	100.0	25.6	15.3	40.3	100.0

资料来源：2022—2023 年《上海城投控股股份有限公司年度报告》、粤开证券研究院。

第二节　上海城投发展历程：打造城市综合运营服务商

上海城投是为满足上海市对于基础设施建设的资金需求而成立的，成立之初注册资本为 10.2 亿元，主要为财政资金，包括各类集资款 4.0 亿元、公路养路费 2.0 亿元、基金会[①]历年结余资金 3.8 亿元，基金会历年利

---

① 指上海城市建设基金会。上海城投成立之初，与上海城市建设基金会实行"一套班子，两块牌子"。

息收入 0.4 亿元，为全民所有制正局级企业，是典型的城投公司。依托上海市的发展、上海市政府的支持和自身业务定位，上海城投经过一系列变革，由传统的融资平台逐步转变为市场化业务和非市场化业务分类运营的城市综合运营服务商，实现良性发展。

回顾上海城投发展历程，特别是其早期的业务特点及投融资方式，上海城投与多数城投的模式并无二致，但得益于上海市的先进理念，上海城投紧跟政策指向，较早地开始了市场化转型，从而避免了当前阶段严格的监管政策带来的影响。根据其发展过程中的业务模式，其转型历程大致分为四个阶段。

一、政府融资平台阶段（1992—2001 年）：融资方式多样

改革开放初期，上海市同全国多数地区类似，面临基础设施建设资金缺口较大的情况。与之对应，1992 年到 2001 年是上海城投作为上海城市建设融资平台进行大规模融资的阶段。此阶段，上海城投融资手段不断创新，创造出行业的多个"首例"，为市政建设行业的融资提供了范例。除政府出资外，上海城投资金来源还包括债券资金、银行资金（包括中资和外资银行）、存量资产变现、土地出让收入等，极大地支持了上海市的城市建设，投资建设了地铁一号线、二号线，城市高架道路网络，贯通黄浦江的隧道、桥梁，中心城区的大型绿地及部分高速公路等项目，为上海市的经济发展提供了良好的硬件基础。资金偿还方面，上海城投通过政府财政资金回购、借新还旧等方式，形成资金使用的闭环。

这一阶段，上海城投的主要资金来源有四种。

一是债券融资。1992 年，上海城投发行了 5 年期、规模 5 亿元的浦东建设债券，募集资金用于上海市修建煤气厂和浦东新区市政道路工程建设，是我国首单城投债。此后至 2000 年，上海城投每年发行浦东建设债

券和上海市市政工程建设债券，募集了长期限、低成本的资金，满足了市政建设项目建设的需要。

二是银行贷款。银行资金是上海城投的重要资金来源，上海城投的创新之处在于不仅依托国内银行开展银团贷款，还积极通过外资银行开展融资，为上海的市政建设争取了更多的资金要素。

三是存量资产变现。面对市政建设的巨大资金需求，上海城投引入"特许经营权转让"。1994 年，上海城投将上海市财政局划拨的"两桥一隧"（南浦大桥、杨浦大桥、打浦路隧道）有期限的部分专营权出让给香港中信泰富集团，获取 24.8 亿元资金并投入到徐浦大桥的建设中，再将徐浦大桥的专营权转让获取的资金投入延安路高架西段项目，依次类推。"特许经营权转让"为基础设施建设资金筹集提供了新的思路和来源，也是将体量巨大的基础设施资产提前转变为货币资金的成功尝试，后续城投公司大量发行资产支持证券，也是得益于这一做法的启发。

四是土地出让收入。20 世纪 90 年代初，单一依靠上海市的财政资金无法满足上海市基础设施建设的巨量资金需求，土地出让收入成为破解基础设施建设资金瓶颈的重要渠道之一。1988 年，上海推出了首个土地出让项目即斜三基地项目；1991 年浦东在全国率先尝试"资金空转、土地实转"，这一创新开发模式为当地打开了融资渠道；1992 年起，上海市土地出让大规模展开，对应收入注入上海市投融资平台；1993 年，上海市建委印发通知，明确了城市基础设施建设资金的自筹资金主要渠道之一为土地批租①收入。到 2000 年年底，上海市通过土地批租共筹措资金超过 1000 亿元，注入上海市的投融资平台，加快了上海的城市建设特别是上海的旧区改造的步伐。

这一阶段，上海城投业务模式简单，仅作为投融资平台筹措资金并

---

① 与出让类似，当时政府文件称为"批租"。

对建设资金进行管理，几乎无市场化业务。依靠政府信用，上海城投为上海市的市政建设筹集大量资金，亮眼的成绩背后，也产生了一系列问题：一是上海城投从事的基建业务投资规模巨大、回收周期长，偿债资金来源主要为财政资金、借新还旧、土地批租、贷款道路通行费、偿债基金等，未能形成市场化的收益；二是上海城投仅参与项目筹资和投资，大举融资导致其负债率高企，上海城投出现融资困难的局面，亟须改变发展模式，探索第一次变革。

二、投融资、建设和运营主体阶段（2002—2004 年）：业务范围拓展

为改善上海城投遇到的情况，上海市政府支持上海城投开展项目建设并注入经营性资产，提升上海城投的项目运营能力和市场化经营能力。

（一）获得投资及管理职权

自 2002 年起，上海市政府部门逐步改变对重大基础设施投资及建设管理大包大揽的做法，更侧重于规划、决策、监督和协调，将投资及管理职权逐步下放至上海城投。

中环线项目是上海市第一个采用市场化运作方式建设的大型城市道路工程，上海城投不仅承担了融资主体职能，同时还成为中环线的建设投资主体，控制项目全过程。与以往不同，中环线项目前期的设计施工全面实行公开招投标，建设管理上采取总承包、代建制、BT 等模式相结合的方式，从而控制项目成本、保证项目现金流。上海城投由此逐步确立了重大项目建设主体的地位。中环线项目模式成为了上海城投此后承担市政项目的主要方式，即成立独立的项目公司，借款用款还款一体化，项目公司同时承担融资与偿债责任。此时，上海城投的主业仍是市政项目建设，偿

债资金来源仍是政府回购及借新还旧，与单纯作为融资平台项目相比，增加了对于项目的深度参与和把控。

（二）获得经营性资产

为逐步划清政府与企业的界限，增强城投公司的市场化经营能力，上海市政府采取了一系列动作。2004年，上海城投划归上海市国资委，成为市国资委出资并监管的企业，从而实现了政企分开和政事分开；随着上海市政府推行投融资、交通、市政及水务的体制改革，明确政府监管与企业经营相分离的领域范围，上海市政资产经营发展有限公司、上海交通投资（集团）有限公司、上海水务资产经营发展有限公司三家专业投资公司归属上海城投，上海城投初步形成水务、环境、路桥、置业、交通五大板块，增强了上海城投的造血能力。

这一阶段，通过深度参与项目，上海城投具备了城市运营的能力；经营类资产的注入，既增加了上海城投的市场化收入、改善了其盈利情况，也为其后续进行资产梳理、市场化转型打下了基础。

三、市政运营资产梳理阶段（2005—2013年）：业务板块理顺

（一）确立四大业务板块，理顺业务模式

为促进上海城投聚焦主业，提高其市场化运营能力，上海市政府对上海城投的业务板块进行了进一步整合。2005年，上海市国资委将上海交通投资（集团）有限公司整体划出上海城投，将上海环境集团有限公司和上海市固体废物处置中心划入上海城投，上海城投形成了路桥、水务、环境、置地四大业务板块；2006年起，上海大力推进市政公用行业政企分开、管办分离，对各类业务采用分业经营、分类指导、分级管理，逐步形成政

企分离下的城市基础设施投资、建设、运营一体化模式（见表 12-7）。

表 12-7　上海城投各业务板块主要内容

业务板块	主要内容
水务板块	中心城区和部分郊区的原水与自来水供应、防汛排水及污水处理
环境板块	城市生活垃圾等固体废弃物的清运、中转运输和处理处置业务，以及城市环境治理与保护等项目的投资、建设和运营管理
置业板块	成片土地开发、旧区改造、历史风貌保留保护、超高层建筑和保障性住房建设等
路桥板块	上海市越江设施、快速干线、长江隧桥、外滩通道、高速公路、排堵保畅等大型市政交通设施的投资、建设、运营和管理

资料来源：《2014 年上海城市建设债券募集说明书》、粤开证券研究院。

这一阶段，上海城投理顺了各类业务的资金回路与功能定位。政府的项目建设可以设立项目公司，封闭运行，完成后由财政回购；公用事业板块因价格与成本倒挂导致亏损，上海城投须用其他业务板块反哺公用事业，维持自身可持续性经营；市场化业务板块用于增强市场竞争力。为此，根据各类业务特点，按照"三分法"，上海城投首先将旗下资产分成三类，制定了相应的分类标准和考核目标（见表 12-8）。

表 12-8　上海城投资产分类及对应考核目标

资产分类	分类标准	涉及业务板块	考核目标
平台类	无收费机制的政府建设项目资产	路桥	主要考核项目公司招投标管理和投资控制，确保工程进度和安全
运营类	有收费机制，但收费机制尚不能覆盖成本的公用事业资产	水务、环境	主要考核服务水平、城市安全运营
经营类	市场化运作企业	置地	考核利润指标，接受市场考核

资料来源：根据公开资料整理，粤开证券研究院。

上海城投通过梳理体系内优质资产，分类经营和考核，进一步明确了业务模式，丰富了融资渠道，并为后续开展资本运作打下基础。上海城投虽仍保有部分公益性业务，但已经理顺了资金回路，公司整体能够按照市场化方式运营，实现自负盈亏。

（二）借助上市平台，实现优质资产上市

上海市原水股份有限公司（简称"原水股份"）原主营业务为原水、自来水供水和污水输送业务，属于公用事业板块。当时，原水股份主要面临三方面问题：一是青草沙工程正式开建，将替代原水股份的黄浦江水源地提供原水，原水股份的原水业务面临彻底无收益的局面。二是原水股份旗下自来水闵行公司为了保障供应，投入大量资金进行更新改造，制水成本急剧上升。因此，原水股份作为上市公司面临持续经营危机。三是作为公用事业业务为主的上市公司，受到价格管制，原水股份无法按照市场化定价原则追求利润最大化，从而其证券市场吸引力不高，难以通过新增股权融资支撑其大规模的项目投资。

在上述背景下，上海城投开展经营性资产的上市工作，对于上海城投资产重新归类。2007年6月，上海城投收购原水股份45.9%股权，将经营性的环境业务和地产业务注入原水股份，同时将公益性较强的业务和有历史遗留问题的资产进行剥离①，原水股份改名为"上海城投控股股份有限公司"（简称"城投控股"），从而实现经营性资产的上市。通过将经营性业务和非经营性业务分离，既提高了上市公司资产证券化的吸引力，得以通过股权融资新增融资渠道，也理顺了非经营性业务的资金回路，即财政资金支持和经营性业务反哺。

---

① 原下属13家公司的股权按账面价值无偿划转至上海城投全资子公司上海环境实业有限公司，对应业务板块主要为公益性的环卫集运、保洁等业务。

（三）引入外资，提升融资与运营能力

2010 年 3 月，城投控股将上海环境集团有限公司（简称"环境集团"）40%股权以 9.70 亿元转让给纽交所上市的惠民公司全资子公司惠乐宝①。由此，环境集团成为中外合资企业，其中城投控股持股 60%，惠乐宝持股 40%。2013 年 7 月，城投控股以 9.70 亿元收回环境集团 40%股权。通过资本运作，城投控股获得了两方面收益。

一是财务方面，通过环境集团 40%股权转让，城投控股从惠民公司获得人民币 9.70 亿元现金，用于补充公司运营资金，缓解了城投控股的资金需求；交易金额高于净资产的部分，增加了城投控股的净资产。

二是经营方面，惠民公司长期从事固体废弃物处理业务，在工艺设计、制造和运营领域已积累一定的经验。通过引进惠民公司作为股东，环境集团得以向其学习先进技术和运营经验，提高企业在项目开发上的资源调配能力，巩固环境集团的竞争优势。

（四）引进战略投资者，提升公司治理水平

2013 年，上海城投向弘毅投资出售其持有的城投控股 10%的股权。弘毅投资为联想旗下从事股权投资及管理业务的专业公司，加入上海城投后，有助于上海城投实现从传统国有企业向高度市场化企业的转型，改善公司内部治理结构，提高内部管理效率，向市场化经营再进一步。城投控股成为上海市第一批实施混改的国有企业和国有控股上市公司。

这一阶段，上海城投最关键的工作是确立四大业务板块，按照"三分法"梳理内部资产，为后续的资产运作及深度转型打下了基础；同时，上海市政府也展现出开放的态度，支持部分国有企业股权出让给外资企

---

① 惠民公司是北美地区提供废弃物管理全方位服务的环卫公司。

业，进一步释放出国有企业的活力。

四、市场化城市综合运营服务商阶段（2014 年至今）：业务模式升级

经过前三个阶段的铺垫，上海城投已具备较强的自主经营能力，与政府的边界较为清晰，后续落实监管政策、进一步转型就水到渠成了。

（一）落实政策要求，改革体制及架构

国发〔2014〕43 号文要求剥离融资平台公司政府融资职能，融资平台公司不得新增政府债务。根据文件精神，上海城投开展三方面的工作。

一是由"全民所有制"变更为"有限责任公司（国有独资）"，使得上海城投能够按照现代企业制度，规范法人治理结构，政府与公司的管理边界更加明确。

二是开展融资平台债务清理工作，厘清政企债务边界。上海城投逐笔核对债务来源并落实偿债渠道，建立起集团整体债务的全口径动态管理体系。通过清理，上海城投协助政府合理安排偿债资金，排除企业潜在债务风险，明确市场化项目债务偿债机制，理清了集团的资产负债结构。

三是在子公司层面相继成立了上海城投水务（集团）有限公司、上海城投公路投资（集团）有限公司、上海城投资产管理（集团）有限公司三大专业集团公司，分别装入集团的水务板块、路桥板块和其他资产，设立董事会，实行董事会领导下的总经理负责制。上海城投专注于战略决策、资源配置和风险管控，子公司则在专业领域履行战略实施和日常营运职能。

通过上述改革，上海城投将监管政策落到实处，剥离了政府融资平台职能，提升了市场化经营能力。

（二）打造第二个上市平台

为进一步盘活体系内的优质资产，拓展融资渠道，上海城投谋划环境业务相关资产上市。2015 年，城投控股换股吸收合并上海阳晨投资股份有限公司（简称"阳晨 B 股"），将承接阳晨 B 股资产与负债后的上海环境集团有限公司变更为股份有限公司，即上海环境集团股份有限公司（简称"上海环境"），再一次实现优质资产上市。此后，上海城投的置业和环境板块分属于城投控股和上海环境两个上市平台，经营性资产的资产证券化率更高，为上海城投进一步的发展奠定了基础。

（三）发行基础设施公募 REITs

此阶段，市政项目建设仍是上海城投的主要业务之一，大规模的投资形成了对上海城投的资金占用。资产证券化是提前收回投资的有效手段之一。2023 年 1 月，城投控股以江湾社区、光华社区作为首发基础设施资产，启动保障性租赁住房公募 REITs 项目，期限约 65 年。通过发行基础设施公募 REITs，城投控股可搭建可持续扩充的权益资金融资通道，实现保障性租赁住房项目"投、建、管、退"全周期运营机制，提升其租赁住宅的滚动投资能力。同时，开展基础设施公募 REITs 可盘活城投控股存量资产（项目总投资约 28 亿元），有助于增强公司可持续经营能力。

这一阶段的关键步骤是进一步划清了与政府的边界，特别是债务边界，降低了城投监管政策的影响让上海城投进一步提升了市场化运作程度，踏上了良性发展的循环之路。

上海城投的发展历程，折射出的是上海市政府不断放权、充分尊重企业发展规律的理念。第一阶段，上海市政府将上海城投定位为融资平台，对于其融资与偿还给予足够的支持；第二阶段，上海市政府将项目的管理权限充分下放到企业，同时考虑到其市场化运营需要，注入经营性资产；第三阶段，为提高企业的市场化程度，上海市政府允许其开展资本运作和引入外资企业；第四阶段，落实政策精神，上海市政府划清与企业的界限，使得上海城投实现市场化经营的良性循环。前两个阶段，上海城投对于财政资金依赖程度较高；从第三个阶段开始，上海城投逐步转为依靠自身的市场化经营，满足部分公益性业务的需求，同时整体保持良好的盈利能力。

第三节　上海城投转型的启示

总体来看，上海城投的成功转型，固然有上海市独特的区域优势，但贯穿于其发展过程的，无疑是上海市政府理念的持续升级及给予上海城投的大力支持，特别是主动厘清与企业的界限。同时，上海城投做强做大的过程，主要是围绕城市运营业务不断优化升级。当前，各地面临城投转型的紧迫形势，需要地方政府提升理念，整合资源，因城施策。

从城投转型的角度，上海城投的发展历程可以为其他地区的城投转型提供借鉴意义。

一、地方政府理念升级，尊重企业发展规律

无论是第一阶段融资渠道的多元化，还是后期阶段经营性资产的持续注入，以及后期的资本运作，均系上海市政府根据地方发展情况及企业经营需求，对其进行支持与授权的结果。随着上海城投市场化经营程度提高，政府部门也逐步划清了与企业的界限，逐步从"管资产"升级为"管资本"，政府理念的提升是上海城投做强做大最根本的推动力。在城投转型的大趋势下，地方政府应当集中资源支持城投公司转型，减少对于城投

公司的行政干预，才能使城投公司实现真正的转型。

二、加强自主转型意识，紧跟政策导向

在国发〔2014〕43 号文发布之前，上海城投的四大业务板块已经达到了一定的市场化经营程度；国发〔2014〕43 号文发布之后，当全国大多数城投还在延续融资平台的传统思路时，上海城投完成了融资平台债务清理工作，厘清了政企债务边界，从而为后续的良性发展扫清了障碍。目前而言，大多数地区的城投公司处于被动转型阶段。监管机构的政策为城投公司转型指明了方向，地方政府和城投公司应当将政策落到实处，为后续发展打下基础。

三、围绕城市运营功能，建立市政业务体系

上海市独特的资源禀赋，为上海城投的转型提供了强大的支撑，但并非决定性因素，关键还是上海城投始终围绕城市运营功能展开优化升级，建立了路桥、水务、环境、置地四大业务板块的运营体系。对于全国大多数城市，在不具备上海市优越条件的情况下，可先通过整合本地资源或与其他城市联合的方式，梳理当地的主要经营性业务，按照城市运营功能分类并确定商业运营模式，注入到城投公司体系中，助力城投公司逐步增强自身造血能力。

四、辩证看待转型中的"危"与"机"

从上海城投的发展历程中可以发现，上海城投最初是在债务危机和融资危机的倒逼之下开始进行变革。从地方政府的角度来看，债务问题的

约束和监管政策的收紧，是地方政府逐步减少对城投公司的过度干预、对政府机构进行深入改革的良机；从城投公司的角度来看，可利用转型的机会，谋划部分优质资产上市或收购民营企业部分股权，优化产业布局；从投资方的角度来看，随着传统的城投债供给减少、收益率下降，进入后城投时代，投资者也面临寻找替代资产的情况；从市场形势来看，转型后的城投公司发行的债券仍是最受追捧的资产之一。在上述背景下，对于地方政府和城投公司，现在的形势包含多重"危"与"机"。率先转型成功的城投公司，可以分配到更多的资源，其所在的城市等于拿到了创新驱动发展的入场券，逐步拉开与其他地方的差距，形成马太效应。

第十三章
苏州元禾：政府引导基金的样板与
城投公司的转型方向

　　城投公司参与政府引导基金，有利于促进区域经济发展和产业升级，也有利于城投公司自身的市场化发展，是城投公司行之有效的转型路径之一。本章作为全书最后一章，旨在介绍一家地方国资委控股的创业投资公司的业务情况，为城投公司向政府引导基金的转型提供一个可借鉴的优秀案例。苏州元禾控股股份有限公司（简称"苏州元禾"）成立以来，深耕股权投资领域，围绕创新企业投资、科创产业服务、科技金融融合，服务园区实体经济高质量发展。苏州元禾从一家地方创投企业成长为全国一流的服务科技创新的投资机构，在直接投资、基金投资、母基金投资等业务中取得优秀的投资业绩，连续多年在国内创业投资机构榜单上位列前茅，打响了品牌知名度。本章分析了苏州元禾的业务布局，认为将股权投资与招商引资有效结合、通过参股混改 GP 方式设计市场化的决策和激励机制、完善基金投资产业生态是苏州元禾取得良好投资成绩的关键因素。

第一节　苏州工业园区区情与苏州元禾概况

一、苏州工业园区基本情况

苏州工业园区位于苏州市城东，园区面积 278 平方千米（含中新合作区 80 平方千米），是国家级经济技术开发区，并享受国家高新区同等政策，是全国开放程度最高、发展质效最好、创新活力最强、营商环境最优的区域之一。2023 年，苏州工业园区地区生产总值 3686 亿元，规模以上工业总产值 6509.4 亿元，进出口总额 6069.7 亿元，实际使用外资 19.5 亿美元，分别占苏州市的 15.0%、14.7%、24.8%、28.3%，高新技术产业产值占规模以上工业产值的 73.9%。园区在 2016—2023 年国家级经开区综合考评中实现八连冠，2023 年国家级高新区排名全国第四。

苏州工业园区是高水平规划、高标准建设的中外合作产业园区。1993 年，中国与新加坡签署合作开发苏州工业园区的协议，探索以园区为载体，大力借鉴新加坡的产业发展经验。2014 年，国务院批复同意苏州工业园区等 8 个高新技术产业开发区建设苏南国家自主创新示范区。2019 年 8 月，国务院批准设立中国(江苏)自由贸易试验区，其中苏州片区(面积 60.15 平方千米)全部位于苏州工业园区。

"2+3"现代产业体系是苏州工业园区的产业名片。"2"即新一代信息技术、高端装备制造两大千亿元级主导产业，2022 年实现产值 4880.65 亿元，占园区规模以上工业总产值的 74.9%。"3"即生物医药、纳米技术应用、人工智能三大特色产业，连续多年保持 30% 以上的增幅。园区的战略性新兴产业以纳米技术、生物医药、互联网、新能源、新材料、新一代信息技术和文化创意产业为重点，加快培育生命健康、海洋经济、航天航空和军工等产业。纳米新材料、生物医药及高端医疗器械入选国家先进制造业集群，生物医药产业竞争力居全国第一位。

二、苏州工业园区主要区属国有企业概况

苏州工业园区共有一级监管国有企业 18 家，业务涵盖园区开发、物业管理、施工建设、产业投资、文旅会展等领域。2022 年，园区国有企业资产总额 2308 亿元，净资产 880 亿元，实现营业收入 210 亿元，净利润 49 亿元，平均净资产收益率 5.7%，上缴国有资本收益 14.7 亿元。[①] 苏州工业园区国有资本投资运营控股有限公司承担园区国资监管职能（包括国资监管职能、出资人职责、新兴产业投资功能和国有企业党建在内的四项职能），按照"投资与监管两位一体"的方式进行监管。据统计，目前苏州工业园区国有资产集中于科研、商业、厂房仓储、公寓四大领域，分别占资产总额的 25%、22%、17%、17%。[②]

从主要业务来看，园区内各家区属国有企业的业务范围分布广泛（见表 13-1）。中新集团、新建元控股、苏州恒泰主要业务重合度较高，涵盖园区运营、物业管理、地产开发、建筑施工、股权投资等。中新集团、中方财团还直接投资一批光伏发电、储能企业。苏州元禾是专注于股权投资、债权投资和投融资服务的金融企业。城市重建公司主要负责实施建筑施工项目。除此以外，园区还有苏州新时代文体会展集团有限公司、苏州金鸡湖酒店发展集团有限公司、苏州阳澄湖半岛旅游发展有限公司等文旅类企业，以及苏州工业园区生物产业发展有限公司、苏州纳米科技发展有

---

① 苏州工业园区年鉴编纂委员会编：《苏州工业园区年鉴 2023》，古吴轩出版社 2023 年版，第 104 页。

② 苏州工业园区国有资本投资运营控股有限公司网站，见 http://www.sipholdings.cn/gz?categoryId=91f90239-3e44-4baf-9360-eaf9d336cb03&articleId=8f21d30e-6155-48f1-8722-331ad3066217。

限公司等科技服务企业。

表 13-1　苏州工业园区主要区属国有企业情况

名称	简称	主要业务	经营情况（2023 年）
中新苏州工业园区开发集团股份有限公司	中新集团	园区建设和运营，新兴产业基金投资，新能源和环保业务	年末总资产 350.4 亿元，营业收入 36.6 亿元，净利润 15.3 亿元
苏州新建元控股集团有限公司	新建元控股	园区运营，地产开发，开展社区商业、人力资源、酒店餐饮等业务，投资人工智能、金融科技、大数据等新兴产业	年末总资产 541.0 亿元，营业收入 54.4 亿元，净利润 13.2 亿元
苏州元禾控股股份有限公司	苏州元禾	私募基金管理、投融资金融服务	年末总资产 334.0 亿元，营业收入 27.2 亿元，净利润 18.5 亿元
苏州恒泰控股集团有限公司	苏州恒泰	基金投资、物业管理、公寓管理、园区管理、代建业务	年末总资产 365.4 亿元，营业收入 27.8 亿元，净利润 3.7 亿元
苏州中方财团控股股份有限公司	中方财团	投资分布式光伏、储能项目，围绕新能源、半导体、光电显示开展母基金投资	年末合并总资产 448.3 亿元，合并营业收入 39.4 亿元，合并净利润 17.5 亿元
苏州工业园区城市重建有限公司	城市重建公司	城市更新、园区建设和运营、安置房建设、道路桥隧和学校代建	未披露

资料来源：《苏州工业园区年鉴（2023）》、Wind、粤开证券研究院。

三、苏州元禾概况

　　苏州元禾是苏州工业园区区属国有企业，由苏州工业园区管委会控股、江苏省国信集团参股，成立于 2007 年 9 月，注册资本 34.6 亿元，2023 年年末总资产 334.0 亿元。苏州元禾经营业务涵盖股权投资、债权融资和投融资服务三大板块（见表 13-2）。其中，股权投资是苏州元禾最主要的业务板块，主要开展直接投资、基金投资及母基金投资等业务；债权融资板块涵盖科技信贷、担保、融资租赁、保理等；投融资服务板块主要是以"东沙湖基金小镇"为服务载体，建设集聚资本、项目、人才的创业社区。苏州元禾在国内创业投资领域成绩突出、声誉卓著，连续登上清科研究中心中国创业投资机构年度榜单，2020—2023 年分别排在全国第 10 名、第 12 名、第 6 名和第 6 名。

表 13-2　2023 年苏州元禾营业收入构成（合并报表口径）

板块	营业收入（亿元）	占比（%）	备注
股权投资	26.1	96.1	分为直接投资、基金投资、母基金投资等业务
债权融资	0.9	3.5	由苏州工业园区禾裕科技金融集团有限公司统筹
投融资	0.1	0.5	主要由苏州工业园区元禾沙湖金融服务有限公司经营
合计	27.2	100.0	

注：数据四舍五入保留一位小数导致存在微小偏差。
资料来源：Wind、粤开证券研究院。

从历史沿革来看，苏州元禾虽成立于 2007 年 9 月，但其投资业务可追溯到 2001 年 11 月成立的中新工业园区创业投资有限公司（简称"中新创投"）。2006 年 9 月，中新创投和国家开发银行共同发起设立国内首只市场化运作的母基金①，标志着苏州元禾成为国内母基金业务的先驱者。2007 年 9 月，苏州元禾（当时名为苏州创业投资有限公司）正式成立，中新创投成为其子公司。2015 年 11 月，苏州元禾变更为股份有限公司，并更名为现名（苏州元禾控股股份有限公司）。

---

① 苏州工业园区创业投资引导基金有限公司，后更名为苏州工业园区国创创业投资有限公司。

从主要业务来看，苏州元禾专注于股权投资领域，目前管理基金规模超千亿元。苏州元禾旗下多家管理团队专注于不同的投资阶段和领域。截至 2024 年 2 月底，直投平台及管理的基金投资项目超 1400 家次，通过主导管理的 VC 母基金投资子基金 174 只，子基金总规模超 2100 亿元，投资企业超 4100 个。经过多年发展，苏州元禾搭建了股权投资和债权融资相结合的一体化投融资业务体系，以专业的投融资服务为支撑，完成资本运作、风险控制、营运配置等方面的协同运作，发展成为国内一流的股权投资机构。[①]

第二节 苏州元禾业务布局：构建以股权投资为重点的投融资服务体系

苏州元禾的前身中新创投诞生于 2001 年，起初是苏州工业园区为了促进企业孵化、提供创业投资而设立的创业投资机构。2006 年以后，苏州元禾抓住国内创业投资、母基金发展的重要风口，建立市场化经营机制，培育一批能够自主完成创投全流程的投资团队，树立了经典的基金招商"苏州模式"。苏州元禾以股权投资为基础，不断提升综合金融服务能力，着力构建服务企业生命全周期的投融资服务体系，为苏州打造电子信息、生物医药等新兴产业集群发挥了重要作用。

一、开展股权投资

股权投资是苏州元禾的"撒手锏"，主要由元禾直投、元禾原点、元

---

① 苏州元禾控股股份有限公司网站，见 https://www.oriza.com/p/web/bid-xrgct6iq3yf.html。

禾厚望、元禾璞华、元禾重元、元禾辰坤、元禾绿柳七大平台开展，其中元禾直投负责直接投资，元禾辰坤负责母基金投资，另外五家平台负责基金投资。苏州元禾股权投资业务的发展，大致呈现"三步走"。第一步，苏州元禾从创业投资起家，主要是以服务产业升级、招商引资来开展直接投资业务。第二步，为撬动更多资金资源，2006年苏州元禾设立"基金投资部"，在吸取海外市场经验的基础上同时推进基金投资和母基金投资。第三步，随着国内创业投资和母基金行业从萌芽期走向发展期，苏州元禾引导各基金管理团队单独设立公司，加快复制成功经验。开展基金管理业务的元禾重元、元禾原点等公司和开展母基金业务的元禾辰坤先后成立，此外苏州元禾还从外部引进一批市场化GP高管，这些基金管理团队统一使用"元禾"字号，为苏州元禾打造创投"军团"打下坚实基础。

（一）直接投资：围绕领军人才和初创企业，提供创业投资资金

苏州元禾成立之初，定位是为苏州工业园区初创企业提供直接投资（也称为"创业投资"），解决技术密集型、缺乏抵押品的初创企业贷款难的问题。根据园区管委会的指导要求，园区引进的重点项目除获得启动资金和优惠政策以外，还可获得苏州元禾的配套投资。苏州元禾对于入驻企业，最高投资比例达到70%，其目的在于帮助初创企业走出第一步，使企业经营者坚定信心。①

近年来，苏州元禾的直接投资业务聚焦战略性新兴产业，集中于种子期和成长期创业投资，投资规模主要介于500万元至2000万元之间。直接投资业务由元禾直投管理平台统一管理，运营中新创投、香港华圆等

---

① 《园区"一号产业"，成功"出圈"！》，2021年10月8日，见 https://new.qq.com/rain/a/20211008A0A3EL00。

投资主体，并负责管理江苏建泉元禾知识产权科创基金、元禾之星天使基金等。多年来，苏州元禾深耕集成电路、医疗健康、高端制造、人工智能、纳米技术应用等重点赛道，为企业提供全阶段的资金支持，连接各类产业资源服务企业成长。截至 2023 年三季度末，苏州元禾累计投资 104 亿元，种子期和成长期项目占在管项目比重为 85%，500 万—2000 万元的项目占比为 53.1%（见表 13-3、表 13-4）。

苏州元禾的直投业务不以回报作为唯一目的，但收益也蔚为可观。据商业机构统计，苏州元禾直接投资的 458 个项目中，已退出 128 个，退出率为 28%；已退出本金 28.45 亿元，占总投资金额的 29.7%。从上市公司情况来看，即使仅考虑中新创投 12 个 A 股上市项目的股票价值，收益已基本覆盖了苏州元禾全部 458 个直投项目的投资本金之和。[①]

表 13-3 截至 2023 年三季度末苏州元禾创业投资累计投资项目情况

行业	累计投资项目		已经退出项目		在管项目	
	金额(亿元)	占比（%）	金额(亿元)	占比（%）	金额(亿元)	占比（%）
集成电路	30.4	29.3	13.6	46.4	16.9	22.6
医疗健康	26.0	25.0	2.6	8.9	23.4	31.3
高端制造	12.1	11.6	3.1	10.5	9.0	12.0
信息技术	22.8	21.9	4.1	14.0	18.7	25.0
互联网	5.0	4.8	0.3	1.1	4.7	6.2
现代服务业	6.1	5.9	4.4	15.2	1.7	2.3
其他	1.6	1.5	1.1	3.9	0.4	0.6
合计	104.0	100.0	29.2	100.0	74.8	100.0

注：数据四舍五入保留一位小数导致存在微小偏差。

资料来源：《"24 元禾 K1"募集说明书》、粤开证券研究院。

[①] 张天伦：《解构苏州国资巨兽，63 亿撬动千亿投资版图！元禾如何投出 230+ 上市公司？"基金招商"助攻最强地级市》，2023 年 12 月 13 日，见 http://www.stcn.com/article/detail/1063880.html。

表 13-4　截至 2023 年三季度末苏州元禾在管项目投资阶段及投资金额分类情况

按投资阶段			按投资金额		
投资阶段	项目数量（个）	占比（%）	投资金额范围	项目数量（个）	占比（%）
种子期	98	26.3	500 万元（含）以下	74	19.8
成长期	219	58.7	500 万—2000 万元（含）	198	53.1
成熟期	56	15.0	2000 万元以上	101	27.1
合计	373	100.0	合计	373	100.0

资料来源：《"24 元禾 K1"募集说明书》、粤开证券研究院。

（二）基金投资：以参股混改 GP 的方式组建具有丰富经验的专业化基金管理团队

通过参股混改 GP 的方式建立市场化运作基金管理子公司，是苏州元禾复制成功投资经验、扩大投资规模的重要一步。2006 年，苏州元禾意识到直接投资所撬动的资源、资金相对有限，决定以基金投资的方式扩大投资规模。随后，苏州元禾成立了基金投资部，与直接投资企业的"项目投资部"加以区分。2008 年，国办发〔2008〕116 号文发布后政府引导基金的规模与日俱增，苏州元禾也先后设立了五家负责基金投资的下属平台。2010 年，苏州元禾加快探索经营新模式，创建元禾重元、元禾原点两家平台。2017 年后，苏州元禾又相继从外部引入致芯华创、厚望投资等市场化机构，共同打造了元禾厚望、元禾璞华（包含璞华同芯）等合资的基金投资平台。2021 年 8 月，苏州元禾与新加坡绿柳资本合作设立元禾绿柳基金投资平台。部分基金投资平台的规模已数倍于苏州元禾的直投业务。据中国证券投资基金业协会的数据，元禾重元、元禾原点的基金管理规模在 50 亿—100 亿元区间，而元禾璞华则超过 100 亿元。① 除此之外，苏州元禾还出资设立了 9 只专项基金，规模合计超过 80 亿元，投资标的包含顺丰控股、华人文化、基石药业等企业。截至 2023 年 9 月末，苏州元禾旗下基金管理公司主导管理的基金，累计投资项目 855 个，累计投资金额 239 亿元，在投项目 738 个，在投项目金额 190 亿元，完全退出项目 117 个，完全退出项目投资金额 49 亿元。

苏州元禾为基金投资平台提供三项重要的支持。第一，苏州元禾为每家平台设定特色定位。例如，元禾原点重点关注数字新媒体产业（TMT）和大健康领域初创期和成长期企业；元禾厚望专注挖掘硬科技领域的创新型公司；元禾璞华是专注于集成电路产业领域投资的平台；元禾重元重点关注并购重组、产业整合，帮助被投资企业成长为行业领先企业；元禾绿柳是专注东南亚市场的基金投资平台。这些子公司在擅长的领域募集、管理基金，建立起市场化的激励机制和决策机制，并通过"内部赛马"机制提升经营效益。对于苏州元禾而言，基于这些基金投资平台在专业赛道上的能力，苏州元禾进一步强化了对高端制造、集成电路、生物医药等新兴产业的覆盖。第二，苏州元禾在 GP 层面参股而不控股，将控制权、决策权授予专业团队。无论是苏州元禾与创业个人共同创立的元禾原点、元禾重元，还是苏州元禾与市场化 GP 联合投资的元禾厚望、元禾璞华、璞华同芯，均由管理团队占股 51%，而苏州元禾占股不超过 49%。第三，苏州元禾作为 LP，对旗下基金管理公司所管理的基金作为基石出资人配资 30%—40%，以支持团队对外募资。苏州元禾投向元禾原点、元禾重元、元禾璞华、元禾厚望旗下基金的资金分别达到 13.1 亿元、13.7 亿元、9.6

---

① 张天伦：《解构苏州国资巨兽，63 亿撬动千亿投资版图！元禾如何投出 230+ 上市公司？"基金招商"助攻最强地级市》，2023 年 12 月 13 日，见 http://www.stcn.com/article/detail/1063880.html。

亿元、14.9 亿元。^①

（三）母基金投资：成为中国母基金的常青树

母基金通过投资不同类型的子基金，在分散风险的同时取得稳定的投资回报。2005 年 11 月，国家发展改革委等十部委发布《创业投资企业管理暂行办法》（国家发展和改革委员会等十部委令第 39 号），为母基金的运作提供了政策依据。苏州元禾是我国母基金行业的先行者，早在 2006 年就主导设立了国创创投母基金，开创了国有企业参与设立市场化母基金先河。2010 年 12 月，苏州元禾与国开金融有限责任公司共同发起设立了国创母基金。该基金是首个国家级人民币母基金，总规模达 600 亿元，其中首期 150 亿元，分为 PE 母基金（即国创开元股权投资基金）和 VC 母基金（即国创元禾创业投资基金，简称"国创元禾"），后者由苏州元禾主导，此举使苏州元禾在国内基金行业中一举成名。此后，苏州元禾与招商银行合作设立了元禾招商母基金，与全国社保基金理事会、浦发银行等机构合作设立了元禾秉胜母基金（简称"元禾秉胜"），与东吴人寿保险股份有限公司、苏州恒泰等企业共同设立元禾鼎盛母基金（简称"元禾鼎盛"）。

从投资方向来看，不同母基金具有各自的特色定位。国创创投和国创元禾两只母基金主要投资于单一或特定领域的 VC 基金，重点关注从事早期和成长期投资的创业投资基金，投资了如纪源、启明、松禾、金沙江等知名基金管理团队以及方广、青云、钟鼎、通和等特定领域管理团队。元禾秉胜母基金关注医疗健康、智能制造、企业服务、消费、文化等行业的创业投资基金，投资了启明、嘉御、华映等知名基金管理团

---

① 张天伦：《解构苏州国资巨兽，63 亿撬动千亿投资版图！元禾如何投出 230+ 上市公司？"基金招商"助攻最强地级市》，2023 年 12 月 13 日，见 http://www.stcn.com/article/detail/1063880.html。

队，同时也开展一定的直接投资业务。元禾鼎盛母基金关注医疗健康的长期发展红利，以及产业升级、商业创新带来的投资机会，具体以基金投资为主，少数资金用于配置二手份额转让基金（又称"S基金"）和直接投资。

从管理事务合伙人来看，这些母基金均由元禾辰坤进行管理。元禾辰坤是苏州元禾旗下七大平台中唯一的母基金投资平台。截至2023年4月，元禾辰坤累计资产管理规模已超280亿元，辐射资产规模超过1900亿元，累计为159个基金团队出资，包括君联资本、顺为资本、软银中国资本等；覆盖企业超过3800家，包括斗鱼、君乐宝、老凤祥等。根据元禾辰坤管理层的介绍，元禾辰坤具有三大投资策略：一是PSD投资策略组合，一级投资份额P（primary）是核心，二手份额S（secondary）、项目跟投D（direct investment）是补充；二是产业投资组合，投资组合的配比是30%投资于医疗、20%投资于消费、50%投资于软硬件与面向企业用户（To B）相关的产业；三是兼顾成熟的"白马"团队和代表更前沿的"黑马"团队，前者获取稳健保底回报，后者着眼于布局未来产业。

二、提供综合金融服务

除开展股权融资以外，苏州元禾为企业提供各类债权融资解决方案，践行"投贷联动"的股债协同模式，同时运营管理东沙湖金融小镇、举办金鸡湖创业大赛等，以金融为纽带，促进资本、人才、技术在园区深度融合。

（一）债权融资：践行"投贷联动"的股债协同模式

苏州元禾的债权融资业务板块依托苏州元禾的知名品牌和专业资源，整合小额贷款、担保、租赁等准金融业务，提供股权融资之外的、覆盖企业各成长阶段的融资解决方案。债权融资业务由苏州元禾全资子公司苏州工业园区禾裕科技金融集团有限公司（简称"禾裕金融"）统筹，具体由苏州市禾裕科技小额贷款有限公司（简称"禾裕科贷"）、苏州禾裕科技融资担保有限公司（简称"禾裕担保"）、苏州禾裕融资租赁有限公司（简称"禾裕租赁"）、苏州市禾裕商业保理有限公司（简称"禾裕保理"）等子公司开展。

禾裕科贷成立于 2010 年 10 月，是江苏第一批科技小额贷款公司之一，也是江苏省内首家采用"债权＋股权"模式的科技贷款公司。禾裕科贷以推动自主创新，服务科技型中小企业为宗旨，重点面向高技术、高成长性的科技型中小企业，通过"债权＋股权"相结合的模式开展业务，为企业量身定制灵活的个性化融资解决方案。围绕科技型中小企业多元化的金融需求，创新融资产品模式，以专业的视角、优质的服务，为企业提供全方位融资服务，赋能地方实体经济。

禾裕担保以科技担保为重点开拓领域，是一家专业的科技担保公司，也是苏州工业园区唯一的国有担保机构。禾裕担保聚焦园区科技型中小企业，聚焦生物医药、纳米技术应用、人工智能等新兴产业和优势产业，积极满足科技型企业的融资需求。

禾裕租赁成立于 2012 年，2013 年获得商务部和国家税务总局联合批准的内资融资租赁业务试点资格。禾裕租赁以服务科技型中小企业为宗旨，持续聚焦园区新兴产业，根据中小企业的需求量身定制多样性、专业性的融资租赁解决方案。

禾裕保理以服务科技型中小企业为宗旨，根据中小企业的需求量身定制多样性、专业性的商业保理解决方案，促进地方经济转型和产业升级。保理公司依托园区政府采购及开发建设需求，聚焦政府投资类工程保理业务，优化资金融通，同时聚焦园区优势产业，探索科技金融模式，为优质科创企业提供供应链金融服务。

（二）运营基金小镇：促进资本、人才、项目的资源集聚和深度融合

苏州工业园区元禾沙湖金融服务有限公司（简称"沙湖金融"）搭建基金服务、投融资服务与企业服务三大平台，通过开展各类线上、线下的社区品牌活动，为创业企业提供培训、投融资对接、产业对接等全方面服务，吸引投资人、基金管理人、创新创业人才和项目汇集社区，促进资本、人才、项目之间的深度融合。沙湖金融主要业务涉及基金服务、投融资服务、企业发展服务、人才开发服务、生态办公服务等内容，覆盖股权投资基金完整运营周期，从"募、投、管、退"多环节提供综合服务。

东沙湖基金小镇位于苏州工业园区，是沙湖金融运营的基金产业集聚区，也是江苏省唯一的基金类特色小镇。小镇以各类创业投资基金为主导，引进包括创业投资、股权投资、兼并收购、产业投资、证券投资在内的各类私募基金企业以及金融类机构、高端中介服务机构，形成覆盖创新创业融资服务的全产业链，目标是打造中国基金新高地以及基金产业集聚平台、资本科技对接平台、创新创业服务平台。截至 2023 年 9 月末，小镇累计入驻私募股权投资机构 312 家，设立基金 673 只，管理基金规模超过 3703 亿元；入驻债权融资服务机构累计为 4800 多家企业提供债权资金支持超 338 亿元。[①]

（三）建设集成电路产业园："招商＋投资"双驱动构建产业载体

根据苏州工业园区管委会部署，苏州元禾于 2023 年设立苏州工

---

① 张天伦：《解构苏州国资巨兽，63 亿撬动千亿投资版图！元禾如何投出 230+ 上市公司？"基金招商"助攻最强地级市》，2023 年 12 月 13 日，见 http://www.stcn.com/article/detail/1063880.html。

业园区集成电路产业投资发展有限公司（简称"园区集成电路公司"）。园区集成电路公司依托 SIP 集成电路产业园，通过"招商＋投资"双驱动，目标是设立一批集成电路产业基金，引进培育一批具有国际竞争力的集成电路企业，搭建集成电路产业服务平台，构建"一核多园"集成电路产业载体，推动苏州工业园区集成电路产业集群化、高质量发展。

三、提升自身管理运营能力

（一）加强人才激励培养：建设投资管理专业人才队伍

有竞争力的激励机制和培养路径是发挥出人才才能的重要保障。2010 年，苏州元禾的基金管理业务开始市场化运营，一批公司高层和中层放弃干部待遇，成为新设基金投资平台的创始人。2017 年开始，苏州元禾探索从外部市场化 GP 引进职业经理人。合作组建的基金管理公司，由苏州元禾授权使用"元禾"品牌，并且在风险控制、财务安排、投资决策等方面提供辅助支持。按照部分基金的股权结构，管理层个人的收益可能远高于苏州元禾获得的收益。以厚望成长一期基金[①]为例，将该基金股权结构中的 GP 层层穿透后，GP 的管理合伙人个人持股 70.3%，而苏州元禾持股不足 15%，按照行业惯例，该管理合伙人所获该基金的管理费及超额收益分成，是苏州元禾的 4.7 倍。[②] 对于苏州元禾而言，提供有竞争力的投资收益分享机制，能够吸引有投资经验和能力的 GP"老兵"前来合作，

---

① 元禾厚望管理的一只基金。

② 张天伦：《解构苏州国资巨兽，63 亿撬动千亿投资版图！元禾如何投出 230+ 上市公司？"基金招商"助攻最强地级市》，2023 年 12 月 13 日，见 http://www.stcn.com/article/detail/1063880.html。

而对于职业经理人而言，使用"元禾"品牌能够带来以往难以企及的基金管理规模，这一激励机制实现了公司与个人的双赢。对于投资经理和基层人员，基金投资平台则提出了相应阶段的能力指引。例如，元禾重元对投资经理们的要求是头脑里要有产业版图、发展蓝图、投资地图，而对行业小组的要求是，以4—5人组成的团队在细分赛道积累人脉、积累行业认知，形成对技术和商业模式的独立分析和判断，从而提前发现机会、准确抓住机会①。

（二）完善投资管理制度：让投资决策和退出有规可依

苏州元禾制定了《直接投资业务管理制度》《基金投资管理制度》，按照相应制度来履行投资决策流程。例如，《直接投资业务管理制度》规定，规范的投资流程包括项目开发、立项、尽职调查、投资决策、投资执行、投后管理及投资退出等。其中，项目尽职调查由项目组完成，项目组以投资部为主，风控法务部、财务管理部协助；项目投资执行包括项目通过最终投资决策后，法律文件的审批签署、按照协议约定向被投资项目公司委派相关人员及支付投资款项等；项目投后管理实行业务人员负责制，业务人员应对项目进行日常管理和实时监控，定期拜访项目公司，在系统中完成并提交季报、半年报、年报、重大事项报告等项目投后报告；项目投资退出是指在项目触发退出情形时，由业务人员提报退出决策报告，提交至投资决策委员会审议和表决，其中项目非上市退出包括但不限于收购兼并、回购、破产清算等。

---

① 《苏州资本崛起：元禾重元首披 PE 打法》，2020 年 1 月 9 日，见 http://www.sipac.gov.cn/szgyyq/mtjj/202001/bcf74d98280446688617ce2291f2f97b.shtml。

第三节　苏州元禾的发展启示

一、将股权投资与科技招商相结合，支持区域经济发展

"招商引资"是开发区区属企业一项不可或缺的职能，苏州元禾也不例外。在苏州工业园区设计的科技型企业招商方案中，除了园区管委会提供的租金补贴、购房补贴、贷款贴息等政策，初创企业可获得苏州元禾的配套投资，是招商引资方案中非常有吸引力的内容。这符合引进企业的需要，也体现了园区管委会建立苏州元禾的初衷。2006年苏州生物医药产业园建设过程中，苏州元禾发挥了支持生物医药领域海外领军人才落地苏州的重要作用，同时也逐步建立起生物医药行业研究能力。虽然苏州元禾长期支持初创科技企业，连续16年经营现金流为负[①]，但随着被投企业步入盈利期，苏州元禾的财务压力迎刃而解，这足以证明股权投资与招商引资相结合是一条成功之路。2024年2月，由苏州元禾经营的 SIP 集成电路产业园开园，有望复刻过去以基金投资辅助新兴产业招商引资的成功经验。对于市县级尤其是地处开发区的城投公司而言，苏州元禾案例是发展股权投资、产业投资发展的重要参考。城投公司发展股权投资业务的关键，是准确认识所在区域的行业优势和自身拥有的资源，谋划若干对初创企业有吸引力、自身能够负担的支持措施，并注意自身和被投企业的风险控制，为招商引资贡献积极力量。

[①] 《园区"一号产业"，成功"出圈"!》，2021 年 10 月 8 日，见 https://new.qq.com/rain/a/20211008A0A3EL00。

二、通过参股混改 GP 方式培育市场化基金管理团队，有效实施市场化决策和激励机制

有效激发 GP 公司的活力，充分发挥合伙人的才能和智慧，关键在于科学合理地界定国有企业的管理介入程度。苏州元禾通过参股合资 GP 的方式，由管理团队占股 51%，而苏州元禾占股不超过 49%，只将 GP 公司的资产管理、风险控制等纳入监管范围，不干预 GP 公司的经营决策，GP 公司有更大的自主权来提高和改善自身业绩，从而有效实现股东财富最大化的目标。通过参股而不控股 GP 的方式，在基金管理公司层面实现了混合所有制，并采用了一套市场化、有竞争力的收益激励机制，包括对标市场的薪酬水平、员工跟投、收益分成等。同时，苏州元禾在合资 GP 管理的子基金中作为基石出资人出资占比 30%—40%，以支持 GP 对外募资。通过该方式，有效借助头部市场化投资机构在项目资源、投研和投后管理的优势，最终获得较优的投资回报，并培育了自身投资团队。国资背景的城投公司，往往面对区域发展的诉求和国有资产保值增值的要求，如果要向创业投资机构转型，就需要在当地政府的支持下建立起市场化的管理机制，尤其是决策、收益分配和容错机制方面，要对高层次基金管理人才具有吸引力。否则，就很难拥有专业的投资能力和优秀的投资成绩。

三、围绕主业拓展资源和渠道，完善基金投资产业生态

金融服务是苏州元禾的主业。成立以来，苏州元禾除了在股权投资领域大放异彩，还提供债权融资满足所在区域企业需要，构建"投贷联动"的股债协同模式，并通过运营基金小镇，促进资金、人才、项目形成区域集聚。2012—2023 年，苏州元禾连续举办十二届金鸡湖创新创业大赛，为全球双创人才搭建了项目展示和资源对接的平台，累计超 14000 个

项目参赛。苏州元禾打造的 SIP 集成电路产业园，成为集企业孵化、项目投资、公共服务配套、政策宣导为一体的综合产业园。对于包括城投公司在内的地方国有企业而言，聚焦主业搭建交流平台、形成产业品牌，从而推动各类资源形成集聚，完善产业生态，是增强自身市场竞争力的有力举措。

附录
地方政府融资平台公司有关重点政策汇总

序号	发布日期	发布单位	文件或名称	主要内容
1	2006 年 4 月 25 日	国家发展改革委、财政部、建设部、中国人民银行、银监会	《关于加强宏观调控整顿和规范各类打捆贷款的通知》(银监发〔2006〕27 号)	严禁各级地方政府和政府部门对《中华人民共和国担保法》规定之外的贷款和其他债务,提供任何形式的担保或变相担保;各级地方政府和政府部门不得以向银行和项目单位提供担保和承诺函等形式作为项目贷款的信用支持;停止与各级地方政府和政府部门签订新的各类打捆贷款协议或授信合作协议
2	2008 年 1 月 2 日	国家发展改革委	《国家发展改革委关于推进企业债券市场发展、简化发行核准程序有关事项的通知》(发改财金〔2008〕7 号,2016 年 6 月 13 日废止)	简化企业债券发行核准程序
3	2009 年 3 月 18 日	中国人民银行、银监会	《人民银行 银监会关于进一步加强信贷结构调整促进国民经济平稳较快发展的指导意见》(银发〔2009〕92 号)	支持有条件的地方政府组建投融资平台,发行企业债、中期票据等融资工具,拓宽中央政府投资项目的配套资金融资渠道

续表

序号	发布日期	发布单位	文件或名称	主要内容
4	2009 年 10 月 13 日	财政部	《财政部关于加快落实中央扩大内需投资项目地方配套资金等有关问题的通知》（财建〔2009〕631 号，2016 年 8 月 18 日废止）	利用政府融资平台通过市场机制筹措资金
5	2010 年 6 月 10 日	国务院	《国务院关于加强地方政府融资平台公司管理有关问题的通知》（国发〔2010〕19 号）	地方各级政府要对融资平台公司债务进行一次全面清理，并按照分类管理、区别对待的原则，妥善处理债务偿还和在建项目后续融资问题。债务经清理核实后按以下原则分类：（1）融资平台公司因承担公益性项目建设举借、主要依靠财政性资金偿还的债务；（2）融资平台公司因承担公益性项目建设举借、项目本身有稳定经营性收入并主要依靠自身收益偿还的债务；（3）融资平台公司因承担非公益性项目建设举借的债务
6	2010 年 7 月 30 日	财政部、国家发展改革委、中国人民银行、银监会	《关于贯彻国务院〈关于加强地方政府融资平台公司管理有关问题的通知〉相关事项的通知》（财预〔2010〕412 号，2016 年 8 月 18 日废止）	进一步明确国发〔2010〕19 号文相关要求
7	2010 年 8 月 2 日	银监会办公厅	《中国银监会办公厅关于地方政府融资平台贷款清查工作的通知》（银监办发〔2010〕244 号）	进一步核清平台贷款的详细数据，逐户建立台账，进而对不同类别的平台贷款进行定性甄别、分类处置，以有效缓释和化解平台贷款风险

续表

序号	发布日期	发布单位	文件或名称	主要内容
8	2010 年 10 月 11 日	银监会办公厅	《中国银监会办公厅关于做好下一阶段地方政府融资平台贷款清查工作的通知》（银监办发〔2010〕309 号，2016 年 10 月 10 日废止）	对整改为公司类贷款、保全分离为公司类贷款、清理回收、仍按平台贷款处理四类，进行分类监管
9	2010 年 11 月 20 日	国家发展改革委办公厅	《国家发展改革委办公厅关于进一步规范地方政府投融资平台公司发行债券行为有关问题的通知》（发改办财金〔2010〕2881 号）	凡是申请发行企业债券的投融资平台公司，其偿债资金来源70%以上（含 70%）必须来自公司自身收益，公益类项目收入占比超过30%的投融资平台公司须提供本级政府债务余额和综合财力完整信息表
10	2010 年 12 月 16 日	银监会	《中国银监会关于加强融资平台贷款风险管理的指导意见》（银监发〔2010〕110 号）	审慎发放和管理融资平台贷款
11	2011 年 3 月 31 日	银监会	《中国银监会关于切实做好 2011 年地方政府融资平台贷款风险监管工作的通知》（银监发〔2011〕34 号）	健全"名单制"管理系统：各银行应在前期清理规范基础上，在总行及分支机构层面分别建立平台类客户和整改为一般公司类客户的"名单制"信息管理系统。对于符合条件的新增平台贷款，不再接受地方政府以直接或间接形式为融资平台提供的任何担保和承诺；对于不符合上述条件的，一律不得新增平台贷款，不得向"名单制"管理系统以外的融资平台发放贷款，以实现全年平台贷款的降旧控新和风险缓释

续表

序号	发布日期	发布单位	文件或名称	主要内容
12	2011 年 6 月 9 日	国家发展改革委办公厅	《中国银监会国家发展改革委办公厅关于利用债券融资支持保障性住房建设有关问题的通知》(发改办财金〔2011〕1388 号)	支持城投公司发行企业债券用于各地保障性住房建设。具体要求为:(1) 地方政府投融资平台公司发行企业债券应优先用于保障性住房建设;(2) 支持符合条件的地方政府投融资平台公司和其他企业,通过发行企业债进行保障性住房项目融资;(3) 企业债券募集资金用于保障性住房建设的,优先办理核准手续;(4) 强化中介机构服务,加强信息披露和募集资金用途监管,切实防范风险
13	2011 年 6 月 17 日	银监会办公厅	《中国银监会办公厅关于印发地方政府融资平台贷款监管有关问题说明的通知》(银监办发〔2011〕191 号)	一是不得向银行"名单制"管理系统以外的融资平台发放贷款;二是不得再接受地方政府以直接或间接形势提供的任何担保和承诺;三是不得再接受以学校、医院、公园等公益性资产作为抵质押品;四是不得再接受以无合法土地使用权证的土地预期出让收入承诺作为抵质押
14	2011 年 12 月 28 日	国务院国资委	《关于进一步加强地方国资委所监管融资平台公司风险防范的通知》(国资发法规〔2011〕210 号,2024 年 1 月 3 日废止)	进一步加强地方国资委所监管融资平台公司的风险防范:包括清理核实公司及其债务情况、完善公司法人治理结构、加强融资和规划投资行为的监管、加强债务风险管理和企业内控管理、建立风险预警及应急制度、加强信息披露和报告制度等

序号	发布日期	发布单位	文件或名称	主要内容
15	2012 年 3 月 13 日	银监会	《中国银监会关于加强 2012 年地方政府融资平台贷款风险监管的指导意见》（银监发〔2012〕12 号）	严格监控，及时化解到期风险；分类处置，切实缓释存量风险；严格标准，有效控制新增贷款；审慎退出，加强退后动态管理；完善制度，深化平台贷款管理；明确职责，强化监管约束
16	2012 年 12 月 11 日	国家发展改革委办公厅	《国家发展改革委办公厅关于进一步强化企业债券风险防范管理有关问题的通知》（发改办财金〔2012〕3451 号）	根据企业债券发行主体的资产负债率情况和主体信用等级条件细化偿债保障措施；支持保障房类项目融资，并对保障房项目手续条件进行了规定；具有完全公益性的社会事业项目不宜通过企业债券筹集建设资金；进一步规范企业债券担保行为；规范信用评级，防止评级虚高，加大对主承销商尽职工作的监管力度；加强对城投公司注入资产及重组的管理
17	2012 年 12 月 24 日	财政部、国家发展改革委、中国人民银行、银监会	《关于制止地方政府违法违规融资行为的通知》（财预〔2012〕463 号，2016 年 8 月 18 日废止）	要求地方政府不得以回购（BT）方式举借政府性债务，不得以公益性资产或储备土地注资融资平台公司，不得进行违规担保承诺
18	2013 年 4 月 9 日	银监会	《中国银监会关于加强 2013 年地方政府融资平台贷款风险监管的指导意见》（银监发〔2013〕10 号）	继续推进地方政府融资平台贷款风险管控。具体要求包括：严格把握定义、完善"名单制"管理、动态调整风险定性、坚持退出分类制度、制订到期还款方案、密切监测到期贷款风险、控制平台贷款总量、实施平台层级差异化管理、严格新发放平台贷款条件、控制平台贷款投向、强化贷款审批制度、持续推进存量平台贷款整改等

续表

序号	发布日期	发布单位	文件或名称	主要内容
19	2013 年 4月 28 日	国家发展改革委办公厅	《国家发展改革委办公厅关于进一步改进企业债券发行审核工作的通知》（发改办财金〔2013〕957 号）	对企业债券发行申请，根据各主体、项目之间的资质差异，按照加快和简化审核类、从严审核类以及适当控制规模和节奏类三种情况进行分类管理
20	2013 年 8月 2 日	国家发展改革委办公厅	《国家发展改革委办公厅关于进一步改进企业债券发行工作的通知》（发改办财金〔2013〕1890 号，2014年 5 月 17 日废止）	多措并举完善企业债券发行，其中包括：将地方企业申请发行企业债券预审工作委托省级发展改革部门负责，限时办结，进一步优化企业债券审核程序；对发行人债券发行计划的合理性、中介机构的选聘过程、信息披露的行为和防范偿债风险责任进行规范；对承销、评级、会计、法律、资产评估等各类中介机构的执业行为提出自律要求
21	2013 年 8月 22 日	国家发展改革委办公厅	《国家发展改革委办公厅关于企业债券融资支持棚户区改造有关问题的通知》（发改办财金〔2013〕2050 号）	企业债券支持棚户区改造，具体要求为：（1）凡是承担棚户区改造项目建设任务的企业，均可申请发行企业债券用于棚户区改造项目建设；（2）企业债券支持范围原则上应是纳入棚户区改造规划和年度计划项目；（3）对企业债券发行申请，按照加快和简化审核类、从严审核类以及适当控制规模和节奏类三种情况进行分类管理，有保有控，支持重点，防范风险；（4）鼓励企业发行"债贷组合"专项债券用于棚户区改造项目建设；（5）棚户区改造项目可发行并使用不超过项目总投资 70%的企业债券资金，鼓励有条件的市、县政府对棚户区改造项目给予债券贴息

续表

序号	发布日期	发布单位	文件或名称	主要内容
22	2014 年 5月 1 日	国务院	《国务院批转发展改革委关于 2014 年深化经济体制改革重点任务意见的通知》（国发〔2014〕18 号）	规范政府举债融资制度；开明渠、堵暗道，建立以政府债券为主体的地方政府举债融资机制，剥离融资平台公司政府融资职能
23	2014 年 8月 31 日	全国人民代表大会常务委员会	《中华人民共和国预算法》（2014 年第一次修正，2018 年 12 月 29 日第二次修正）	允许地方政府"通过发行地方政府债券举借债务"
24	2014 年 9月 26 日	国家发展改革委财政金融司	《关于试行全面加强企业债券风险防范的若干意见的函》	对于融资平台公司进行了进一步的区分和限制，强化债务风险安排担保措施和有效性，具体意见：（1）严格发债企业准入条件（重点审核发债企业贯彻国家有关政策情况和规范运作情况、发债城投类企业营业收入来源、申请发债企业资产构成和利润等财务指标的真实性）；（2）规范和强化偿债保障措施；（3）进一步加强企业债券存续期监管；（4）严格控制企业高成本融资行为；（5）强化企业所在地政府性债务的综合监管；（6）加强信用体系建设；（7）完善企业债券定期风险排查工作；（8）创新和完善有利于防范风险的债券发行机制；（9）加强对违规行为的综合惩戒
25	2014 年 10月 2 日	国务院	《国务院关于加强地方政府性债务管理的意见》（国发〔2014〕43 号）	修明渠、堵暗道，赋予地方政府依法适度举债融资权限，加快建立规范的地方政府举债融资机制；坚决制止地方政府违法违规举债；剥离融资平台公司政府融资职能，融资平台公司不得新增政府债务

序号	发布日期	发布单位	文件或名称	主要内容
26	2014 年 10 月 23 日	财政部	《财政部关于印发〈地方政府存量债务纳入预算管理清理甄别办法〉的通知》（财预〔2014〕351 号）	通过 PPP 模式转化为企业债务的，不纳入政府债务；项目没有收益、计划偿债来源主要依靠一般公共预算收入的，甄别为一般债务；项目有一定收益、计划偿债来源依靠项目收益对应的政府性基金收入或专项收入、能够实现风险内部化的，甄别为专项债务；项目有一定收益但项目收益无法完全覆盖的，无法覆盖的部分列入一般债务，其他部分列入专项债务。同时，还要求统计本级政府可偿债财力、可变现资产、在建项目、本级融资平台、公司名录等情况一并报送
27	2015 年 1 月 15 日	证监会	《公司债券发行与交易管理办法》（中国证券监督管理委员会令第 113 号，2021 年 2 月 26 日废止）	文件明确了公司债的"发行人不包括地方政府融资平台"，也制定了甄别"融资平台"的标准：一是被列入银监会地方政府融资平台名单（监管类）。二是最近三年（非公开发行的为最近两年）来自所属地方政府的现金流入与发行人经营活动现金流入占比平均超过 50%，且最近三年（非公开发行的为最近两年）来自所属地方政府的收入与营业收入占比平均超过 50%；"双 50%"的标准中只要有一条满足比重低于 50% 即可，即能够越过上述条件限制的城投公司或类城投公司，可以发行公司债券

续表

序号	发布日期	发布单位	文件或名称	主要内容
28	2015 年 5 月 11 日	国务院办公厅	《国务院办公厅转发财政部人民银行银监会关于妥善解决地方政府融资平台公司在建项目后续融资问题意见的通知》（国办发〔2015〕40 号）	要求地方各级政府和银行业金融机构要妥善处理融资平台公司在建项目后续融资问题，区分存量和增量实施分类管理；重点任务包括支持在建项目的存量融资需求、规范实施在建项目的增量融资、切实做好在建项目后续融资管理工作、完善配套措施等
29	2015 年 5 月 25 日	国家发展改革委办公厅	《国家发展改革委办公厅关于充分发挥企业债券融资功能支持重点项目建设促进经济平稳较快发展的通知》（发改办财金〔2015〕1327 号）	简化企业债券审核审批程序，扩大企业债券融资规模，支持企业以各种形式参与基础设施投资建设：（1）鼓励优质企业发债用于重点领域、重点项目融资；（2）支持县域企业发行企业债券融资；（3）科学设置企业债券发行条件；（4）合理确定和把握区域经济和债券风险迹象预警线；（5）简化企业募集资金投向变更程序；（6）鼓励企业发债用于特许经营等 PPP 项目建设
30	2015 年 11 月 30 日	国家发展改革委办公厅	《国家发展改革委办公厅关于简化企业债券审报程序加强风险防范和改革监管方式的意见》（发改办财金〔2015〕3127 号，2020 年 12 月 25 日附件 2 废止）	进一步简化企业债券审报程序：（1）简化申报程序，精简申报材料，提高审核效率；（2）分类管理，鼓励信用优良企业发债融资；（3）增强债券资金使用灵活度，提高使用效率；（4）做好企业债券偿债风险分解；（5）强化信息披露；（6）强化中介机构责任；（7）加强事中事后监管；（8）加强信用体系建设

序号	发布日期	发布单位	文件或名称	主要内容
31	2016年9月2日	上海证券交易所	2016年9月2日上海证券交易所新闻发布会（现已不再执行）	上海证券交易所对地方融资平台的甄别标准进行了修订：（1）将"双50%"（最近三年政府的现金流入及所属地方政府的收入占比均超过50%）调整为"单50%"（所属地方政府的收入超过50%）；（2）调整指标计算方法。发行人计算政府收入占比，除了可采取报告期内各年度政府收入占比的算数平均值外，也可采取"加权平均法"（各年度源自地方政府的收入总额/各年度营业收入总额）
32	2016年10月27日	国务院办公厅	《国务院办公厅关于印发地方政府性债务风险应急处置预案的通知》（国办函〔2016〕88号）	明确提出建立健全地方政府性债务风险应急处置工作机制，以快速响应分类施策、各司其职、协同联动、稳安处置，家牢守住不发生区域性系统性风险的底线为主要原则，切实防范和化解财政金融风险，维护经济安全和社会稳定
33	2017年4月26日	财政部、发展改革委、司法部、中国人民银行、银监会、证监会	《关于进一步规范地方政府举债融资行为的通知》（财预〔2017〕50号）	全面组织开展地方政府融资担保清理整改工作；切实加强融资平台公司融资管理；规范政府与社会资本方的合作行为；进一步健全规范的地方政府举债融资机制等

序号	发布日期	发布单位	文件或名称	主要内容
34	2017 年 5 月 28 日	财政部	《财政部关于坚决制止地方以政府购买服务名义违法违规融资的通知》（财预〔2017〕87 号）	地方政府及其部门不得利用或虚构政府购买服务合同为建设工程变相举债，不得通过政府购买服务向金融机构、融资租赁公司等非金融机构进行融资，不得以任何方式虚构或超越权限签订应付（收）账款合同帮助融资平台公司等企业融资
35	2017 年 12 月 23 日	财政部	《财政部关于坚决制止地方政府违法违规举债遏制隐性债务增量情况的报告》	坚决遏制隐性债务增量；积极稳妥化解存量隐性债务；开好地方政府规范举债融资的"前门"；稳步推动融资平台公司市场化转型；健全监督问责机制；建立健全长效管理机制
36	2018 年 2 月 8 日	国家发展改革委办公厅、财政部办公厅	《国家发展改革委办公厅 财政部办公厅关于进一步增强企业债券服务实体经济能力严格防范地方债务风险的通知》（发改办财金〔2018〕194 号）	针对防范地方债务风险，坚决遏制地方政府隐性债务增量，对企业债券工作提出了具体要求，主要包括：严禁党政机关公务人员未经批准在企业兼职（任职），严禁将公益性资产及储备土地使用权计入申报企业资产，严禁涉及与地方政府信用挂钩的虚假陈述、误导性宣传，严禁申报企业以各种名义要求或接受地方政府及其所属部门为其市场化融资行为提供担保或承担偿债责任，不允许纯公益性项目作为企业债券募投项目申报、募投项目取得财政资金支持的程序和内容必须依法合规，严禁采用 PPP 模式违法违规或变相举债融资、建立健全责任主体信用记录等

序号	发布日期	发布单位	文件或名称	主要内容
37	2018 年 3 月 28 日	财政部	《关于规范金融企业对地方政府和国有企业投融资行为有关问题的通知》（财金〔2018〕23 号）	督促金融企业加强风险管控和财务管理，要求国有金融企业除购买地方政府债券外，不得直接或通过地方国有企事业单位等间接渠道为地方政府及其部门提供任何形式的融资，不得违规新增地方政府融资平台公司货款，不得要求地方政府违法违规提供担保或承担赔偿责任，不得要求债务性资金作为地方建设项目、政府投资基金或 PPP 项目资本金，并在资本金审查、还款能力评估、投资基金、资产管理业务等方面做了明确规定
38	2018 年 8 月 1 日	中共中央、国务院	《中共中央 国务院关于防范化解地方政府隐性债务风险的意见》（中发〔2018〕27 号）	将隐性债务定义为地方政府在法定债务预算之外，直接或间接以财政资金偿还，以及违法提供担保等方式举借的债务，划定的隐性债务包括以往分类中隐性债务和 2015—2018 年增加的隐性债务，要求地方政府在 5—10 年内化解
39	2018 年 8 月 1 日	中共中央办公厅、国务院办公厅	《中共中央办公厅 国务院办公厅关于印发〈地方政府隐性债务问责办法〉的通知》（中办发〔2018〕46 号）	强调对地方政府"终身问责、倒查责任"，要求各地方政府依规对隐性债务规模进行填报，开展第二轮隐性债务化解工作
40	2018 年 8 月 2 日	财政部	《地方政府债务统计监测工作方案》《财政部地方全口径债务清查统计填报说明》《政府隐性债务认定细则》	要求各地政府依规将截至 2018 年 8 月 31 日的隐性债务余额、资产等相关数据，填报至财政部设立的地方全口径债务监测平台

序号	发布日期	发布单位	文件或名称	主要内容
41	2018 年 10 月 31 日	国务院办公厅	《国务院办公厅关于保持基础设施领域补短板力度的指导意见》（国办发〔2018〕101 号）	加强地方政府专项债券资金和项目管理、加大对在建项目和补短板重大项目的金融支持力度、合理保障融资平台公司正常融资需求、调动民间投资积极性、推进政府和社会资本合作（PPP）项目等配套措施
42	2018 年 12 月 5 日	国家发展改革委	《国家发展改革委关于支持优质企业直接融资进一步增强企业债券服务实体经济能力的通知》（发改财金〔2018〕1806 号）	支持信用优良、经营稳健、对产业结构转型升级或区域经济发展具有引领作用的优质企业发行企业债券；明确了优质企业条件，优化了发行管理方式，实行"负面清单＋事中事后监管"模式，规范了优质企业信息披露要求
43	2019 年 3 月 7 日	财政部	《财政部关于推进政府和社会资本合作发展规范的实施意见》（财金〔2019〕10 号，2024 年 1 月 20 日废止）	本级政府所属的各类融资平台公司、融资平台公司参股并能对其经营活动构成实质性影响的国有企业作为社会资本参与本级 PPP 项目的。社会资本方实际只承担项目建设、不承担项目运营责任，或政府支出事项与项目产出绩效脱钩的
44	2019 年 6 月 10 日	中共中央办公厅、国务院办公厅	《中共中央办公厅 国务院办公厅关于做好地方政府专项债券发行及项目配套融资工作的通知》（厅字〔2019〕33 号）	金融机构可按照商业化原则自主决策，在不新增隐性债务前提下给予融资支持，保障项目合理资金需求

序号	发布日期	发布单位	文件或名称	主要内容
45	2019 年 6 月 20 日	国务院办公厅	《国务院办公厅转发财政部等部门关于防范化解融资平台公司到期存量地方政府隐性债务风险的意见的通知》（国办函〔2019〕40 号）	在不新增隐性债务的情况下，允许金融机构进行隐性债务借旧还新或展期指导地方、金融机构开展隐性债务置换
46	2020 年 3 月 1 日	国家发展改革委	《国家发展改革委关于企业债券发行实施注册制有关事项的通知》（发改财金〔2020〕298 号）	明确企业债券发行全面施行注册制，国家发改委为企业债券的法定注册机关，中央国债登记结算有限责任公司为受理机构，并与中国银行间市场交易商协会共同为审核机构；简化企业债券发行条件，要求强化信息披露要求和中介机构责任；取消企业债券申报中的省级转报环节，转为要求省级发展改革部门对募投项目专项意见，并承担相应责任
47	2020 年 6 月 30 日	中共中央办公厅、国务院办公厅	《中共中央办公厅 国务院办公厅关于印发〈国企改革三年行动方案（2020—2022 年）〉的通知》（中办发〔2020〕30 号）	完善中国特色现代企业制度，形成科学有效的公司治理机制；推进国有资本布局优化和结构调整，聚焦主责主业，发展实体经济，推动高质量发展，提升国有资本配置效率；积极稳妥推进混合所有制改革，促进各类所有制企业取长补短、共同发展。激发国有企业的活力，健全市场化经营机制，加大正向激励力度，也由此提高效率；形成以管资本为主的国有资产监管体制，着力从监管理念、监管重点、监管方式、监管导向等多方位实现转变，进一步提高国资监管的系统性、针对性、有效性；推动国有企业公平参与市场竞争，强化国有企业的市场主体地位，营造公开、公平、公正的市场环境；推动一系列国企改革专项行动落实落地

序号	发布日期	发布单位	文件或名称	主要内容
48	2021 年 2 月 28 日	国务院国资委	《关于印发〈关于加强地方国有企业债务风险管控工作的指导意见〉的通知》（国资发财评规〔2021〕18 号）	规范平台公司重大项目的投融资管理，严控缺乏交易实质的变相融资行为
49	2021 年 4 月 13 日	国务院	《国务院关于进一步深化预算管理制度改革的意见》（国发〔2021〕5 号）	防范化解地方政府隐性债务风险；把防范化解地方政府隐性债务风险作为重要的政治纪律和政治规矩，坚决遏制隐性债务增量，妥善处置和化解隐性债务存量；严禁地方政府通过金融机构违规融资或变相举债；金融机构要审慎合规经营，尽职调查、严格把关，严禁要求或接受地方党委、人大、政府及其部门出具担保性质文件或者签署担保性质协议，清理规范地方融资平台公司，剥离其政府融资职能，对失去清偿能力的要依法实施破产重整或清算
50	2021 年 4 月 22 日	沪深交易所	《上海证券交易所公司债券发行上市审核规则适用指引第 3 号——审核重点关注事项》（上证发〔2021〕24 号，2022 年 4 月 29 日废止）、《深圳证券交易所公司债券发行上市审核业务指引第 1 号——公司债券审核重点关注事项》（深证上〔2021〕430 号，2023 年 6 月 6 日废止）	不得新增地方政府债务；募集资金用于偿还公司债券以外存量债务的，发行人应披露拟偿还的存量债务明细，并承诺所偿还的存量债务不涉及地方政府隐性债务

续表

序号	发布日期	发布单位	文件或名称	主要内容
51	2021 年 5 月 21 日	财政部、自然资源部、税务总局、人民银行	《关于将国有土地使用权出让收入、矿产资源专项收入、海域使用金、无居民海岛使用金四项政府非税收入划转税务部门征收有关问题的通知》（财综〔2021〕19 号）	土地使用权出让收入划转税务部门征收
52	2021 年 8 月 11 日	银保监会	《银行保险机构进一步做好地方政府隐性债务风险防范化解工作的指导意见》（银保监发〔2021〕15 号）	各银行保险机构要严格执行地方政府融资相关政策要求，打消财政兜底幻觉，强化合规管理、尽职调查，严禁新增或虚假化解地方政府隐性债务，切实把控好金融闸门；对承担地方政府隐性债务的客户，银行保险机构还应遵守以下要求：一是不得新提供流动资金贷款或流动资金贷款性质的融资，二是不得为其参与地方政府专项债券项目提供配套融资
53	2022 年 5 月 25 日	国务院办公厅	《国务院办公厅关于进一步盘活存量资产扩大有效投资的意见》（国办发〔2022〕19 号）	提出通过推动基础设施领域不动产投资信托基金（REITs）健康发展、规范有序推进政府和社会资本合作（PPP）等方式进一步盘活存量资产、扩大有效投资
54	2022 年 6 月 13 日	国务院办公厅	《国务院办公厅关于进一步推进省以下财政体制改革工作的指导意见》（国办发〔2022〕20 号）	各地区要加强开发区政府性债务管理，保持与财政管理体制相适应，强化开发区管委会等政府派出机构举债融资约束，坚决遏制地方政府隐性债务增量，合理控制政府债务规模，切实防范债务风险

续表

序号	发布日期	发布单位	文件或名称	主要内容
55	2022 年 9 月 14 日	财政部	《关于加强"三公"经费管理严控一般性支出的通知》（财预〔2022〕126 号）	严禁通过举债储备土地，不得通过国有企业购地等方式虚增土地出让收入，不得巧立名目虚增财政收入，弥补财政收入缺口

资料来源：根据公开资料整理，粤开证券研究院。

参考文献

付明辉等：《基本公共服务如何影响农业转移人口定居意愿——基于城市劳动力需求冲击及房价异质性分析》，《农业技术经济》2013年第3期。

广州市黄埔区地方志编纂委员会编：《广州市萝岗区志》，广东人民出版社2020年版。

国务院国资委党委：《深入实施国有企业改革深化提升行动》，《求是》2023年第19期。

胡恒松等：《中国地方政府投融资平台转型发展研究（2023）：中国式现代化背景下债务化解与合理融资的边界》，经济管理出版社2023年版。

刘青山、原诗萌：《千帆竞渡创一流——国企改革三年行动主体任务基本完成综述》，《国资报告》2022年第8期。

刘青山：《中国式国资治理》，《国资报告》2023年第4期。

刘圣中等：《"钓鱼"与"反钓鱼"——配套性转移支付过程中的博弈》，《新视野》2013年第1期。

罗志恒、晁云霞：《财税体制与高质量发展：当前制约因素与未来改革方向》，《清华金融评论》2024年第4期。

罗志恒、晁云霞：《分税制改革30年：评述、问题与未来改革方向》，《地方财政研究》2024年第1期。

吕冰洋：《央地关系：寓活力于秩序》，商务印书馆 2022 年版。

马海涛、李升：《对分税制改革的再认识》，《税务研究》2014 年第 1 期。

南京方达管理咨询有限公司：《城投转型一本通》，中国经济出版社 2024 年版。

孙琳、楼京晶：《中期预算制度对债务规模约束有效吗?》，《财贸经济》2017 年第 4 期。

王振宇等：《省以下财政体制"特殊性"的事实、问题及其改进》，《地方财政研究》2022 年第 9 期。

魏后凯、苏红键：《中国农业转移人口市民化进程研究》，《中国人口科学》2013 年第 5 期。

温铁军等：《中央支农资金配套制度对中国乡村负债的影响：一个初步估算——以中西部地区贫困县为例》，《中国农村经济》2009 年第 2 期。

徐嘉：《解构城投》，中国金融出版社 2022 年版。

张德勇、孙琳：《新中国财政体制 70 年》，中国财政经济出版社 2020 年版。

张军：《中国经济发展：为增长而竞争》，《世界经济文汇》2005 年第 Z1 期。

张莉等：《以地融资、地方债务与杠杆——地方融资平台的土地抵押分析》，《金融研究》2019 年第 3 期。

张路：《地方债务扩张的政府策略——来自融资平台"城投债"发行的证据》，《中国工业经济》2020 年第 2 期。

郑思齐等：《"以地生财，以财养地"——中国特色城市建设投融资模式研究》，《经济研究》2014 年第 8 期。

中共合肥市委政策研究室编：《中国·合肥 2023》，安徽人民出版社 2023 年版。

周飞舟：《分税制十年：制度及其影响》，《中国社会科学》2006 年第 6 期。

周黎安：《中国地方官员的晋升锦标赛模式研究》，《经济研究》2007 年第 7 期。

责任编辑：曹　春

封面设计：汪　莹

图书在版编目（CIP）数据

城投转型向何处去：基于财政可持续和国资国企高质量发展的视角 /
严亦斌，罗志恒　著 . -- 北京：人民出版社，2024.6. -- ISBN 978 - 7 - 01
- 026659 - 6

Ⅰ. F299.23

中国国家版本馆 CIP 数据核字第 2024UA5581 号

城投转型向何处去

CHENGTOU ZHUANXING XIANG HECHU QU

——基于财政可持续和国资国企高质量发展的视角

严亦斌　罗志恒　著

人民出版社 出版发行

（100706　北京市东城区隆福寺街 99 号）

北京汇林印务有限公司印刷　新华书店经销

2024 年 6 月第 1 版　2024 年 6 月北京第 1 次印刷

开本：710 毫米 × 1000 毫米 1/16　印张：24

字数：315 千字

ISBN 978 - 7 - 01 - 026659 - 6　定价：128.00 元

邮购地址 100706　北京市东城区隆福寺街 99 号

人民东方图书销售中心　电话（010）65250042　65289539